知识产权制度一体化问题研究

林应钦　著

知识产权出版社
全国百佳图书出版单位

图书在版编目(CIP)数据

知识产权制度一体化问题研究 / 林应钦著. —北京:知识产权出版社, 2014. 11
ISBN 978-7-5130-3133-2

Ⅰ. ①知… Ⅱ. ①林… Ⅲ. ①知识产权制度——体化—研究 Ⅳ. ①D913. 04

中国版本图书馆CIP数据核字(2014)第256201号

内容提要:

知识产权制度一体化,是指各国知识产权制度之间的差异性不断缩小、同一性不断增强的过程。知识经济的蓬勃兴起以及全球化的滚滚浪潮加速了知识产权制度一体化的步伐,认识和把握知识产权制度一体化的规律和方向成为各国推动知识经济发展、迎接全球化挑战的战略任务。

本书从不同的侧面论述分析知识产权制度一体化,试图梳理出一个较为完整的知识产权制度一体化的理论框架,为我国知识产权战略的实施提供参考。

责任编辑: 唐学贵　　**执行编辑:** 牛　闯

知识产权制度一体化问题研究
ZHISHI CHANQUAN ZHIDU YITIHUA WENTI YANJIU
林应钦　著

出版发行:	知识产权出版社有限责任公司	**网　　址:**	http: //www. ipph. cn http: //www. laichushu. com
电　　话:	010-82004826		
社　　址:	北京市海淀区马甸南村1号	**邮　　编:**	100088
责编电话:	010-82000860转8571	**责编邮箱:**	21183407@qq. com
发行电话:	010-82000860转8101/8029	**发行传真:**	010-82000893/82003279
印　　刷:	北京中献拓方科技发展有限公司	**经　　销:**	各大网上书店、新华书店及相关专业书店
开　　本:	720mm×1000mm　1/16	**印　　张:**	18
版　　次:	2014年12月第1版	**印　　次:**	2014年12月第1次印刷
字　　数:	330千字	**定　　价:**	45. 00元

ISBN 978-7-5130-3133-2

序

知识产权制度的一体化，是一种客观存在的法律现象和趋势。这一趋势，在今日全球化的浪潮中尤其显得突出，现已成为各国进行知识产权制度建设必须考虑的重要因素和制定、实施国家知识产权战略的现实基础。我国的知识产权法律体系是在知识产权制度的一体化过程中建立起来的，它的进一步发展和完善仍然需要跟随知识产权制度一体化的步伐。因此，加强知识产权制度一体化问题的研究，非常必要。

本书是国内第一本全面系统研究知识产权制度一体化问题的专著。作者对知识产权制度一体化的基础、内容、方式、限度及影响等诸多理论和实践问题作了较为深入的思考和探讨，并在此基础上对我国参与知识产权制度一体化的实践进行了深刻的反思和分析，提出了相应的对策和建议。综观全书，不乏独到见解，尤其在以下两个方面，更具创新价值：一是准确地界定了知识产权制度一体化的含义，改变了对知识产权制度一体化的模糊认识；二是系统建构了研究知识产权制度一体化问题的理论框架，为把握知识产权制度发展的趋势、规律和特点提供了基础。当然，书中也存在一些不足，例如，整体上宏观论述较多，微观问题分析不够深入。但瑕不掩瑜，本书不失为一本理论和实践价值俱高的好书。

本书是作者在其博士学位论文的基础上完成的。吾忝为其攻读法学博士学位期间的导师，故乐意志此数语为序。

厦门大学法学院教授　古祖雪

2014年10月于杭州

前　言

知识产权制度一体化，是指各国知识产权制度之间的差异性不断缩小、同一性不断增强的过程。知识经济的蓬勃兴起以及全球化的滚滚浪潮加速了知识产权制度一体化的步伐，认识和把握知识产权制度一体化的规律和方向，成为各国推动知识经济发展、迎接全球化挑战的战略任务。

本书从不同的方面论述、分析了知识产权制度一体化，试图梳理出一个较为完整的知识产权制度一体化的理论框架，为我国知识产权战略的实施提供参考。

第一章论述了知识产权制度一体化的基础。通过对理论根源的探究、根据的分析以及历史进程的追寻，对知识产权制度一体化的概念、本质、特征以及机理进行了界定和解析。论文认为知识产权制度一体化是客观存在的现象，一体化是知识产权制度发展的一种趋势和特征，也是知识产权制度发展的总体方向。

第二章阐释了知识产权制度一体化的方式。条约方式是当今知识产权制度一体化最主要的方式，但一体化并非以单一的条约方式演进，而是以多元的方式推进。条约方式、共同体方式、示范法方式以及移植方式作为实现知识产权制度一体化的主要方式，各有特点，相互补充。

第三章分析了知识产权制度一体化的内容。在多种方式特别是条约方式的推动下，各国知识产权制度的同一性在程序规范上和实体规范上均有广泛体现，不仅如此，知识产权保护已经形成了一系列的国际标准，并在某些方面实现了统一。

第四章探讨了知识产权制度一体化的影响。知识产权制度一体化的结果不仅在全球范围内建立了一个趋同、统一的知识产权保护体系，而且实行了高标准的知识产权保护。知识产权制度一体化一方面为各国的法律制定、政策选择以及社会创新提供了客观背景和法律依据，产生了积极影响；另一方面也导致了知识产权制度功能的变异，不仅侵害了社会公共利益，而且阻碍了发展中国家的发展。

第五章探究知识产权制度一体化的限度。知识产权制度一体化既无法突破内在的约束，也无法阻止外在的分化，存在空间限度、结构限度以及发展限度。

第六章考察了我国参与知识产权制度一体化的具体实践，指出我国在应对知识产权制度一体化中所存在的不足，并对此提出了若干建议。

目　录

导　言

一、研究背景

（一）知识产权制度一体化是知识产权制度建设的现实基础

知识经济和全球化是当今世界的两大发展趋势。一方面，知识经济是以知识为基础的经济，是继农业经济、工业经济之后的新的经济形态。根据1996年经合组织《以知识为基础的经济》报告中的定义，知识经济是建立在知识的生产、分配和使用上的经济。[1]在知识经济时代，知识的生产、分配和使用成为主要的经济活动，以知识为代表的技术革命与技术创新成为获得社会财富、推动经济发展的重要手段，以传统有形财产为中心的经济模式逐渐向以无形财产为核心的经济模式转移。为适应科技文化创新的需要，资本主义国家早在15世纪就在传统法律理论的基础上进行了变革，建立并发展了一种与传统法律制度相区别的新的法律制度——知识产权制度。作为经济基础的一种反映，知识产权制度一方面随着经济活动中心的转移而逐步成为促进经济发展的主要法律表现形式，进而成为各国民商法律制度建设的重要内容，在经济生活中扮演着不可或缺的角色。另一方面，随着全球化的深入发展，各国通过不同的方式融入到全球化当中，知识产权制度作为知识经济时代的重要法律制度，也不可避免地卷入全球化的浪潮之中。各国的知识产权制度在全球化的背景之下，相互之间不断融合，差异性逐步缩小，同一性逐步增强，一体化发展的趋势更加明显，甚至在专利、商标等方面已经建立了国际一体的申请程序，在欧盟（欧共体）、非洲法语地区等已经出现了超国家范围的知识产权制度。自20世纪90年代以来，各国知识产权制度中的取得和维护制度、知识产权的效力和期限制度、知识产权的使用和实施制度、知识产权的救济和保护制度等更是全面步入了一体化的进程之中。特别是知识产权保护与国际贸易主题的挂钩，使知识产权保护制度成为WTO的三大法律机制之

[1] OCDE. The Knowledge-Based Economy[R]. 1996: 102.

一，不符合国际标准的知识产权保护被认为是贸易壁垒的一种形式，加之美、日、欧等发达国家挥舞着贸易制裁的大棒，迫使广大发展中国家承担着与它们经济发展水平不相称的高标准的知识产权保护，不仅进一步强化了各国知识产权制度的一体化趋势，而且突出了知识产权制度一体化的现实性和严酷性。

知识经济时代的来临，使知识产权日益成为国家发展的战略性资源和国际竞争力的核心要素，成为建设创新型国家的重要支撑和掌握发展主动权的关键。国际社会更加重视知识产权，更加重视、鼓励创新。发达国家以创新为主要动力推动经济发展，充分利用知识产权制度维护其竞争优势；发展中国家积极采取适应本国国情的知识产权政策措施，促进自身发展。[1]全球化浪潮的席卷，导致任何一个国家都不能与世隔绝，不管是顺应知识产权制度一体化，还是影响、改造知识产权制度一体化，各国都必须作出明确的回应。因此，知识产权制度一体化是世界各国进行知识产权制度建设必须考虑的客观背景，也是各国制定和实施国家知识产权战略的现实基础。

（二）知识产权制度一体化是法律一体化的典型代表

诚然，制度一体化不只存在于知识产权制度之中，但与其他领域的法律制度一体化相比较，知识产权制度一体化的速度更快，程度更强，标准更高。首先，知识产权制度的一体化速度更快。知识产权制度的建立历史相对于其他法律制度而言，是十分短暂的。1474年才诞生了世界第一部专利法，1709年诞生第一部版权法，1803年诞生第一部商标法。但自1883年的《保护工业产权巴黎公约》（简称《巴黎公约》）签订之后的一百多年以来，国际社会已经签订了几十个国际知识产权条约，涵盖了版权、专利、商标、地理标志、集成电路布图设计、植物新品种等广泛的领域，并很快形成了知识产权保护的国际标准。许多亚洲国家包括我国也是20世纪80年代以后才开始建立知识产权制度，这些国家和地区尽管起步较晚，却也主动或被动地加入到知识产权一体化的进程之中。其次，知识产权制度一体化的程度更高。各国不仅在相互借鉴的基础上，不断融合知识产权制度之间的差异，而且在国际条约的框架下大力修改本国的知识产权制度，使本国的知识产权保护标准与国际条约保持一致。特别是TRIPS协议的签订和实施，在知识产权保护方面确定了一系列的原则、标准、规则，并通过条约赋予它们在全球范围的普适效力，各国知识产权制度无论是在程序规范方面，还是在实体规

[1] 参见国务院2008年6月发布的《国家知识产权战略纲要》。

范方面，均迈进了具有实质意义的一体化道路。最后，知识产权制度一体化的标准更高。知识产权制度领域中的一体化不只是各国知识产权制度的趋同和统一，而是在发达国家的主导之下，将一体化的标准统一到发达国家所需要的标准上来。一体化的结果提高了知识产权的保护标准，强化了所有人的利益保护，压缩了公共利益的存在空间。并且，通过贸易挂钩和报复措施的制度设置，为各国严格执行知识产权保护的国际标准提供了强有力的保障。

除此之外，知识产权制度一体化进程中的矛盾较为激烈。在知识产权制度的一体化进程中，涉及私人利益与公共利益之间的平衡、南北国家之间的利益冲突等。知识产权所有人极力推动权利的扩张，社会公众的健康权等权利受到极大的威胁；发达国家为维护其竞争优势强行推行了知识产权制度的国际标准，发展中国家则企盼降低知识产权保护标准。这其间可谓矛盾突出、斗争激烈。由于通过一体化的制度安排，可以轻易改变国家之间的利益平衡，因此各国无不希望在一体化中取得先机和优势，知识产权制度一体化问题因而成为影响国际关系的重要因素，这无疑进一步凸显了知识产权制度一体化的典型性和复杂性。

（三）知识产权制度一体化的理论研究与客观实践之间相互脱节

知识产权制度一体化作为客观存在的法律发展现象，国内外学界对其还不够重视，以“知识产权制度一体化”为题进行研究的国内外学者并不多，到目前为止还未见有专门的、系统的阐述。在现有的研究中也存在着许多不足。一是对知识产权制度一体化内涵的认识模糊。学界中虽广泛论及知识产权制度的全球化、国际化、趋同化、一体化等概念，但对这些概念的表达各异，不仅无法廓清这些概念的内涵，有些甚至将它们等同、混用或误用，对知识产权制度一体化本质的揭示以及规律性特点等缺乏深入的分析。总而言之，认识不仅肤浅而且有些混乱。二是对知识产权制度一体化的理论依据认识不足。目前的研究仅局限于从全球化理论中寻找一体化的依据，缺乏从知识产权制度的本源进行挖掘，因之研究结果集中于对一体化的外在因素的阐释，缺乏对知识产权制度一体化的内在根源进行分析，因此无法阐明知识产权制度一体化的内在根据。三是研究范围的局限性。目前对知识产权制度一体化的研究总体上比较零散，或局限于欧盟知识产权制度一体化问题，或限于知识产权领域中某一具体制度的一体化研究，缺乏整体性和系统性。[1]

与理论研究的现状相反，知识产权制度一体化进程发展迅速。例如在专利领域，制度一体化已经越过各国专利制度之间的“趋同”阶段，专利申请程序已经进入了具有实质意义的“统一”阶段。在实质专利方面，建立一个全球统一的实质性专利制度的设想在1983年时就被提出。2000年10月，实质性专利法的协调重新提上WIPO会议的议程，新一轮的实质性专利法的协调重新开始。之后美国、日本等国家多次提出国际动议，要求加快实质性专利法的协调进程。可以预见，随着全球性专利制度的拟制，完整意义上的知识产权制度一体化有可能在专利领域率先得到实现。另外，在知识产权制度的区域一体化中，欧盟不断加快一体化进程，东盟也提出了知识产权制度一体化的基本思路和框架；在双边条约特别是FTA中，知识产权协议（或条款）成为建立自由贸易区不可缺少的内容。面对这些一体化现象，专门研究的论著不多，系统研究的更少。

由于知识产权制度一体化的理论研究远远落后于一体化的实践，不能适应实践的发展，更不用说对知识产权制度一体化的实践提出有力的指导。理论的不足和认识的缺乏，使发达国家得以在全球化的背景之下，以保护和激励创新为幌子，推动了它们所需要的知识产权制度一体化，维护其国际竞争的优势。而发展中国家则在知识产权制度一体化的面前不知所措，只能被动应对，独自承受一体化所带来的不利影响。

（四）理论价值和现实意义

以上分析表明，系统深入地研究知识产权制度一体化，无论在知识产权制度发展的理论方面，还是在我国知识产权战略的实践方面，都是十分迫切而必要的课题，具有理论价值和现实意义。

第一，为知识产权制度一体化梳理一个完整的理论结构。对知识产权制度一体化的基础、内容、方式、限度、影响等问题的研究，不仅为知识产权制度一体

---

[1] 实际上以“知识产权制度一体化”为题进行研究的专著和论文非常之少，并且主要以欧盟（欧共体）的知识产权制度一体化为研究对象。在笔者收集的范围内，以“一体化”为题的研究，国内的如：万鄂湘，邓永杰. 欧洲联盟商标法一体化的进程及现状[J]. 武汉大学学报：社会科学版，2001（1）；唐春. 从统一到一体：专利制度国际化进程及其发展趋势研究[J]. 知识产权，2008（5）；卢宏. 欧共体工业产权法律的一体化[J]. 知识产权，2001（6）；申华林. 东盟知识产权法律的一体化：问题与前景[J]. 桂海论丛，2005（1）. 国外的如：Christoph U. Schmid. Pattern of Legislative and Adjudicative Integration of Private Law[J]. Columbia Journal of European Law，Summer，2002（8）；Klaus Stegemann. The Integration of Intellectual Property Rights into the WTO System[J]. World Economy，2000（9）.

化提供一个完整的理论框架，也为零散的研究现状作一定的补充。

第二，有利于澄清对知识产权制度一体化的模糊认识，正确把握知识产权制度一体化的趋势、规律和特点。

第三，知识产权制度一体化是各国必须面对的客观现实，深入认识和把握知识产权制度一体化，确定应对策略，是我国知识产权事业长远发展不可忽视的重要现实问题。

二、研究对象

本书所研究的知识产权制度一体化，是指各国知识产权制度的差异性不断缩小，同一性不断增强的过程，它既包括各国知识产权制度的趋同过程，也包括各国让渡主权建立统一的知识产权制度的过程。这里所讨论的一体化是各国知识产权制度之间的一体化，是知识产权制度“国家间”的一体化，简称为“知识产权制度一体化”，它与其他知识产权制度 “一体化”的研究对象不同。

首先，它不同于国内法中“统一知识产权法”的一体化。国内法中的知识产权法的一体化一般指的是将专利法、商标法、著作权法等整合为一个“统一的知识产权法”的一体化[1]，或是将专利法、商标法、著作权法等纳入“统一的民法典”的一体化。[2]本书所研究的知识产权制度一体化是以各国知识产权制度差异性为基础的一体化，其研究对象是不同国家之间知识产权制度的一体化，而不是类型化的知识产权制度之间的一体化。

其次，它不同于国际法中“知识产权制度与其他领域制度”之间的一体化。国际法中知识产权制度一体化指的是知识产权保护制度与其他领域制度如人权制度、国际贸易制度之间的一体化，特别是指知识产权制度如何纳入WTO体系而

[1] 以此为研究对象（不论是否赞同制定统一的知识产权法典）的论文如：章礼强. 论制定统一的《知识产权法》[J]. 知识产权，1998(5)；夏建国. 制定统一知识产权法典的几点思考[N]. 法制日报，2001-07-29(3)；宋红松. 知识产权法的体系化与法典化[J]. 中华商标，2003(1)；李雨峰. 知识产权法典化论证质评[J]. 现代法学，2005(6)；毛金生. 论“统一知识产权法典”的编撰[J]. 知识产权，2010(3).

[2] 以此为研究对象（不论是否赞同制定统一的知识产权法典）的论文较多，如：郑成思. 民法草案与知识产权篇的专家建议稿[J]. 政法论坛，2003(1)；韦之，彭声. 论知识产权制度纳入未来民法典的理由[J]. 电子知识产权，2004(6)；黄台英. 知识产权对现代民法带来的省思——兼论民法的时代意义[D]. 北京：中国政法大学，2005；张玉敏，王智斌. 论我国民法典设置知识产权编的理由及基本构想——以概括式立法为目标模式[J]. 甘肃社会科学，2005(5).

形成的一体化。[1]其讨论的是知识产权制度如何与国际人权制度、国际贸易制度联结在一起所形成的“一体化”。本书所研究的知识产权制度一体化虽然也涉及国际人权、国际贸易制度等内容，但不是讨论知识产权制度与其他不同领域的法律制度之间的结合、一体化现象，而是讨论同为知识产权制度之间的一体化。

最后，它不同于知识产权制度中的程序规范与实体规范之间的一体化。知识产权保护的国际条约可分为程序性规范条约和实体性规范条约。[2]由于TRIPS协议中不仅规定了知识产权保护的程序性内容，也规定了实体性的内容，据此，有学者认为知识产权制度一体化指的是“知识产权国际保护规则从实体到程序的一体化”。[3]从实体到程序的一体化是知识产权制度一体化的重要特点，但是，本书所研究的并不是程序规范与实体规范之间的相互融合而形成的一体化，而是不同国家知识产权制度之间的宏观发展趋势。

三、研究方法

科学的研究方法是把主体与客体联系起来的桥梁、渡船和隧道。[4]根据论题的需要，本书采用的主要方法有以下四种。

（一）语义分析的方法

当前，法律全球化、法律国际化、法律趋同化、法律一体化的概念应用十分广泛，通过语义分析方法对这些概念进行界定和厘清，显然是本书的首要任务。因此，本书从概念入手，按照法律逻辑的顺序，厘清法律全球化、法律国际化、法律趋同化、法律一体化之间的区别和联系，逐一分析一体化、法律一体化、知识产权制度一体化的内涵，以及这概念所使用的特定环境和条件，为全书确定论述的基础和范畴。

（二）法哲学分析的方法

知识产权制度一体化是一种法律的发展现象。从哲学中汲取营养，在认识或解释法律现象时，透过现象看本质成为法哲学研究和解释法律现象的一个基本方法。一体化是法律发展中的一种现象，但对知识产权制度一体化的研究不能局限

---

❶ Klaus Stegemann. The integration of intellectual Property Rights into the WTO System[J]. World Economy, 2000(9).

❷ 古祖雪. 国际知识产权法[M]. 北京：法律出版社，2002：62.

❸ 吴汉东. 知识产权国际保护制度的变革与发展[J]. 法学研究，2005(3)：128.

❹ 张文显. 法哲学范畴研究[M]. 北京：中国政法大学出版社，2001：15.

于就现象谈现象，而是应该透过这一现象，认识其本质，揭示隐藏在背后的内因和外因。法哲学的分析方法还包含价值的分析判断。研究知识产权制度一体化必然需要对其进行价值分析和评判，以公平和正义的价值准则分析评判知识产权制度一体化的价值取向。

（三）比较研究的方法

比较研究方法是本书运用的主要方法。首先，知识产权制度一体化的研究前提是各国知识产权制度之间存在着差异性。比较各国知识产权制度之间的异同，特别是对各国知识产权制度的同一性研究，离不开比较研究方法的运用。其次，对知识产权制度一体化的研究存在不同的观点和看法，需要通过比较研究方法甄别真伪、辨别优劣，提出自己的观点。最后，知识产权制度一体化是一个历史的过程，通过历史的考察和比较分析，探索不同历史阶段一体化的不同表现，从而总结知识产权制度一体化的发展规律和特点。

（四）实证分析的方法

法律既是一种理论，也是一种实践。知识产权制度一体化是客观存在的现实，这本身就需要通过实证的方法去描述和论证。实证分析在本书中的应用，主要集中于分析知识产权制度一体化对创新所产生的作用，以及一体化所产生的积极影响和消极影响。在实证分析中，通过数据的统计和运算，图表制作，力图以定性兼定量的科学方法获得正确的结论和观点。实证分析的资料主要来源于WIPO、WTO等国际组织的统计数据以及有关的研究报告，一些国家的统计数据、调研报告等。

第一章　知识产权制度一体化的基础

知识产权制度一体化的基本含义、理论根据以及历史进程是研究知识产权制度一体化必须解决的基础问题。本章通过逻辑结构的分析、产生根源的探究以及演进历程的追寻，不仅对知识产权制度一体化的内涵进行了界定，也揭示了知识产权制度一体化的根据、机理以及各个不同时期的发展特点，从而为进一步研究知识产权制度一体化提供分析视角和理论基础。

第一节　知识产权制度一体化的界定

一、知识产权制度一体化的定义

从概念的逻辑关系看，知识产权制度一体化的上位概念是法律一体化，而法律一体化的上位概念是一体化。知识产权制度一体化是一体化链条中的一种特殊形态，它在一体化以及法律一体化的理论谱系中具有自身存在的位置。因此，知识产权制度一体化不是一个凭空想象的命题，而是有其逻辑根源。

（一）一体化

一体化是一个不确定的、模糊的概念，在不同的学科领域中有着不同的含义。

1. 词源学上的一体化

在词源学上，一体化是“把密切相关的两种或几种事物在某种意义上当成一个整体来看待，或努力使它们在某一方面统一起来”。[1]依此解释，“一体化”中的“一体”包含两方面的含义，即为“整体”或者“统一”。而在《辞海》的解释中，“一体”还具有“一样”的意思，而“化”一词具有“表示转变成某种性质或状态”的含义[2]，因此，“一体化”既表示一种“状态”，也表示一种“使动

❶ 韩明安. 新语词大词典[M]. 哈尔滨：黑龙江人民出版社，1991：578.

❷ 韩明安. 新语词大词典[M]. 哈尔滨：黑龙江人民出版社，1991：477.

结构”，即“使之一体”。在英文中，与“一体化”直接对应的词语是“Integrate”（动词），“Integration”（名词）。根据牛津英语辞典的解释，“Integrate”的含义是将不同的部分或因素组合成一个整体，是差异化的反义词。❶可见，“一体化”的中文含义与英文中的“Integrate”基本上是对应的。

2. 政治学上的一体化

卡尔·多伊奇认为，一体化通常意味着由部分组成整体，即将原为独立的各单位变为某一粘合系统的组成部分。❷这一定义与词源学上的定义相似。但是，在政治学上，不同的政治学理论对一体化的具体理解各不相同。一是完整意义上的一体化，即联邦主义所主张的一体化。联邦主义支持者认为，一体化的最终结果即建立一个新的“联邦化国家”比实现这一目标的手段更重要。❸联邦主义所主张的一体化是建立一个世界政府。这样的一体化是完全的、直接的、理想的一体化。因此，在联邦主义的理论之下，一体化是世界政府之下的一体化，在制度一体化方面以“世界法”的产生为标志。二是超国家的一体化，即功能主义所主张的一体化。功能主义是研究欧洲一体化进程的重要理论，其奠基人物戴维·米特兰尼的著作对一体化理论的发展产生了巨大的影响。1943年他在英国伦敦出版了《有效的和平体系》（*A Working Peace System*），在该书中米特兰尼构建了以“功能”为主要纽带的一体化理论。他所描绘的一体化是建立一个能解决这些共同问题所需要的、与国际性问题一致的国际性政府。在一体化的途径方面，米特兰尼认为，要阐明这些亟待解决的技术问题，无须借助政治化的意识形态或政治化的民族主义，可以根据具体的需要或功能，通过加强合作找到解决问题的方案。❹按照功能主义理论，判断是否一体化的首要标志在于国际组织的大量产生，而制度一体化是国际组织的必然产物。显然，功能主义主张的一体化在程度上仅次于联邦主义主张的一体化。三是相对的一体化，即动态的一体化，它所主张的一体化程度因强调相对性而比超国家化的一体化程度更低。美国学者詹姆

---

❶ J. A. Simpson , E. S. C. Weiner, The Oxford English Dictionary(Send Edition, Volume VII, Hat-Intervacuum). London: Clarendon Press, 1989: 1056.

❷ [美]卡尔·多伊奇. 一体化理论[C]//倪世雄，金应忠. 当代美国国际关系理论流派文选. 上海：学林出版社，1985：61.

❸ 郇庆治，胡瑾. 联邦主义与功能主义之争：欧洲早期政治一体化理论[J]. 欧洲，1999(6)：4-5.

❹ [美]詹姆斯·多尔蒂，小罗伯特·普法尔茨格拉夫. 争论中的国际关系理论[M]. 阎学通，陈寒溪等，译. 北京：世界知识出版社，2003：550.

斯·多尔蒂、小罗伯特·普法尔茨格拉夫在评述前两种一体化理论时提出，[1]"政治体系之所以形成团结一致的局面，并保持它，是因为它的成员普遍遵守一些共同准则，并普遍同意维持所在的体系结构。这种体系赖以存在的基础是关于程序的意见一致和关于实质问题的意见一致。前者是对政治框架和解决问题的法律过程达成的一致，后者是对政治体系解决问题的办法达成的一致"。[2]在此，一体化的前提是共同准则得到普遍遵守、体系结构得到普遍认同，是政治问题在程序与实体上的意见一致（Consensus）。这一观点，显然没有以"消除国家主权"作为一体化的重要特征，而是将一体化看做一个动态的、趋向一致的过程。它对于一体化的认识强调普遍的、一般的共同，而不是完全的一致性，因而是从相对性的角度理解和把握一体化的动态过程。从前述三种政治学理论对一体化的解读可以看出，一体化在此三种理论中具有不同的层次特征，这些层次特征实质上是对一体化程度"递增"或者"递减"的描述。

3. 经济学上的一体化

在经济学上，一体化指的是经济一体化。在通常的意义下，经济一体化是"指国家间经济一体化。即两个以上国家实行联合、实施共同经济政策和调节，促使经济向结成一体的方向发展"。[3]而被广泛引述并得到首肯的定义，是由美国经济学家贝拉·巴拉萨于1961年提出的。他建议将经济一体化定义为既是一个过程（A Process），又是一种状态（A State of Affairs）。就过程而言，它包括旨在消除各国经济单位之间的差别待遇的种种举措；就状态而言，则表现为各国间各种形式的差别待遇的消失。[4]与国外学者不同的是，国内学者张幼文认为，世界经济一体化即世界各国的经济结成一个相互依存、共同运行的整体，是各国在政治意义上的主权和地理意义上的疆界不变的情况下，作为经济意义上的国家界限的淡化。[5]显然，这一定义从主权和地理的角度理解一体化的含义，认为一体化是国家界限的淡化，但是对于国家界限的淡化包括哪些内容，部分内容的界限淡化还是全部内容的界限淡化，没有明确的界定。国内还有学者认为，如果把一体化看做是一个动态的过程，世界经济一体化就意味着国与国之间产

---

❶ 作者在该书1981年版中对"一体化"的论述较为深入，而在2001年版中则涉及不多，两个版本差别较大。前一版本为邵文光译，后一版本为阎学通、陈寒溪等译。

❷ [美]詹姆斯·多尔蒂，小罗伯特·普法尔茨格拉夫. 争论中的国际关系理论[M].邵文光，译. 北京：世界知识出版社，1987:444.

❸ 袁世全，冯涛. 中国百科大辞典[M].北京：华夏出版社，1990:339.

❹ 周八骏. 迈向新世纪的国际经济一体化——理论·实践·前景[M].上海：上海人民出版社，1999：5-6.

❺ 张幼文. 世界经济一体化的历程[M].上海：学林出版社，1999:1.

品和要素障碍的消除。关于一体化的价值取向，依照制度学派的观点，经济一体化是具有制度性目标的国际间的统一体，参加一体化的成员国之间有差别地实行减少或者消除贸易壁垒的贸易政策。[1]根据这一观点，一体化体现为贸易政策差异性的逐步减少或消除。因此，经济学上的一体化，可以从内容和目标两个方面进行阐释：其一，一体化的内容既包括动态的一体化过程，也包括静态的一体化状态；其二，一体化的目标是减少或者消除各国间的各种贸易政策、差别待遇的差异性。

4.一体化的一般含义

从词源学、政治学及经济学对一体化的不同定义中，可以概括出一体化的一般含义：首先是在某种意义上的整体性；其次是在某一方面的统一性；最后是具有相对性，即一体化向整体性和统一性转变是相对的过程。因此，若根据一体化的整体性、统一性以及相对性这三个基本特征进行广义理解，英文中的“Integration”一词至少可以涵盖三个不同的表达方式，即“Harmonization”（协调、和谐），“Convergence”（趋同化），“Unification”（统一），这三种不同的表达方式揭示了一体化的不同状态以及一体化的强弱程度。

（二）法律一体化

1.法律一体化的概念

学界对法律一体化主要有以下几种不同的界定。第一，法律一体化被界定为不同法律体系之间共同规则的建立和运用。例如，有国外学者认为，法律一体化是指两个或更多的法律体系采用相同的一套规则，用于一个良好界定的社会领域里的互动。[2]这里，法律一体化不仅是不同法律体系共同规则的建立和运用，而且其目标在于促进和规范某一良好社会领域的互动。第二，法律一体化被界定为不同法律体系之间的相互联系。例如，学者车丕照认为，法律一体化“是指全球范围内法律规范的相互联结……而这种联结的实现就在于国际法高于国内法的信念已得到普遍的确认”。[3]在此观点中，法律一体化是一种“相互联结”的状态，产生这一“相互联结”的原因在于“国际法高于国内法”。可见，这一观点描述

---

[1] 张相文. 国际贸易学[M]. 武汉：武汉大学出版社，2004:186.

[2] [美]艾德加多·巴斯卡哥利亚，威廉·赖特利夫.发展中国家的法与经济学[M].赵世勇，罗德明，译. 北京：法律出版社，2006:34.

[3] 车丕照. 法律全球化——是现实？还是幻想？ [C] //陈安. 国际经济法论丛(第四卷). 北京：法律出版社，2001:32-33.

了各国不同法律之间的相互联系，认为全球范围内法律法规的整体性即为一体化的表征，国际法高于国内法是法律一体化的法理基础，国际法是法律一体化的纽带。第三，法律一体化还被界定为不同法律体系之间的同一性。如，学者严存生认为，法律一体化“是指世界上的各个国家法律和各种各样的法律，不再是孤立地或者截然对立地存在着，它们越来越接近，越来越具有共性，因而能融洽相处，和谐地并存于世界之上”。“法律一体化不是指世界上的法律最后统一为一种法律，即出现单一的‘世界法’；更不是用一种强势法律文化占领、取代其他法律文化，虽然在历史的某个阶段会存在此类情况。”[❶]这一观点不仅突出了各国法律之间的普遍联系，而且还强调各国法律之间的共性，即各国法律之间的同一性。第四，法律一体化被界定为法律全球化的一种趋势。有学者从全球化的观点出发，对法律一体化进行解释，认为，从全球化的角度，法律制度一体化是法律全球化的一种趋势，“法律全球化是不同法律体系向一体化迈进的过程”。[❷]在此，法律一体化被认为是法律全球化的一种发展趋势和归宿，法律一体化是法律全球化的一种特殊形式，包含于法律全球化之中。

从以上的分析可以看出，在对法律一体化进行解读的各种观点中，既有共同之处，也有差别之处。共同之处在于这些至少确定了一个研究前提，即法律一体化是客观存在的一种法律现象；不同之处在于对法律一体化以何种程度或者何种形式存在具有不同的看法。

就概念的逻辑关系而言，法律一体化是一体化的一种具体类型，一体化包含法律一体化。根据一体化的一般含义，可以归纳出法律一体化三个方面的基本特征：一是整体性，即法律一体化是不同法律制度之间存在的普遍联系；二是统一性，即法律一体化是不同法律制度之间存在的同一性；三是相对性，即不同法律制度之间整体性和统一性的形成是一个相对的、渐进的过程。因而，以相对的、动态的观点看待法律一体化，并将整体性、统一性概括为同一性的不同发展过程，那么法律一体化可以界定为各国法律制度之间差异性逐步减少、同一性逐渐增强的过程。

2. 相近概念之辨析

与法律一体化相近的概念有法律趋同化、法律全球化、法律国际化等几个概念，这些概念与法律一体化之间有着明显的差别。

---

❶ 严存生. 法的“一体”和“多元”[M]. 北京：商务印书馆，2008：9-10.

❷ 冯晓青. 法律全球化与知识产权保护之思考[C]//冯晓青. 法律全球化与知识产权保护. 北京：中国政法大学出版社，2008:11.

(1) 法律趋同化。在我国，李双元教授最早提出了“法律趋同化”的观点。并进行了较为系统的解释和论证，他认为法律趋同化是指“不同国家的法律，随着社会需要的发展，在国际交往日益发达的基础上，逐步相互吸收、相互渗透，从而趋于接近或趋于一致的现象”。[1]在此，李双元教授所认为的“趋同化”仅描述法律制度趋于一致的现象，并未将法律制度的统一现象纳入其中，存在不足。或许李双元教授本人也意识到用“趋于接近或趋于一致”描述法律一体化的现象还不严密，忽略了各国法律制度也存在统一性的内容，乃至于在其后的《当代国际社会法律趋同化的哲学考察》一文中进行了补充，把“国际社会法律的趋同化”定义为不同国家的法律随着国际交往的日益发展的需要，逐渐相互吸收、相互移植，从而趋于接近甚至一致的现象。[2]很明显，在后面的定义中，已经将原先的“趋于一致”修正为“甚至一致”，虽两字之差，但却道出了一个客观事实：各国法律制度不只是具有“趋同”现象，也具有“统一”的现象。事实上，在李双元教授后来的文章中我们也可以印证这一分析，如他在面对学界对其观点的质疑时，又作了补充：“如果把法律全球化理解为各国逐渐接近、协调、融合、趋同甚至部分地统一或者同一的过程，在这一层意义上，笔者是可以接受的。”[3]可以说，经过不断地完善补充，法律趋同化在我国学界中已经发展成为一个较为完整的理论体系。

诚然，法律趋同化理论在揭示各国法律制度发展变化的现象时，不仅注意到各国法律制度的趋同现象，也考虑到各国法律制度的同一性或者统一性的方面，是具有科学性的。但是，法律趋同化理论也存在着局限，它无法解释超国家性质法律的存在，因为超国家性质法律的产生明显不是趋同的必然结果。可以设想，即使几个国家具有相同的法律制度，也未必一定产生超国家性质的法律。从趋同化到统一化还需要经历一个质变的过程。

(2) 法律全球化。法律全球化的概念随着经济全球化的深入而受到广泛的关注和讨论。国内学界对于法律全球化的认识经历反对、争论、认同的复杂过程。“法律全球化”一词一经在国内提出，即遭受到激烈的反对。如有的学者认为，法律是国家意志，即国家主权的体现，而法律全球化理论所讲的法律却是不“受

---

[1] 李双元. 市场经济与当代国际私法趋同化问题研究[M]. 武汉：武汉大学出版社，1994:3.

[2] 李双元，李新天. 当代国际社会法律趋同化的哲学考察[J]. 武汉大学学报：哲学社会科学版，1998(3)：32.

[3] 李双元，李赞. 全球化进程中的法律发展理论评析——“法律全球化”和“法律趋同化”理论的比较[J]. 法商研究，2005(5)：159.

任何国家控制的”、是“私政府制定的”，甚至是“没有国家的”。因而法律全球化基本上是一种不切实际的空想。❶有的学者认为，法律全球化的含义就是“想有一个全球统一的法律，形成一种超国家的法律，并由凌驾于各国政府之上的强制机构保证其实施”。❷综观反对法律全球化提法的学者，均是将法律全球化界定为“全球法”或“世界法”的产生，其立论逻辑为：法律是国家意志的体现，只要国家主权的存在就不可能产生法律全球化，因而，倡导法律全球化就是主张削弱国家主权，应该加以反对。

而赞同法律全球化提法的学者则认为，“法律全球化不但是一个既成的事实，而且是一个不断发展变化的过程”，应该“把法律全球化描述为正在发生的各国法律走向趋同化或曰‘国际化’的一种趋势，表现为一方面各国法律在更多的领域相互借鉴吸收，形成共识，即制度上一致的方面逐渐增多；另一方面是各国普遍的参与制定、接受国际公约、协议，使本国法在更大范围与国际惯例相衔接，服从于普遍的国际规则和标准”。❸因此支持法律全球化的学者将法律全球化定位在一个动态的发展过程，认为法律全球化是法律的一种发展趋势。这些观点回避了国家的主权问题，委婉地表述了法律全球化的方式和特点，比较容易引起认同。事实也证明，类似的观点逐渐为学界所接受并引起了学界对法律全球化问题的重视。随着学者们研究的深入，法律全球化的概念有了更为完整的阐释，如有学者认为，“它（法律全球化）是一种历史现象和发展趋势，它是世界各国的法律制度在伴随着经济发展过程中，法律内容相互协调、法律观念逐步融合、法律价值趋于统一的过程”。❹当然，将这种表述与趋同化论的论述相比较，可以看出它们之间并无实质的差别，全球化论与趋同化论对这一法律现象的描述只是名称不同而已，所指向的均为同一法律现象。

（3）法律国际化。沈宗灵先生认为，法的国际化包含两层含义。其一是指各个国家或地区的法律相互借鉴与吸收，逐渐形成共识，也就是通常所说的，在某些领域中使本国的法律与国际上通行的法律相互衔接。其二是指积极参与国际立法的起草和制定工作；签署、批准和加入国际协议，严肃认真地履行自己所承担

❶ 沈宗灵. 评“法律全球化”的理论[C]// 陈安. 国际经济法论丛(第四卷). 北京：法律出版社，2001:4-5.

❷ 韩天森. 谈法律全球化——兼谈经济全球化[C]//陈安. 国际经济法论丛(第四卷). 北京：法律出版社，2001:17.

❸ 李巍. “法律全球化”是不以人的意志为转移的历史趋势[C] // 陈安. 国际经济法论丛(第四卷). 北京：法律出版社，2001:26-27.

❹ 谢冬慧. 法律全球化与法制现代化论略[J]. 西南政法大学学报，2008(1):10.

的国际义务。[1]在此，沈宗灵先生揭示了法律国际化是通过两个途径——以移植、借鉴和签订条约的方式来实现，其重点在于强调法律国际化的途径，对于国际化的具体内容未予深入阐述。公丕祥先生认为：“所谓法律发展的国际化，主要是指在法律文化的传播与交流过程中，各个主权国家的法律制度蕴涵着世界法律文明进步大道上的共同的基本法律准则，使各国的法律制度在某些方面彼此接近乃至融合，进而形成一个相互依存、相互联结的国际性的法律发展趋势。”[2]在此，法律国际化是一种法律发展趋势，这一趋势的特征是各国法律制度形成了一个整体并实现趋同。与此类似的表述，孙笑侠先生的观点似乎更为直接，他认为“法的国际化是指法顺应国际社会的法律合作、交流、融合乃至局部统一的趋势”。[3]从孙笑侠先生论述中可以看出，其对法律国际化的认识与前述一些学者对法律趋同化、法律全球化的论述基本一致，所要揭示的均为各国法律逐渐走向统一的发展现象。

当然，也有学者从更广的意义上理解法律国际化。例如，有学者认为法律国际化表征的是各个国家在法律上相互联系、彼此影响的程度。法律国际化包含三个方面的内容：其一，国家法（国内法）之间的相互影响；其二，国家间法律（国际法）的形成；其三，国际法与国内法的互动。[4]但是，也有学者坚决反对法律国际化的提法，如张光博先生认为，“各个国家在国际领域内制定和自愿遵守的规则，都是其基本制度的延伸，因而也必然是一种斗争过程，切不可以天真地想象这是一种什么‘法律国际化和全球化’，或者什么‘法律的世界化’。世界上存在着国际法，但不存在法律的国际化”。[5]

3. 法律一体化与相近概念之间的关系

法律趋同化、法律全球化、法律国际化与法律一体化之间究竟存在哪些关系，目前学界还没有统一的认识，概括起来有两种理论。

一种是等同论。持等同论的学者认为，“法律的全球化过程其实就是法律的国际化过程”，[6]“趋同化也就是一体化，一体化也就是全球化”。[7]等同论认为法律趋同化、法律全球化、法律国际化、法律一体化之间不存在差别。但是，就全球化的本义而言，它指的是社会交往的跨洲际流动和模式在规模上的扩大、在广

---

[1] 沈宗灵. 法理学[M]. 北京：北京大学出版社，1999：118.

[2] 公丕祥. 国际化与本土化：法制现代化的时代挑战[J]. 法学研究，1997（1）：87.

[3] 孙笑侠. 法的现象与观念[M]. 济南：山东人民出版社，2001：23.

[4] 黄文艺. 法律国际化与法律全球化辨析[J]. 法学，2002（12）：15-16.

[5] 张光博. 坚持马克思主义法律观[M]. 长春：吉林人民出版社，2005：278.

[6] 杨心宇. 法理学导论[M]. 上海：上海人民出版社，2002：176.

[7] 江平. 全球化、现代化与本土化[C]//江平. 比较法在中国. 北京：法律出版社，2003：3.

度上的增加、在速度上的递增，以及影响的深入。全球化指的是人类组织在规模上的变化或变革，这些组织把相距遥远的社会联结起来，并扩大了权力关系在世界各地区和各大洲的影响。❶因而若从此角度看待法律全球化，其内涵不仅应该包含法律趋同化和法律一体化，而且还应包含各国法律制度之间的相互影响，甚至还应包含除此之外的法律的多元化、分散化。因为多元化、分散化也同样对各国法律制度产生重要影响。如此看来，在等同论的观点中，法律全球化、法律国际化的概念明显作狭义的解释。所以，在描述各国法律制度差异性逐渐缩小而同一性逐渐增强这一法律现象时，较之于“法律国际化”“法律全球化”，使用“法律趋同化”或“法律一体化”的概念显然更能准确涵盖这一法律现象。

另一种是包含论。首先，法律国际化包含法律全球化。将法律国际化定义在各国法律制度之间的相互联系、彼此影响的层面，法律国际化则既包含着法律全球化的内容，也包含着法律“反全球化”的内容。因为各国法律制度之间的影响有可能产生趋同或统一的结果，也可能产生分化的结果。因此，法律国际化是比法律全球化更为宽广的概念，法律全球化是法律国际化的一种形式，也是法律国际化的一个更高级的形式。其次，法律全球化包含法律的趋同化和一体化。对于前述观点，有学者认为，“至少可以从以下两个方面来对法律全球化加以描述，即全球范围内法律规范的趋同化和一体化”。❷在涉及法律趋同化与法律一体化之间的关系时，持包含论的学者进一步认为：“法律趋同化是法律一体化的基础……法律一体化是法律趋同化的高级表现形式和必然发展结果。”❸这些观点，较之于等同论，区别在于对法律全球化作了一定的扩张解释，但整体上仍然坚持法律发展的同一性现象，并未涉及分散化等更为广泛的内容，因而还属于对法律全球化的狭义解释。除此之外，包含论的最大特点在于对法律趋同化和法律一体化作了层次区分，认为法律一体化是法律趋同化的高级表现形式。

我们基本赞同包含论的观点。因为“国际化”“全球化”“趋同化”“一体化”各自在字面上概括出法律发展现象的不同趋势和特征。它们之间的逻辑关系是包含关系，概念的外延是逐步缩小的。就描述现阶段与全球经济一体化紧密相连的法律发展现象而言，法律国际化、法律全球化不仅内容更宽泛，而且也未能

---

❶ [英]戴维·赫尔德，安东尼·麦克格鲁. 全球化与反全球化[M]. 陈志刚，译. 北京：社会科学文献出版社，2004：1.

❷ 车丕照. 法律全球化——是现实？还是幻想？[C]// 陈安. 国际经济法论丛(第四卷). 北京：法律出版社，2001：31.

❸ 车丕照. 法律全球化——是现实？还是幻想？[C]// 陈安. 国际经济法论丛(第四卷). 北京：法律出版社，2001：34.

突出法律“趋近一致或形成一致”的特点，但是法律趋同化与法律一体化却能明确表达这一特征。究竟是使用“法律趋同化”还是“法律一体化”描述“趋近一致或形成一致”更为准确呢？首先需要明确三个前提：第一，目前法律趋同化还无法达到高度趋同的状态；第二，法律一体化也不是指法律已经实现了一体化，它们所指的都是相对的、动态的一体化；第三，法律趋同化与法律一体化之间具有微小的差别。法律趋同化的着落点是“趋同”，而法律一体化的着落点是“一体”；法律趋同化立足于各国不同的法律制度，“趋同”强调的是各个主权国家的主动行为，忽略被迫“趋同”的客观现实，而法律一体化的表述并无主动与被动之分；法律趋同化表达了法律制度相近和一致性的一面，却忽略了超国家法律的存在，而法律一体化除表达法律制度的同一性外，并不排斥超国家法律的存在。因此，如果强调“趋同”的特点，则应以法律的趋同化进行描述，而如果强调“一体”的特点，则应以法律一体化进行描述。

根据前文对法律一体化的界定，法律一体化实际上包含两个层面的内容。一是动态上的法律一体化，也即法律一体化并非已经完全实现一体化，而是一个动态的、趋向一体的过程。在此意义上，法律趋同化是法律一体化的初级形式，实现高度趋同甚至统一是一体化的终极目标。二是静态上的法律一体化，它指某一特定条件下的法律一体化的状态，而这种状态是随着一体化的推进而不断变化发展的。根据这一解释，加之国际协调的加强以及超国家性质法律的出现，本书认为，以“法律一体化”而不是“法律趋同化”来描述法律全球化中的“趋同”及“统一”现象更加科学。

（三）知识产权制度一体化

沿着一体化—法律一体化—知识产权制度一体化的逻辑顺序，基本可以厘清知识产权制度一体化的概念背景。但是，对于知识产权制度一体化的界定，国内外均存在不同的观点。

1. 国内学者观点评析

郑成思先生在其《知识产权价值评估中的法律问题》的专著中较早地提出了知识产权制度一体化的问题，他在论述知识产权地域性与智力成果流动之间的矛盾时指出，“更多的学者、更多的国家以及地区，实际上正通过加速各国知识产权法律‘一体化’的进程，即通过弱化知识产权的地域性来解决这一矛盾。国际知识产权法律‘一体化’，就要有个共同的标准”。[1]可以看出，郑成思先生所认

[1] 郑成思. 知识产权价值评估中的法律问题[M]. 北京：法律出版社，1999：3.

为的知识产权制度一体化包含两层意思：一是知识产权制度一体化通过弱化知识产权的地域性得以实现，弱化知识产权的地域性是知识产权制度一体化的手段；二是知识产权制度一体化的标志是一体化共同标准的形成。郑成思先生这一观点在国内较早地触及了知识产权制度一体化的客观现象，并从一体化的手段和内容上进行揭示，无疑具有前瞻性。但是，这些论述也存在几个悬而未决的问题，例如知识产权制度一体化是否以弱化知识产权的地域性为唯一手段，弱化知识产权的地域性具体有哪些方式，知识产权产权制度一体化的共同标准是什么，等等。

之后对此问题进行深入研究的是吴汉东教授，他在《知识产权国际保护制度的变革与发展》一文中指出，“知识产权国际保护制度的形成，标志着知识产权立法步入一个新的历史阶段，即各国独自产生的知识产权制度，在知识产权国际保护的框架下，逐渐走上一体化、国际化的道路”。[1]吴汉东教授在该文中对知识产权立法的一体化作了界定，认为“知识产权立法的一体化，寓意着知识产权保护的基本原则与标准在全球范围内的普适性”。[2]在此，知识产权立法的一体化是指知识产权保护的基本原则与标准的一体化，一体化的标志是这些原则和标准在全球范围内得到普遍应用。值得注意的是，在吴汉东教授的有关论述中，知识产权立法的一体化与知识产权法的一体化有时并不加以区分，认为知识产权立法的一体化与知识产权法的一体化是同一概念。如其在《中国知识产权的国际战略选择与国内战略安排》一文中则是这样表述的：“知识产权立法的一体化，寓意着知识产权保护的基本原则与标准在全球范围内的普适性。在知识产权法一体化、国际化的潮流中，中国作为世界贸易组织成员，理所当然应遵守《知识产权协定》所规定的国际义务。”[3]吴汉东教授对知识产权制度一体化的界定较为明确和清晰，但也存在着不足。其一，没有明确指出知识产权制度一体化是一种相对性、渐进性过程。知识产权保护的基本原则与标准在全球范围内的普适性只是当今的一体化现状，而不能解释所有的一体化过程，知识产权制度一体化的伊始谈不上具有普适性规范的存在；其二，讨论知识产权制度一体化方式还不够全面，认为知识产权制度一体化仅仅在知识产权国际保护制度（或知识产权国际条约）的基础上发生，这难免以偏概全。例如，法律的移植方式也是知识产权制度一体化的重要方式之一，而法律的移植显然不以国际条约的存在为必要条件。

当然，也有学者在严格区分知识产权制度一体化与知识产权趋同化的基础上

[1] 吴汉东. 知识产权国际保护制度的变革与发展[J]. 法学研究，2005(3)：126.

[2] 吴汉东. 知识产权国际保护制度的变革与发展[J]. 法学研究，2005(3)：127.

[3] 吴汉东. 中国知识产权的国际战略选择与国内战略安排[J]. 今日中国论坛，2006(2-3)：127.

对知识产权制度一体化进行界定。如学者认为，知识产权制度趋同化是指不同国家之间的知识产权制度在以多边知识产权国际公约为核心的国际知识产权协调体制下，为了使本国知识产权制度符合国际公约的要求而制定或者修订国内知识产权法，逐渐达到实体和程序的统一。知识产权制度一体化是指不同国家在缔结国际公约或者成立国际组织的基础上，让渡部分国家主权，制定统一的国际知识产权法，由统一的国际知识产权组织对知识产权的产生、维持和废除进行管理。知识产权制度的趋同化是知识产权制度走向一体化的基础，知识产权制度一体化是知识产权制度趋同化的结果。[1]将知识产权制度趋同化与知识产权制度一体化进行区分是必要的，特别是从“超国家”性质的国际知识产权组织及“知识产权世界法”的层面界定“一体化”，符合狭义的“一体化”定义规则。但是，学者的前述观点显然也存在着不足：一方面，知识产权制度趋同化并不以知识产权国际条约的存在为唯一前提，趋同化也可以表现为不同国家知识产权制度之间的借鉴和移植；另一方面，从狭义上界定知识产权制度一体化固然正确，但把知识产权制度一体化仅仅等同于“世界知识产权法” 的产生显然过于绝对，缺乏对知识产权制度一体化的相对性、动态性的揭示。

此外，国内在使用与知识产权制度一体化相近的若干概念（如知识产权制度的全球化、趋同化、国际化等）时往往不加甄别，混同的情况颇多。例如，冯晓青教授认为，知识产权法全球化指的是以签订知识产权国际保护条约为基础的、一系列知识产权保护的、国际标准的知识产权法的趋同化现象和过程。[2]显然，冯晓青教授所认为的知识产权法全球化是狭义上的全球化，其中包含着两个方面的内容：一是知识产权法全球化指的是知识产权法的趋同化现象和过程，其实质是知识产权法的趋同化；二是趋同化的基础是以知识产权国际保护条约为基础，即趋同化以知识产权国际保护条约所确定的内容为目标。知识产权制度的国际化也被学者所提及，但是一些学者在阐释这一概念时，也把这一概念与知识产权制度一体化、知识产权制度全球化抑或知识产权制度的趋同化混同。例如，吴汉东教授认为，知识产权制度的国际化特征表现了这一制度的基本原则和主要规则在全球范围的普适性。它意味着在WTO体系下的知识产权领域，从法律效力上看，国际法高于国内法，本国国内法同于其他国家的国内法，国内法遵从国际法。其实质意义在于各国知识产权制度所表现的一种趋同化与一体化的基本特

[1] 向欣，朱雪忠. 我国知识产权保护的国际环境分析[M]. 北京：中国计划出版社，2007：20-21

[2] 冯晓青. 法律全球化与知识产权保护之思考[C] // 冯晓青. 法律全球化与知识产权保护. 北京：中国政法大学出版社，2008：11-13.

点。[1]综合比较吴教授与冯教授的观点，可以看出，他们各自理解的知识产权法的一体化与知识产权法的全球化所表述的内容并无实质上的区别。这是因为，一方面，知识产权国际保护的条约一般要通过国内法的转化才能在某一国家内产生法律效力，吴教授所言的“知识产权保护的基本原则和标准在全球范围的普适性”，其外在体现即是冯教授所言的“知识产权保护的基本原则和标准在各国知识产权法中的趋同”。另一方面，当今世界，各国知识产权法的趋同具有确定的方向和目标，那就是国际条约所达成的知识产权保护的基本原则和标准。当然，两位教授关注的侧重点是有差别的，吴教授是从国际条约的着眼点出发，侧重于国际法高于国内法的效力原则，强调知识产权保护基本原则和标准的一致性，因而使用了“一体化”一词；而冯教授是从国内法的角度出发，侧重国际法对国内法的影响，强调主权国家主动的立法行为，因而使用了“趋同化”一词。

我们认为，由于各国知识产权制度的同一性较为明显并且成为发展的主要趋势，以“知识产权制度一体化”对知识产权制度趋近一致甚至统一的法律现象进行概括和描述，不仅符合客观现实，而且更能突出此法律现象的发展特征。

2. 国外学者观点评析

在全球化的背景下讨论各国知识产权制度的发展变化时，国外学者使用了不同的词汇对知识产权制度一体化的现象进行描述，大致有Harmonization（协调、和谐），Convergence（趋同化），Integration（一体化）等词语。

（1）Harmonization。在有关知识产权国际保护方面，英文文献中的Harmonization一词的使用非常频繁，语义也非常广泛。它有时是指国际知识产权保护体系的形成[2]，有时是指双边或多边知识产权协议的协调（例如美国与新加坡签订的FTA，就是对美国与新加坡两国知识产权制度之间的协调）[3]，甚至有时也指欧盟内部知识产权制度的协调一致[4]，如有学者指出，为了维护欧盟的共同市

---

[1] 吴汉东. 国际化、现代化与法典化：中国知识产权制度的发展道路[J]. 法商研究，2004(3)：75.

[2] Graeme B. Dinwoodie. Some Remarks on the Limits of Harmonization [J]. The John Marshall Law School Review of Intellectual Property Law，2006(5)：596.

[3] Kenneth Chiu. Harmonizing Intellectual Property Law between the United States and Singapore: The United States-Singapore Free Trade Agreement's Impact on Singapore's Intellectual Property Law[J]. The Transnational Lawyer，2005(18)：489.

[4] Kara M. Bbonitatibus. The Community Patent System Proposal and Patent Infringement Proceedings: An Eye towards Greater Harmonization in European Intellectual Property Law [J]. Pace Law Review，Winter, 2001(22)：201.

场、打破成员方国内的壁垒，欧盟着力寻求内部知识产权制度的协调。[1]因此，国外学者在知识产权制度一体化方面勾勒了一个更为宽广的范畴，这一范畴不仅涉及各国知识产权制度的同一性，也涉及各国知识产权制度的差异性，但“协调”的角度一般从国际法的层面进行阐述，并未对因国家之间的法律移植所产生的协调一致深入分析，因而也存在着一些缺陷。

（2）Convergence。国外学者认为，知识产权制度（在经济全球化中）的发展是将各国的知识产权规范（标准）趋同于保护知识产权的国际框架之中。[2]各国知识产权制度卷入全球化进程的证据是1883年的《巴黎公约》、1886年的《伯尔尼公约》、1995年的TRIPS协议以及1996年《世界知识产权组织版权条约》的签订……版权法的第一次趋同的足迹可以追溯到《伯尔尼公约》。[3]这些观点显然与国内吴汉东教授、冯晓青教授的观点类似，都是认为在经济全球化背景下，各国知识产权制度的发展趋势是以国际条约为基本目标的趋同。

（3）Integration。以Integration为题进行研究的国外学者，其观点主要集中于两个方面，其一是指某些超越国家因素的制度一体化，即知识产权制度的区域一体化，特别是欧盟知识产权制度的一体化；[4]其二是知识产权制度在WTO体系中的一体化，即指知识产权制度如何在WTO体系中与其他贸易机制融为一体，形成具有普遍性效力的国际规范。[5]

3. 知识产权制度一体化的含义

基于对国内外学者观点的分析，并且在结合一体化、法律一体化的内涵与特征的基础上，本书试就知识产权制度一体化作一个界定，即知识产权制度一体化是指各国知识产权制度之间的差异性不断缩小，同一性不断增强的过程。在此定义中，体现了知识产权制度一体化三个方面的基本内涵：

第一，知识产权制度一体化既包括各国知识产权制度的趋同过程，也包括各

---

[1] Lee Ann Askew. The ECJ, the ICJ and Intellectual Property: Is Harmonization the Key? [J]. Tulsa Journal of Comparative & International Law, Spring, 2000(7):377.

[2] Laurinda L. Hicks, James R. Holbein. Convergence of National Intellectual Property Norms in International Trading Agreements[J]. American University Journal of International Law & Policy,1997(12):771-772.

[3] F. Willem Grosheide. Globalization, Convergence and Divergence in International Copyright Law: A Question of Expediency or of Right? [C]//Fiona Macmillan. New Directions in Copyright Law (Volume2). Cheltenham (UK):Edward Elgar Publishing Inc. 2005:38.

[4] Christoph U. Schmid. Pattern of Legislative and Adjudicative Integration of Private Law [J]. Columbia Journal of European Law,Summer, 2002(8):471.

[5] Klaus Stegemann. The Integration of Intellectual Property Rights into the WTO System[J]. World Economy, 2000(9):1238.

国让渡主权建立统一知识产权制度的过程。

第二，各国知识产权制度一体化指的不是各国知识产权制度已经形成了一个统一的法律制度或形成了一部“世界性”的法律，一体化也不以各国法律制度共同性内容多于差异性内容为成立前提。

第三，知识产权制度一体化既是一个动态的概念，也是一个静态概念，其内涵既表征着各国知识产权制度一体化动态的发展过程，同时也表征着各国知识产权制度在某一特定历史时期静态的一体化结果或程度，是“动态的一体化”与“静态的一体化”的结合。

二、知识产权制度一体化的本质

（一）“本质”的哲学内涵

“本质”是自古以来哲学家们孜孜不倦的研究课题。在柏拉图哲学中，存在感性世界和理性世界（或理念世界）。理念具有超自然的属性，是万物的本原，因而柏拉图认为理念是一切存在的真正本质。柏拉图之所以将善、美、正义叫做理念，并非因为他把它们视为简单的表象，而是因为他把它们看做是一切事物的模型。[1]因此，柏拉图哲学中对于本质概念的理解尽管是唯心主义的，但试图从世界万物中抽象出一般性的东西作为本质概念的定义无疑是正确的。从世界万物中抽象出一般的东西即为本质的内涵，这一思想在后来的哲学研究中得到延续。亚里士多德认为，哲学的基本问题是关于“实体是什么”的问题。实体范畴中包含着本质的含义。实体是人们认识的重要对象，其他属性范畴都是从属说明实体的。在中世纪的经院哲学中，上帝是创造主，自然界的万事万物都是上帝从虚无中创造出来的，在万事万物中都贯彻了上帝的意旨。上帝才是世界唯一的本质。[2]在康德哲学中，本质即为自在物。因此，康德在自己的理论哲学中否定了上帝是第一推动力的构想，在他的哲学中自在物起着这个作用。[3]黑格尔从本质与现象之间的联系中考察本质。黑格尔认为，本质是在反思中建立起来的总念，本质中的范畴只是相对的，尚没有绝对地反映其自身。[4]在黑格尔哲学中，本质

---

❶ [法]保罗·富尔基埃. 存在主义[M]. 潘培庆，郝珉译，上海：上海译文出版社，1988：8-9.

❷ 高清海. 马克思主义哲学基础[M]. 北京：人民出版社，1985：227.

❸ [俄]E. П. 希特科夫斯基. 论康德哲学中本质与现象的相互联系 [C] // 周贵莲，丁冬红. 国外康德哲学新论. 北京：求实出版社，1990：290.

❹ [德]黑格尔. 小逻辑[M]. 贺麟，译. 北京：生活·读书·新知三联书店，1954：250.

与现象是通过反思而实现联系的，“本质的观点一般讲来即是反思的观点”。[1]较之于对“本质”内涵的揭示，黑格尔似乎更加注重人如何认识本质的问题，而非探求万物的本原，从而充分地肯定了人的认识在本质与现象之间的作用。黑格尔的观点得到马克思主义者的赞同，例如，针对黑格尔将人的认识过程概括为存在向本质过渡的过程，列宁认为是“吹来一阵清风”，是客观主义。[2]在马克思主义哲学中，本质是与现象相对应的概念，是决定客观事物具有各种表现的根据，是客观事物内在的相对稳定的方面，而人们对本质的认识是逐渐深入的，而非一蹴而就。本质是一个相对的概念，是随着人对客观世界的认识不断深化的一个概念，因而“本质是一种多等级的构成物，它表现着现实的复杂的层次结构”。[3]

（二）法哲学视角中知识产权制度一体化的本质

由于本质是一种多等级的构成物，具有多层次结构，因此知识产权制度的本质也有不同的角度和层次。在政治视野中，关于知识产权制度一体化本质有两种相近的观点。其一，知识产权制度一体化的本质即为知识产权霸权主义。有的学者认为，知识产权霸权主义是指以美国为首的西方发达国家以发端于西欧的知识产权观念为基础，并且往往依托知识产权国际公约，与其在全球范围内推行的霸权主义政策相呼应，对外（特别是对发展中国家和落后国家）强制推行高水平、高强度的知识产权保护政策，并据此展开法律、经济、贸易和其他领域内的强制行动。[4]知识产权制度一体化即为西方发达国家推行其知识产权保护标准的结果。特别是，知识产权制度一体化的过程主要体现为各国对发达国家知识产权保护原则与保护标准的适应性，因而在此层面理解，知识产权制度一体化可谓是一种新的法律殖民主义。其二，知识产权制度一体化本质上是一种信息封建主义。彼得·达沃豪斯及约翰·布雷斯伟特在《信息封建主义》里指出，“选择‘信息封建主义’作为本书的标题，我们无意暗示这样的局面：目前，主要由世界贸易组织（以下简称‘世贸组织’）和世界知识产权组织进行的，在世界范围内重新界定当代全球知识产权产权标准的运动会将会把我们带回到像中世纪封建主义那样可憎的奴役时代……由于信息封建主义规划与中世纪的封建主义都涉及产权的

---

[1] [德]黑格尔. 小逻辑[M]. 贺麟，译. 北京：生活·读书·新知三联书店，1954：251.

[2] [俄]列宁. 哲学笔记[M]. 中共中央马克思、恩格斯、列宁、斯大林著作编译局译，北京：人民出版社，1993：106.

[3] 高清海. 马克思主义哲学基础[M]. 北京：人民出版社，1985：232.

[4] 孔庆江，俞毅，胡峰. 知识产权霸权主义与发展中国家知识产权保护的本土化策略[J]. 甘肃政法学院学报，2009(1)：102.

重新分配问题，所以我们这里所述的信息封建主义规划就与中世纪的封建主义发生了联系”。❶在他们看来，信息封建时代中产权的重新分配包括作为“智力公共财物”的知识财产转移到私人手中，其结果就是将私有垄断权提高到一个危险的全球化的高度，这无异于中世纪封建地主对土地所有权的控制。无论是知识产权霸权主义还是信息封建主义，揭示的都是知识产权制度一体化的政治属性。它们深刻地认识到发达国家在知识产权制度一体化中所起的主导性作用，揭示了发达国家利用知识产权制度一体化实现自身政治利益的目的，这无疑是正确的。但是，知识产权制度一体化的这一政治属性只是一体化进程的主要表现，或者是当今知识产权制度一体化的根本属性，但绝非唯一属性。因为就发展中国家而言，虽然目前在知识产权制度一体化中所发挥的作用不大，但也积极投入这一过程中，并且既有被动接受知识产权制度一体化的行为，也有主动追求知识产权制度一体化的行为。换言之，知识产权霸权主义抑或信息封建主义并非知识产权制度一体化的全部。知识产权霸权主义也好，新的法律殖民主义也罢，均无法成为知识产权制度一体化的本原，因而它们还不是对知识产权制度一体化本质的深层揭示。

法哲学从哲学中汲取了营养，在认识或解释法律现象时，透过现象看本质成为法哲学研究和解释法律现象的一个基本方法。对于法的全球化的本质，研究法哲学的学者认为，有两方面的规定性：一是主体间全球性合作的规定性，即法律的全球化趋向在形式上表现为国家间的联合，但在实质上表现为主体间进行国际交往的必要；二是对主体全球性合作加以规制的规定性。这两种规定性在一定程度上表明了法律全球化的本质，即法律越来越明显地反映全人类的需要并实现对全人类行为的规制。❷在此观点中，法律的全球化趋向是法律一体化的表面现象，而法律一体化的本质则在于反映全人类的需要以及法律对全球性合作的规制，具有一定的合理性，但是也有不足。一方面，全人类的需要并不必然地会产生法律的一体化。因为全人类的需要可能是共同的需要，也可能是有差别的需要。即使是全人类的共同需要，也只是法律一体化产生的一个必要条件，而非唯一条件。另一方面，法律对全人类行为的规制是法律功能作用的表现，对全人类行为进行规制充其量只是法律一体化的一种结果，它不可能成为法律一体化的本质。尽管存在前述的不足，但其毕竟反映了知识产权制度一体化本质的一个侧

---

❶ [澳]彼得·达沃豪斯，约翰·布雷斯韦特. 信息封建主义[M]. 刘雪涛，译. 北京：知识产权出版社，2005：2-3.

❷ 刘晓兵. 法哲学思考[M]. 北京：知识产权出版社，2005：68.

面，对知识产权制度一体化现象有了更深一层的认识和解释，它启示我们透过法律一体化的表面现象而寻找其内在规定性的认识思路。

严格而言，“本质”与“实质”不同，但在论及法律一体化时，学者有时并未将“实质”与“本质”予以严格区分。例如，有学者认为，知识产权“立法一体化的实质是知识产权国际保护体制与国际贸易体制的结合”。[1]显然，这里所言的“实质”实际上是指知识产权制度一体化的一种性质特点，知识产权国际保护与国际贸易体制相结合应该说是知识产权制度一体化的一种重要的表现形式，也是知识产权制度一体化某一阶段的显著特征。又如有的学者认为，法律全球化的实质是各国、地区的法律制度朝一体化和趋同化方向发展，是将全球化法律作为一个整体而逐渐融合成共同的法律规范的过程和趋势。在一体化发展方面，经济全球化过程促使不同国家、地区的法律制度、法律原则、法律理念、法律执行程序等逐渐融合的趋向。[2]该观点对法律一体化有更深一层的揭示，认为在法律一体化现象的背后是“不同法律制度的融合”，不同法律制度的融合是法律一体化的内在根据和根源。由于法律一体化的各种表现形式皆因不同法律制度之间相互融合而产生，是不同法律之间相互融合的结果，因而此观点可认为是对法律一体化的本质揭示。

既然法律一体化的本质是不同法律制度之间的融合，那么，作为一种特殊的法律一体化类型的知识产权制度一体化，其本质即为不同知识产权制度之间的融合。进而可以从哲学的角度揭示，隐藏于知识产权制度一体化现象之后的，是各国不同知识产权制度之间的对立与统一关系。在此对立统一的关系中，当对立性起主导作用时，知识产权制度则呈现分散化，而当统一性起决定作用时，知识产权制度则呈现一体化。知识产权制度一体化是各国知识产权制度之间相互作用，对立统一的结果。换言之，不同知识产权制度之间的对立统一关系即为知识产权制度一体化的本质。

各国知识产权制度之间的对立统一关系表现为各种矛盾，这些矛盾包括发展中国家与发达国家之间知识产权制度的矛盾、发达国家之间知识产权制度的矛盾以及发展中国家之间知识产权制度的矛盾。从当今的情况看，发达国家高标准保护的知识产权制度与发展中国家的相对较低保护标准的知识产权制度之间的矛盾是这些矛盾中的主要矛盾，这一主要矛盾主导着知识产权制度一体化的发展方

---

[1] 吴汉东. 后TRIPS时代知识产权制度的变革与中国的应对方略[J]. 法商研究，2005(5)：3-4.

[2] 冯晓青. 法律全球化与知识产权保护之思考 [C] // 冯晓青. 全球化与知识产权保护. 北京：中国政法大学出版社，2008：9.

向。在发达国家知识产权制度与发展中国家知识产权制度之间的矛盾中，发达国家的知识产权制度占据主导地位，因而知识产权制度一体化表现为以发达国家知识产权制度为标准的一体化。

第二节　知识产权制度一体化的根据和机理

知识产权制度一体化的根据包括内在根据和外在根据，内在根据与外在根据在一定机理的作用下，最终实现了知识产权制度的一体化。

一、知识产权制度一体化的内在根据

从知识产权制度本身的发展规律出发，知识产权制度一体化的内在根据可以从两个方面进行分析，一是知识产权制度一体化的内在可能性，二是知识产权制度一体化的内在必要性。知识产权内在可能性以各国知识产权制度之间的一致性为基础，而知识产权内在必要性则以各国知识产权制度之间的差异性为前提。

（一）知识产权制度的一致性：一体化的可能性基础

可能性是指包含在现存事物中的、预示事物发展前途的种种趋势。[❶]相对于不可能而言，可能性是指在现实中有其内在的客观根据的东西。在知识产权制度一体化中，这些内在根据为知识产权制度一体化的产生奠定了基础，提供了可能性。知识产权制度一体化之所以是一种可能性，其决定因素来自于知识产权制度本身，即各国知识产权制度之间的内在一致性。如果各国知识产权制度之间只有差别而没有内在的一致性，那么，知识产权制度一体化也就“不可能”实现。各国不同知识产权制度之间的一致性具体表现为制度的同构性、同质性、同源性，它们共同构成知识产权制度一体化的可能性根据。

1. 以制度的同构性为一体化的形式基础

同构性本是数学上的概念，但现已被广泛运用于各个学科领域。系统学认为，系统间其组成结构上存在共同点时，系统将形成某些相似的特性，这种结构上存在共同点，即存在某些相似性，称为同构性。[❷]系统学中的同构性不仅仅在于表明系统结构上的共同点，而在于证明具有同构性即存在相似性的同构性原

❶ 李达. 唯物辩证法大纲[M]. 北京：人民出版社，1978：386.

❷ 周美立. 相似系统论[M]. 北京：科学技术文献出版社，1994：261.

理，并据此原理推导出同构性与同功能性之间的密切联系。这些原理既在生物学中得到证明，也在非生物学（如仿生学）中得到印证，甚至在社会科学领域中也得到体现。同构性也被运用于法学领域，如有的学者认为，在静态含义上，“同构”的意思与共同约定和统一规则相通，在动态含义上，“同构”含有以统一规则来构建统一体系的指向。[1]但与此相类似的观点往往只运用于分析不同法律制度之间的相同点，局限于对“同构”的解释，较少在“同构性原理”的理论背景下进行论证，特别是在阐明同构性与功能性之间的关系方面存在着不足。

基于同构性原理，各国知识产权制度之间的同构性可以从三个方面进行表述。第一，各国知识产权制度存在着共同规则，这些共同规则在各自的国家中发挥着相同或类似的法律功能。第二，需要某种法律调控功能的国家，可以借鉴移植其他国家的知识产权制度，以实现相同或者类似的法律功能。因此，知识产权制度之间的同构性是实现相同或类似的法律功能的可能性前提。第三，同构性是法律一体化的技术前提，同构性为知识产权制度一体化提供了方式和框架，知识产权制度一体化因之才有了具体的表现形式。如果各国知识产权制度之间没有同构性，各国知识产权制度之间也就缺乏相互借鉴、移植乃至统一的形式基础，知识产权制度一体化必然失去其存在的外壳。具体而言，知识产权制度的同构性至少可以概括为以下三个方面。

第一，法律要素的同构。知识产权制度作为一种特殊的法律制度，其同构性表现在法律要素的组成上。法的要素指构成法的基本元素。奥斯丁把命令、义务和制裁看做是三位一体的关系，把法所包含的众多要素全部归结为以制裁为后盾的命令的总和。庞德认为法律就是由律令、技术和理想三要素组成，其中法律的“律令”本身又包括规则、原则、概念和标准。[2]国内学者认为，可以把现代法律系统的要素简化为规则、原则和概念，其中在数量上规则占绝对多数。[3]可见，学界对于法的构成的基本要素存在着不同的看法，但在将规则作为法的基本元素这一点上是相同的。进而，就规则而言，它之所以成为规则是因其组成上具有严密的逻辑结构，这一逻辑结构或表述为“假定—行为模式—法律后果”，或表述为“假定—处理—制裁”，抑或表述为“行为模式—法律后果”。换言之，从法律技术的角度，规则的逻辑结构是相同或者至少是相似的，它是法律共存的普遍结构。因此，法律的同构性可以概括为两个方面。一是法的要素组成类型的相同，

---

[1] 张策华. 全球化进程中法律文化的同构与异质[M]. 徐州：中国矿业大学出版社，2005：98-99.

[2] 黄捷，车丽华. 论法的要素与法律规范有效性[J]. 湖南师范大学社会科学学报，2001(3)：69.

[3] 张文显. 法哲学范畴研究[M]. 北京：中国政法大学出版社，2001：49.

即法的构成的基本元素的类型相同。值得注意的是，这里所认为的是基本元素的类型相同而不是基本元素的相同，所要指明的是法的构成形式的相同，而不是法的构成成分相同，这也是同构性原理分析问题的起点。二是作为法的主要构成要素的规则具有相同的逻辑结构，相同的逻辑结构决定了法律规则具有相同或相近的调整机能，这是同构性与同功能性之间的因果关系的体现。

第二，类型化保护的同构。知识产权制度的同构性表现在知识产权制度的类型化结构上。对知识产权进行类型化保护是各国知识产权制度体系的基本结构。根据知识产权客体的不同特征，采取不同的保护手段，是知识产权制度的结构特点，这一结构特点在传统的知识产权保护方面体现于专利制度、商标制度、版权制度等不同的制度的形成。类型化的结果也使知识产权制度本身具有开放性，不同的客体可以因某种需要而被纳入知识产权制度的保护体系之中。类型化的产生不仅仅为知识产权提供了具体的、差别的保护，而且为制度的一体化提供了可能性。具体可从两个角度分析：从制度的组成结构方面来看，各国知识产权制度在类型化的结构方面基本上是相同的，相同的结构为制度的移植与统一提供了客观前提；从制度体系的兼容方面看，各国知识产权制度在类型化方面所具有的开放性，为制度一体化提供了便利的条件，换言之，类型化的结构可以使知识产权制度在某一类型或者多种类型上逐步实现一体化，而不必强求知识产权制度一体化达到一步到位的效果。

第三，保护规则的同构。知识产权制度的同构性还体现在：各国普遍建立了知识产权制度，缔结了知识产权的国际条约。建立知识产权制度首先解决了制度有无之间的差异，而普遍缔结知识产权国际条约，则使缔约方有义务履行国际条约所确定的知识产权保护的原则和规定，这些原则和规定反映在国内法上则成为各国知识产权制度之间的共同规则。各国知识产权制度之间的同构性存在于知识产权的保护客体、保护内容以及保护标准等知识产权制度的主要结构之中。因而，保护规则的同构不仅为一体化的产生提供可能，也为一体化的进一步发展提供了基础。

2. 以制度的同质性为一体化的本质基础

同构性只是知识产权制度一体化的一个前提，但并非全部。知识产权制度的同构性从法律技术的角度解释知识产权制度一体化的可能性，知识产权制度的同质性则是从法律本质的角度解释知识产权制度一体化的可能性。同质性确定了知识产权制度的类别，是知识产权制度之所以是知识产权制度而不是其他制度的内在规定性基础。较之于同构性，同质性侧重于“质”的相同而不是“形”的相同。各国知识产权制度之间的同质性，表明知识产权制度具有相同的性质和组成成分。知识产权制度的同质性决定了知识产权制度之间的可复制性和可统一性，同质性为知识产权制度一体化提供了基本的前提。因此，如果各国知识产权制度之间不具有同质性，知识产权制度一体化必然受到排斥而无法实现，知识产权制度一体化也就失去存在的本质基础。各国知识产权制度之间的同质性表现如下。

首先，同质性表现在各国知识产权制度都属于一种“意志”的产物。知识产权制度也是一种法律制度，无论在哪个国家，都是某一国家对知识产权进行保护的一种意志体现，属于上层建筑，具有上层建筑的属性。

其次，同质性表现在所调整的社会关系相同。各国知识产权制度虽然不同，但是调整的社会关系则是相同的。知识产权制度实质上是调整社会关系的一种法律规范，此种法律规范以知识产权为中心。如学者将其调整对象归纳为三种主要类型：①因知识产权的取得所产生的社会关系；②因知识产权的归属所产生的社会关系；③因知识产权的保护所产生的社会关系。

最后，知识产权制度的同质性还表现在同属于私权领域的法律规范。在二分法权利的范围内，一种权利并非绝对的私权或是绝对的公权，特别是在现代民法公法化的倾向日益增强的背景下，这种非绝对性尤为突出，法律调整的对象是隶属性关系还是平等关系的界限已经出现模糊。在权利属性上，由于知识产权的特殊性，国家的干预与介入有逐步扩张之势，但需要明确的是，公权的介入并非摧毁私权，而是保护和保障私权的实现，私权性质仍为主流；在制度属性上，对知识产权的国家干预仍在私法的基本范畴内进行，知识产权权利主体对权利的处置基本上仍维持于意思自治的层面，总体上并不会动摇知识产权制度的私法属性。

3. 以制度的同源性为一体化的客观基础

在系统论中，同源性原理指的是当系统具有相同起源时，则系统之间必呈现出一定的相似性。系统相似必在本质上相联系，系统相似性越大，支配相似的自然规律越接近。反之，系统相似性越小，支配相似的自然规律越远。[❶] 因而根据这一原理，知识产权制度的同源性决定了知识产权制度所反映的知识产权关系具有相似性，相似的知识产权制度反映了相似的自然规律——知识产权发展的规律。而规律存在的客观性与可重复性，一方面预示了在相同或者类似的社会发展状况下产生相同或者类似的法律的可能性，也决定了基于同一客观规律之下的法律具有共通性。

---

❶ 周美立. 相似系统论[M]. 北京：科学技术文献出版社，1994：268-272.

知识产权制度的同源性主要表现在“法”的本质上。这里的“法”具有特殊的含义，与一般所言的法律是不同的两个概念。孟德斯鸠认为，“从最广泛的意义来说，法是由事物的性质产生出来的必然关系。在这个意义上，一切存在物都有它们的法……法就是这个根本理性和各种存在物之间的关系，同时也是存在物彼此之间的关系”。[1]康德认为，“法是一切条件之集合体，在一切条件下，各个的任意的意志能够尽量表现，可以统称之法律的自由，所以，法律是一种境遇(Situation)，在这境遇之中，人人的意志得在行为上表现出来。”[2]马克思认为，“法”是“自由的无意识的自然规律”，而“法律”则是“法的表现”，是这种无意识的自由的自然规律的有意识的表现，法律“是事物的法理本质的普遍和真正的表达者。因此，事物的法的本质不能按法律本质行事，而法律则必须按事物的法理本质行事”。[3]在马克思看来，法不是被创造出来的，而是被表述出来的。[4]可见，“法”与法律既有差别又有联系，“法”是客观存在的规律，而法律则是对“法”的主观反映，在这一点上“法”是法律的共同来源。知识产权制度在本质上也是对“法”的一种反映，也即是对各国知识产权发展规律的一种主观反映。因此当各国具有相同或者相似的发展状况时，其所制定的知识产权制度就具有相似性。综观各国知识产权制度的发展历程和发展方式，也是以本国的知识产权发展的客观现实为基础。客观基础的同一性通过法律的制定而成为各国知识产权制度之间的共同本源，共同的本源决定了制度之间具有一定的共通性，从而为不同知识产权制度之间的一体化提供了可能。

（二）知识产权制度的差异性：一体化的必要性前提

知识产权制度之所以具有一体化的必要性，其内在根据在于各国知识产权制度之间具有差异性。制度差异性的存在，不仅是一体化存在和发展的内在必要前提，也是讨论一体化的逻辑起点。

1. 差异性是知识产权制度一体化的必要基础

关于法律的差异性，孟德斯鸠认为，“为某一国人民而制定的法律，应该是非常适合于该国的人民的；所以如果一个国家的法律竟能适合另外一个国

---

❶ 孟德斯鸠. 论法的精神(上册)[M]. 张雁深，译. 北京：商务印书馆，1997：1.

❷ [美]福尔克. 法律哲学ABC[M]. 施宪民，译. 上海：世界书局，1929：44.

❸ [德]卡·马克思. 第六届莱因省议会的辩论——关于林木盗窃法的辩论[C] // 中共中央马克思、恩格斯、列宁、斯大林著作编译局编译，马克思恩格斯全集. 北京：人民出版社，1995：244.

❹ [德]卡·马克思. 论离婚法草案 [C]//中共中央马克思、恩格斯、列宁、斯大林著作编译局编译，马克思恩格斯全集. 北京：人民出版社，1956：183.

家的话，那只是非常凑巧的事。”[1]在此孟德斯鸠甚至将法律差异性夸大到难以调和的程度。至于产生法律差异性的原因，孟德斯鸠提出了“地理说”，认为环境是决定法律差异性的根本因素，尤其是气候、土壤等。不同气候的不同需要产生了不同的生活方式，不同的生活方式产生了不同种类的法律。[2]孟德斯鸠的“地理说”解释了法产生的客观条件及其差异性根源，较之神学观点无疑是巨大的进步。但以地理因素说明法律差异性来源的全部，则显得较为绝对，因为实际上法律的差异性还与一个国家或民族的历史传统、宗教信仰、道德规范、风俗习惯密切相关，并深受这些因素的影响。知识产权制度的差异性是客观存在的事实。知识产权制度作为一国平衡知识产权权利人的垄断利益与社会公共利益的制度安排，融合了一国的政治、经济、文化、历史等因素，特别是与一国的科学文化发展水平紧密相连。各国科学文化发展水平的高低不一，决定了各国采用不同的知识产权保护方式和标准，因而造成了各国知识产权制度之间的差异。各国知识产权制度的差别是多方面的，但在总体上体现了两个方面的差异性：一是知识产权制度的有无之分；二是知识产权保护标准的高低之别。

当然，如果各国都各自在自己封闭的国度内，具有差异性的制度之间或许将相安无事，那么知识产权制度的差异性也不会成为障碍。但是任何一个国家都不可能存在于一个孤立的、封闭的体系之中，必然要与其他国家进行交流、交往，智力成果将随着国家之间的交流而跨界流动。在此基础上，知识产权制度的差异性必然造成各国之间对智力成果保护的矛盾冲突，解决这些矛盾冲突，则需要通过知识产权制度一体化予以实现。因此，从事物自身的构成即制度的内在根据方面看，各国知识产权制度之间的差异性是矛盾冲突产生的内在原因，是知识产权制度一体化的现实根源。

2. 差异性是知识产权制度一体化的逻辑基础

首先，从概念的对应关系看，知识产权制度一体化是在承认知识产权制度差异性的前提下提出的，没有制度的差异性，也就无所谓制度的一体化。知识产权制度一体化是建立在知识产权制度的差异性之上的。知识产权制度的差异性是知识产权制度一体化这一概念提出和讨论的逻辑起点。若知识产权制度之间不存在差异性，知识产权制度一体化也就失去其存在的意义。其次，就一体

[1] 孟德斯鸠. 论法的精神(上册)[M]. 张雁深，译. 北京：商务印书馆，1997：6.

[2] 孟德斯鸠. 论法的精神(上册)[M]. 张雁深，译. 北京：商务印书馆，1997：280.

化的本质而言，知识产权制度一体化是不同知识产权制度之间相互融合、相互作用的结果，不同知识产权制度之间的对立统一产生了知识产权制度的一体化，制度的差异性与制度的一体化是知识产权制度发展过程中的一对矛盾，各国知识产权制度之间若不存在差异性，也就不存在矛盾冲突，那么知识产权制度也就失去一体化的源动力，差异性是一体化产生的内在起点。最后，从一体化的目的看，知识产权制度一体化正是以消除和减少制度之间的差异性为目的，如果知识产权制度之间不存在差异性，知识产权制度一体化也就丧失其存在的目的。

二、知识产权制度一体化的外在根据

知识产权制度一体化的外在根据是制度之外促进或成全知识产权制度一体化的各种社会基础，可以从国际社会基础和国内社会基础两个方面进行探讨。

（一）国际社会基础

1. 智力成果跨国界流动

由于知识产权制度的差异性，各国对知识产权保护的标准不一，在对外国人的知识产权是否保护、如何保护等方面也大相径庭。然而另一方面，智力成果却是无形的，它可以不受地域的限制而跨国界流动。并且，与有形财产不同的是，有形财产可以通过权利人的占有而排除他人的侵犯，而智力成果具有易复制性，权利人难以阻止他人的模仿和使用。随着交通的发展、通信以及网络技术的发达，智力成果不仅有跨国界流动的需要，而且流动的速度更快，流动的方式更加多样，权利人对智力成果的保护难上加难。例如，19世纪的大型博览会曾经得不到发明创造者的热烈响应，许多发明家不愿参加，其主要原因就是主办国对知识产权的保护不力。又如，英国女王出版一本书，在该书出版后24小时之内，一家美国代理商通过电报将全书的内容从伦敦发送至美国。传递过程结束后12小时内，美国公众就可以读到该书的复制品了。[1]类似的行为损害了知识产权权利人的利益，也阻碍了人们创新的热情。

因此在智力成果的流动过程中，各国知识产权制度之间的差异性就成为智力成果流动的法律屏障，它导致知识产权无法在域外得到保护或者无法获得与国内

[1] [澳]彼得·达沃豪斯，约翰·布雷斯韦特. 信息封建主义[M]. 刘雪涛，译. 北京：知识产权出版社，2005：35.

同等的保护。为适应智力成果的流动性，解决知识产权制度差异性与智力成果流动性之间的矛盾，保证智力成果的有效流通，则需启动一体化进程。

2. 知识产权的全球治理

全球的相互依赖不仅表现在经济的全球化或一体化，也表现在全球问题的应对和治理。在知识产权保护领域，全球化的问题在于商标的抢注、假冒，专利产品的仿制、技术的剽窃，盗版日益成灾，等等。这些问题不仅仅表现为发达国家与发展中国家之间的矛盾，发展中国家之间、发达国家之间也因此摩擦不断。如何协调各国知识产权制度的差异、为知识产权提供统一的保护、制止侵权行为是各国政府所面临的共同难题。这些难题通过各国主动的立法改善、执法强化从而达到相互融合、相互适应，形成相同的处理方式和保护后果，从理论上而言是行得通的。但是，有三个方面的原因使这样的方式在实践中难以进行。第一，知识产权制度差异性的存在使自发性的制度趋同难以进行。一国根据自己的知识产权制度可能已经提供了完善的保护，而根据另一国的知识产权制度显然保护还不够。第二，国家利益的存在也使自发性的制度趋同难以进行。知识产权作为一国的国家优势已经成为世界共识，以知识产权为中心的竞争关乎国家之间的利益平衡，为维护国家利益，谁也不愿单方让步或妥协。第三，解决问题的效率太低。通过自发性地消除日益增长的知识产权侵权行为显然需要一个非常长的历史过程，在此期间还需要知识产权保护意识的强化、国内科技水平的发展及社会整体承受能力的建设等，问题解决的效率显然不能适应全球化的发展。基于前述三个方面的原因，要解决这些共同性难题，单靠一个国家难以解决，必须通过国家之间的合作才能有效解决。因此，在以主权国家为特征的世界体系中，解决知识产权侵权问题不能单靠各国的自觉行动，要制止知识产权侵权行为，就需要在国际层面上协调，实施全球治理。全球治理机制不仅会推动知识产权制度一体化的进程，而且要求知识产权制度一体化必须突破一国的范围、脱离各国主动趋同的模式，转而通过国际合作，走向国际一体化的道路。

3. 经济一体化

经济基础决定上层建筑，知识产权制度作为上层建筑的一部分，受制于经济基础。经济一体化是全球化概念中的一个重要术语，它决定了以之为基础的包括法律制度在内的其他上层建筑的全球化。经济一体化的重要特征是全球共同市场的形成，共同市场的地位日益突出，它已经不能被看做对国内市场的补充，而成了国民经济运行的必要条件。共同市场需要货物的自由流动，于是，法律制度的差异性在一个自由贸易的共同市场中产生了限制产品流动和自由竞争的障碍，这与自由贸易的精神格格不入，需要协调解决，需要消除制度差别以扫除自由市场的障碍。除了适应共同市场的需要之外，也有学者认为经济一体化建立在更广泛的层面，如有的学者指出，全球经济模式的建立不仅仅是由于市场，而且还是由于市场、政府和国际金融机构之间的相互作用。如果全球经济体系的中心只有市场，没有其他调节机制，那么就不可能保证世界和谐。因而，需要制定全球统一的经济宪法和执行它的世界政府。[1]因此，经济一体化需要一个趋同甚至统一的法律体系，否则难以保障自由贸易的实现。

据此，经济一体化与知识产权制度一体化之间的必然联系从宏观上说是建立在经济基础决定上层建筑的原理之上。经济一体化的客观现实决定了各国知识产权制度必须消除差异、加强趋同和统一，以适应这一客观现实的需要。但具体而言，全球化过程中的知识产权制度一体化之所以成为突出问题的原因还在于知识产权在经济一体化中的作用和地位日益显著。随着科学技术特别是信息技术革命的到来，高科技产品贸易的比重日益提升，与知识产权有关的贸易在国际贸易中占有相当大的比例，与此相适应，"成员方必须协调不同的知识产权机制并建立一个具有共同规则的知识产权保护和执行的一体化体系"。[2]正因如此，与贸易有关的知识产权法律制度成为WTO三大法律体系之一，并与货物贸易、服务贸易法律制度一起构建了适应经济一体化的法律一体化机制。

4. 政治一体化

当今世界的政治一体化已经不只局限于欧洲一体化。在理论上，由于知识产权制度一体化与政治一体化之间是局部与整体的关系，政治一体化首先为知识产权制度的一体化提供了背景。政治一体化的形成，必然涉及知识产权保护的一体化问题，政治一体化的进程必然影响并推动知识产权制度一体化的深入发展。

政治一体化的形成通过签订条约或者超国家协调机制，组成紧密的共同体。就政治一体化而言，欧盟已经为区域一体化提供了典范。尽管目前其他政治共同体的形成还未能如欧盟一样紧密，其中经济一体化成分多于政治一体化的成分，但基于密切的地缘政治和经济上的联系，在同一区域的国家有着更多的共同利益，而且矛盾在区域层次的协调要比世界范围的协调容易得多，区域一体化明显迎来新的热潮。最近几年，朝向一体化的共同趋势通过松散的"共同体"安排，

---

[1] 景桂兰. 全球化与"反全球化"：对全球"大社会"人性的诉求（序言）[C]//戈尔巴乔夫基金会. 全球化的边界：当代发展难题. 赵国顺，等，译. 北京：中央编译出版社，2008：3.

[2] Laurinda L. Hicks，James R. Holbein. Convergence of National Intellectual Property Norms in International Trading Agreements[J]. American University Journal of International Law & Policy，1997(12)：771.

以及在地区层面上的自由贸易区得到印证。地区安排的增长并不纯粹是为了贸易，它们同样包含属于国内政治稳定和合法性、国家安全以及民族主义的议题与政策的综合体。[1]这种建立在国家安全及民族主义基础上的政治一体化，实际上已经成为一国参与知识产权制度一体化的现实基础，成为推动或深化知识产权制度一体化的先决条件。

当然，对于区域一体化的发展，有学者强调，无论区域一体化在21世纪的纵横发展是何等的迅猛，是何等的富有活力，都必须自始至终在多边贸易法律框架下运作。应该把多边贸易体制视为实现全球贸易自由化目标的“主干道”来建设，而把各种区域一体化视为相伴而行的“支流”予以引导和扶植。[2]显然，区域一体化（政治一体化）对于全球化的作用存在不同的看法，但是欧盟、非洲法语国家及东盟等的区域一体化或是政治一体化的成熟模式，或是政治一体化的雏形，都毫无例外地将知识产权制度一体化纳入重要的建构范围。这足以说明，政治一体化为知识产权制度一体化的形成奠定了政治基础。

（二）国内社会基础

在一体化的动因方面，美国学者约瑟夫·奈创建了一个以“过程机制”和“一体化潜力”为基础的新功能主义。“过程机制”包括功能主义的任务联系、交往的增多、有意的联系和联盟的形成、精英社会化、地区性组织的形成、意识形态和认同的吸引力、外部行为体的参与。在奈的新功能主义模式中，核心是“一体化潜力”，即由“过程机制”刺激而产生的一体化条件。这些条件包括各单位的对称或经济平等、精英价值观的互补性、多元主义的存在、成员国的适应能力和反应能力。奈认为，这些条件既能对一体化开始时作出的最初承诺产生影响，也会影响一体化后来的发展。[3]新功能主义所要解释的虽然是政治一体化的动因，但是这一理论也为研究知识产权制度一体化的国内社会基础提供了思路。沿着这一思路可以看出，知识产权制度一体化的国内社会基础主要如下。

1. 科技文化发展水平的相近性

相近性有如新功能主义中“对称或经济平等”的一体化条件。知识产权制度

❶ [美]弗雷德里克·皮尔逊，西蒙·巴亚斯里安. 国际政治经济学：全球体系中的冲突域合作[M]. 杨毅，钟飞腾，苗苗，译. 北京：北京大学出版社，2006：261.

❷ 曾令良，陈卫东. 从欧共体看21世纪区域一体化对多边贸易体制的影响[J]. 武汉大学学报（人文社会科学版），2000(3)：342.

❸ [美]詹姆斯·多尔蒂，小罗伯特·普法尔茨格拉夫. 争论中的国际关系理论[M]. 阎学通，陈寒溪，等，译. 北京：世界知识出版社，2003：552-556.

是一国为平衡知识产权权利人与社会公共利益之间的制度安排，这一制度安排受制于一国的科学文化发展水平。各国科学文化发展水平的不同产生了不同的知识产权制度。但当某一国家的科学文化发展水平相近时，则需要相近或者相同的知识产权制度。因此，一国的科学文化发展水平既是知识产权制度差异性产生的客观基础，也同样是知识产权制度一体化产生的客观基础。知识产权制度一体化之所以能得到各国的响应并参与其中，最重要的原因在于各国具有共同的客观基础，具有共同的法律需要。特别是当一国通过法律移植主动融入知识产权制度一体化之中时，各国之间是否具有同等的科学技术发展水平起着关键性作用。

2. 国家利益的驱动

事实上，在知识产权制度一体化进程中，知识产权制度具有同一性的现象并不只存在于具有相同或相似的"客观基础"的国家之间，科学技术文化发展水平迥异的不同国家也同处于一体化之中。这其中的原因当然包括"精英价值观的互补性、多元主义的存在、成员国的适应能力和反应能力"等因素，但最主要的原因在于各国对国家利益的权衡。维护和实现国家利益是一国考虑知识产权保护水平的立足点。科学技术文化发展水平相对较高的国家在国际交往中要求保护水平低的国家与其保护一致，目的在于维护其国家利益，保护其竞争优势。而科学技术文化水平相对落后的国家之所以加入知识产权制度的一体化之中，原因不在于其具有必备的客观基础，而是基于国家利益权衡后的选择，实质上是"以制度换市场"或"以制度换投资"的结果。因而，国家利益的维护是知识产权制度一体化的驱动力。

3. 民间私人力量的作用

在一体化动力方面，哈斯确信，一体化的推进与有关精英在政府部门和民间部门所做的努力密切相关。他们之所以支持一体化，主要是基于实际的考虑。❶在此，我们可以将此种"实际的考虑"理解为他们所要争取的政治利益或者经济利益。无论基于政治利益还是经济利益，对于知识产权制度一体化中私人力量的作用，美国学者苏珊·K. 塞尔作了精辟的分析，并建立了一个影响模型：一是私人部门通过种种方法向政府游说，为政府提供知识产权的专业知识、提供知识产权保护的具体信息；二是私人部门实行跨国联合，各自对本国政府游说、施压；三是将自己的诉求转化为国家的利益，使政府成为私人利益的代言人，推动

---

❶ [美]詹姆斯·多尔蒂，小罗伯特·普法尔茨格拉夫. 争论中的国际关系理论[M]. 阎学通，陈寒溪，等，译. 北京：世界知识出版社，2003：551.

知识产权制度一体化。[1]由于知识产权保护既涉及私人利益，也涉及国家利益，政府部门以及民间部门的联合互动，成为推进知识产权制度一体化的重要因素，特别是跨国公司在其中的作用不可忽视。

4. 历史传统的认同

历史传统对知识产权制度一体化的形成也具有重要作用。历史传统从广义上应当包括一国的政治、经济、文化等内容，它可以包含诸如新功能主义所认为的“意识形态”的认同，也可以包含历史所形成的区域一体化，或者具有地缘关系的各种因素。因此，从国内社会基础的角度来看，如果一国与另一国或者与某一地区具有天然的历史传统，或者说在政治、经济或文化上具有共同的历史渊源，那么相互之间的历史认同必然为知识产权制度一体化的进行奠定了有利条件。

三、知识产权制度一体化的机理

从法理学的角度看，知识产权制度一体化的实现主要有三种途径：一是不同国家知识产权制度之间的相互借鉴和移植，其法理基础是各国法律之间的互动关系；二是各国知识产权制度在知识产权国际条约的框架下产生一体化，其法理基础是国际法效力高于国内法效力；三是一国知识产权制度成为知识产权国际条约的主要内容而推行的一体化，其法理基础是国内法对国际法的影响。前一种途径是以国内法与国内法之间的互动为前提，后两种途径是以国际法与国内法之间的互动为前提。

（一）国内法与国内法的互动

在各国法律之间的互动和影响之下产生的一体化现象，有学者认为，各国在运用法律管理社会公共事务和维护社会秩序的过程中会产生一些共同要求，由此衍生出国际间法律上的通行做法。[2]职能上的需要在知识产权立法中表现为各国保护知识产权的需要，基于共同的需要，一国所建立的知识产权制度可能在自我封闭的条件下与其他国家知识产权制度具有同一性，简言之，是法律制定上的“殊途同归”，是一种“巧合”。此外，由于各个国家的知识产权制度各有自己的特色和优势，知识产权保护标准也不尽相同，为了更好地推动本国知识产权制度

---

[1] [美]苏珊·K. 塞尔. 私权、公法——知识产权的全球化[M]. 董刚，周超，译. 北京：中国人民大学出版社，2008：45-54.

[2] 李双元，于喜富. 法律趋同化：成因、内涵及在“公法”领域的表现[J]. 法制与社会发展，1997（1）：47-48.

的改革和发展，更好地利用知识产权制度促进本国经济社会的发展，各国都可能或多或少地吸收、借鉴或移植其他国家更加先进的知识产权制度。但不可否认的是，知识产权制度是科技文化发展的产物。在国际交往日益增强的年代，自发性的“一体化”现象并不多见。更多的是基于各国知识产权制度之间的相互借鉴和移植，是“有目的”的一体化。在此，还需要明确的是，基于国内相同需求而产生的知识产权制度一体化不是为了解决各国知识产权制度之间的差别问题，而是为了解决各自国内的知识产权保护问题。或因如此，研究法律全球化的学者认为，各国法律之间的互动和影响而形成的一体化是“法律国际化的初级形式”。[1]

当然，各国知识产权制度之间的相互影响也同时建立在为解决国家间问题的基础之上。随着国际交往和合作的扩大和加强，知识产权的地域性与知识产权产品的跨国界流动成为突出矛盾。因而，各国知识产权制度之间的差异和冲突必然需要进一步协调和统一，以化解纷争、消除矛盾，从而增加国际交往和交流。基于这一客观要求，知识产权制度一体化作为国内法与国内法互动的表现形式，开始以解决国家间制度的差异和矛盾为目的，在具体的制度设计上采取了制定知识产权保护的互惠措施等，从而实现国内法直接对跨国界的知识产权进行保护。

以上对于各国知识产权制度之间相互影响的法律机理分析是建立在一个国家间平等自愿的平台之上。这一法律机理纯粹是从法律技术方面的论述，并未涉及政治、经济等因素。由于知识产权逐步发展为一个国家重要的财产类型，它甚至比传统的有形财产在一个国家中的地位更加显著。知识经济在国家经济中占有的重要地位，使知识产权制度成为一国经济社会发展的必不可少的工具。不仅如此，具有垄断特性的知识产权也成为一个国家维护自身优势的重要前提，它通过知识产权的保护在国际贸易、国家安全等方面发挥着重要作用，与其相关的政治、经济因素决定了不同国家之间知识产权制度的互动不可能沿着一个平等、民主的方向进行。因而，虽然国家间知识产权制度之间的互动贯穿着知识产权制度一体化的始终，但在知识产权制度一体化不同的时期，这种互动具有不同的特点：知识产权制度一体化的初始阶段特别是15世纪至19世纪时期，国家间知识产权制度的互动和影响外在为一国对另一国知识产权制度的移植和借鉴，知识产权制度一体化是一种自主的、平等的互动和影响；“二战”之前，知识产权制度也随着殖民地的扩张而扩张，知识产权制度一体化的国家间互动方式实质是知识产权制度的殖民主义；“二战”之后知识产权制度也随着美国和欧洲一些国家对

---

[1] 黄文艺. 法律国际化与法律全球化辨析[J]. 法学，2002(12)：16.

前殖民地的“法律援助”而进行，国家间的知识产权制度互动的实质是照搬发达国家的制度模式；自20世纪80年代以后，知识产权制度一体化开始将国家间的制度互动与经济一体化结合起来，注入了发达国家强行推行高标准知识产权保护的意志，产生了新的“法律殖民主义”。

（二）国际法与国内法的互动

1. 国际法与国内法关系的理论

关于国际法与国内法的关系，传统的国际法理论有一元论与二元论之分。一元论者认为，国际法为一种附属于国内法的法律，也就是说国际法效力来自国内法的保障。[1]一元论还派生出关于国际法效力与国内法效力之间的两种关系。一种关系是国内法优先，则国际法与国内法同属于一个法律体系，在这个法律体系中，国际法的效力来自国内法。因此，国际法成为国内法的一部分，被称为“对外公法”。[2]另一种关系是国际法优先，则国际法和国内法属于同一法律体系，在此法律体系中，国际法优先于国内法。一元论的两种观点都存在局限性，对于国内法优先的观点，其明显的缺点是：如果国内法优先于国际法，那么每个国家都可以通过它的国内法支配国际法，这样就取消了国际法的效力，使国际法失去它应有的价值。[3]对于国际法优于国内法的观点，国际法学者认为其是意图以“世界法”代替国际法，以“世界政府”代替主权国家，因而显得荒谬。[4]“纯粹法学派”的代表人汉斯·凯尔森则是后一种一元论的支持者，他认为在由国际法和国内法所构成的整个法律规范体系中，国际法的效力等级是最高的；在由国际法和国内法所组成的普遍法律秩序中，国际法的地位是凌驾于国内法之上的。[5]二元论者认为，国际法与国内法都是法律，但它们分属于两种不同的法律体系，其渊源、主体和实质都不同。这两种法律没有隶属关系，而处于对等地位。[6]因此，根据二元论的观点，国际法与国内法之间没有效力、等级之分，国际法与国内法之间互相作用、互相影响，通过“转化”或“采纳”实现。二元论的不足之

---

❶ 莫纪宏. 论国际法与国内法关系的新动向[J]. 世界经济与政治，2001(4):39.

❷ 王铁崖. 国际法[M]. 北京：法律出版社，1981:42.

❸ 王铁崖. 国际法[M]. 北京：法律出版社，1981:43.

❹ 陶凯元. 国际法与国内法关系的再认识——凯尔森国际法学思想述评[J]. 暨南学报(人文科学与社会科学版)，1999(1):41.

❺ 陶凯元. 国际法与国内法关系的再认识——凯尔森国际法学思想述评[J]. 暨南学报(人文科学与社会科学版)，1999(1):37.

❻ 王铁崖. 国际法[M]. 北京：法律出版社，1981:43.

处在于过分强调了国际法与国内法的不同，以致造成两者的对立。[1]

我国国际法学者认为，国际法与国内法的关系是一种对立统一的关系。一方面国际法与国内法在性质、主体、渊源、效力根据、适用范围、调整对象和实际执行等方面，都有着显著的区别；另一方面，现代国家实践也向我们表明，这两个不同的法律体系的存在与发展，并不是彼此孤立无关，而是相互联系的。此理论作为中国国际法学者的代表性理论，梁西先生将其概括为国际法与国内法相互联系论。[2]这一理论揭示的国际法与国内法之间的辩证关系无疑是正确的，但对这种关系的解释仍然过于抽象，对于如何“相互联系”并没有说明具体的途径和方式。

比较一元论与二元论，其共同之处是承认国际法对国内法的影响，区别之处在于影响的途径不一。一元论认为国际法效力优先于国内法，因此国内法遵从国际法，国际法对国内法的影响途径是直接适用国际法。二元论认为国际法与国内法之间没有等级之分，对国内法的影响途径通过“转化”或“采纳”实现。我国学者的“相互联系论”实际上是对一元论与二元论的综合与改良，并未指明国际法与国内法之间的优先效力问题，但是认为国际法与国内法之间相互联系、相互渗透、相互补充。

2. 国际法对国内法的影响

在知识产权制度一体化进程中，国际条约发挥着重要作用。其法理基础也就在于国际知识产权条约与各国知识产权制度之间的关系，即国际法对国内法的影响。吴汉东教授认为，当代知识产权制度一体化的基础是国际法高于国内法。他进而分析，在知识产权制度一体化中，国际法与国内法的作用机理于不同时期各不相同：“19 世纪下半叶签订的知识产权公约确立了知识产权保护的基本标准，并在强调国民待遇的基础上承认国内法在保护知识产权方面的优先地位。在这一时期，法律的一体化主要表现为国家间法律（国际法） 的形成及国际法与国内法的相互影响。而在当代，《知识产权协定》拟定了新的知识产权保护的国际标准，并以此作为各缔约方国内立法的原则和依据。这一时期法律的一体化，则体现为国内法遵从国际法以及国内法与国内法之间的一致性。”[3]

根据吴教授的观点，国际知识产权法的形成并不代表着各国知识产权制度一定能够趋于一致，其中涉及国际法与国内法的关系问题。在 19 世纪至 TRIPS 协

---

❶ 王铁崖.国际法[M].北京：法律出版社，1981：43.

❷ 梁西. 国际法[M]. 武汉：武汉大学出版社，2002：18-19.

❸ 吴汉东. 知识产权国际保护制度的变革与发展[J]. 法学研究，2005(3)：127.

议缔结生效之前，知识产权制度一体化的法理基础是有关知识产权国际法的形成以及国际知识产权法与国内知识产权法之间的相互影响，这似乎持的是“相互联系”论的观点；而在TRIPS协议生效后，知识产权制度一体化则表现为国内知识产权制度遵从国际知识产权法以及各国知识产权制度之间的一致性，这似乎持的是一元论的观点。

知识产权制度一体化进入多边合作时代后可以以TRIPS协议的实施为例进行分析。在TRIPS协议实施之前，知识产权制度一体化的标志是大量知识产权国际条约的形成，也即以国际条约为主要渊源的国际知识产权法的形成，各国在这些知识产权国际条约的框架下实现知识产权制度的趋同与统一。在TRIPS协议实施之后，各国以TRIPS协议为标准进行了一系列知识产权制度改革、修订，从而与TRIPS协议保持一致。从各国知识产权的立法实践看，较之于TRIPS协议实施之前，TRIPS协议实施后各国知识产权制度一体化的进程加速、程度较高。但是，我们却无法下这样的结论：TRIPS协议实施之前的法理基础是国际法与国内法的对等关系，而TRIPS协议之后，其法理基础是国际法高于国内法。因为在TRIPS协议之前，国际条约在知识产权制度一体化中也发挥着重要作用，各缔约国也同样根据《巴黎公约》《伯尔尼公约》的规定制定与之相一致的知识产权制度。因而，单纯用一元论或二元论或“相互联系论”解释知识产权制度一体化可能导致结果之间的互相矛盾。正因如此，吴教授对知识产权制度一体化进行“分阶段”地阐释具有合理性，但与此同时也存在了解释知识产权制度一体化现象时使用“双重标准”之嫌。

事实上，对于缔约方而言，条约必须遵守的国际法原则决定了国内法必须遵从国际法。因而只要是国际条约的缔约方，无论在国际法与国内法关系上持的是一元论还是二元论抑或“相互联系论”，国际法内容成为国内法内容是其缔约义务。至于采用的究竟是直接适用国际法的方式，还是通过“转化”“采纳”国际法的方式，还是其他什么方式，并不会影响缔约方履行国际法义务的结果。然而对于非缔约方而言，它在法律上无需履行国际法规定的义务，也无法享有国际法赋予的权利，国际法与国内法之间的关系是对等和平行的关系，但这显然不是一元论与二元论所要解释的范畴。因此值得注意的是，无论是TRIPS协议实施之前还是之后，在参加条约的各缔约方中，从理论上说知识产权制度一体化均以国际法高于国内法为法理基础。而对于条约体系之外，却不当然地以此为依据。在实践中，之所以出现TRIPS协议实施前后一体化程度之间存在较大的差异，主要的原因在于条约内容的不同，而不在于国际法与国内法的法律效力孰高孰低的问题。也就是说，其原因在于TRIPS协议本身具有保障执行的内容，而非TRIPS协议比《巴黎公约》或《伯尔尼公约》等具有更高的法律效力等级。

就国际知识产权法对国内知识产权制度的影响途径而言，学者认为，国际组织的条约、规则为国内法所接受，转变为对国内法具有法律约束力的规则的过程可概括为“地方化的全球主义”或“国际法的国内化”。[1]学者在分析此过程后所得出的结论是，知识产权制度全球化表现为知识产权保护的国际组织和国际条约对各国知识产权法律形成和发展的决定性影响。[2]据此，知识产权制度之所以能够沿着一体化的方向迈进，国际法高于国内法是其法理基础。正是基于这一基础，各国知识产权制度在国际条约的框架之下逐步趋同于国际条约所规定的原则和规则。因此，在国际法高于国内法的理论前提之下，知识产权制度所进行的“地方化的全球主义”过程或是“国际法国内化”的过程，实际上也即知识产权制度一体化的过程。

3. 国内法对国际法的影响

在国际法与国内法关系一元论的两种观点中，一种观点认为国内法效力高于国际法。依照这一观点的逻辑推理，国际法是次一级的法律，那么各国就可以通过它的国内立法任意解除其国际义务，破坏国际法律秩序，从而导致对国际法效力的根本否定。这一理论不仅有片面性，而且也和现实的国际情况不相符合。[3]因此，这一观点在解释当今的法律一体化现象时显得苍白无力，而且全然否定了国际法的独立性。而在二元论中，更多的是解释国内法对国际法的适用问题，很少涉及国内法对国际法影响的分析和结论。

在国内法对国际法的影响方面，“相互联系论”很好地解释了这一过程。因为它不仅认为国际法对国内法的形成和发展产生影响，也认为国内法对国际法同样产生了影响。在造法层面上，国内法对国际法的影响主要表现为“全球化的地方主义”，即学者所指的一国或一个地区范围内通行的法律制度在全球扩散。[4]“全球化的地方主义”的实现有两个途径，一是通过国内法与国内法之间的相互影响从而使某一国或地区的法律在全球扩散；二是通过国际法的制定后再依据国际法高于国内法的原则，使各国法律与国际法相一致。后一种则为国内法对国际

---

[1] 朱景文. 比较法社会学的框架和方法——法制化、本土化和全球化[M]. 北京：中国人民大学出版社，2001：567.

[2] 郑万青. 知识产权法律全球化的演进[J]. 知识产权，2005(5)：57.

[3] 黄亚英. 现代国际法学[M]. 北京：中国政法大学出版社，2003：12.

[4] 朱景文. 比较法社会学的框架和方法——法制化、本土化和全球化[M]. 北京：中国人民大学出版社，2001：567.

法的影响，是当今法律一体化的重要途径。

当然，并非所有国家的国内法都能对国际法产生影响。在当代，知识产权制度一体化所表现的即是以美国为首的发达国家的知识产权制度对知识产权国际造法运动的影响。发达国家为了提高知识产权保护标准，将本国的知识产权制度通过知识产权国际造法运动，融入国际条约当中，成为国际条约的原则和规定，从而促使各国知识产权制度一体化。其中，最为典型的是TRIPS协议。TRIPS协议第一次将贸易机制与知识产权保护结合起来，实际上是美国“特别301条款”在国际条约中的体现。至于计算机版权保护、商业秘密的保护，一直被认为是美国国内法在TRIPS协议中的反映。而诸如地理标志的保护则是法国等欧盟国家国内法在国际造法中的胜利。

因此，当代知识产权制度的一体化既表现为各国知识产权制度与国际条约相一致，也表现为发展中国家的知识产权制度与发达国家特别是美国知识产权制度的一致性。追溯既往，无论是《巴黎公约》还是《伯尔尼公约》，实质上均是当时某一知识产权优势国家的制度体现。因而，从国际法与国内法的关系上，我们甚至可以概括出知识产权制度一体化发展的基本特点，即知识产权制度一体化是以国内法对国际法的影响开始的，并以发达国家知识产权制度为模本的一体化，它遵循了发达国家知识产权制度—国际条约—各国知识产权制度一体化的演进路径。

第三节　知识产权制度一体化的进程

严格而言，知识产权制度一体化始于世界第一部专利法的产生，而知识产权制度的诞生即开始了其一体化的进程。即从15世纪开始，知识产权制度便开始在全球范围内广泛传播，之后从无到有，从双边到多边，从区域到全球，逐步形成了具有当代特点的知识产权制度一体化形态。具体可划分为以下四个主要阶段。

一、知识产权制度一体化的萌芽阶段

14世纪至15世纪的威尼斯是当时欧洲的海上王国和贸易中心，掌握着欧洲以及世界上其他地方的大部分经济贸易。在威尼斯由各种垄断贸易的商人组成了一个协会，这个协会掌管着威尼斯的经济和所有的工艺。根据德国学者Frank D.

Prager的考证，这个协会起先是应政府的要求，为一个名为Veder的人提供援助资金，以在6个月内完成制作和安装风车的任务。如果Veder未能完成，则应立即返还所有的资金。在此之后协会给当时的每一种新的技术提供资金援助，并禁止其他人制造、销售和使用新的发明，这就是具有知识产权雏形的“特权”。1469年，来自德国的印刷工人约翰获得了一种叫铸排机的使用特权，这一权利具有排他性，因而是威尼斯有历史记载的第一个专有权利。之后，1474年威尼斯才颁布了世界上的第一部专利法令。❶ Frank D. Prager认为，就早期的专利制度而言，它并非是一种独立的法律制度，而是商业发展的一种重要政策或机制，威尼斯的专利法令一经产生即被当做商业主义的有效机制引进或推广到其他国家。在1572年以后的一段时间，英格兰和法国的国王将当时在威尼斯盛行的商业主义机制引进到自己的国家，具有知识产权雏形 的“特权”即是作为一种商业措施而被引进的。在Frank D. Prager看来，无论是法国的专利法、英国的专利法，还是美国的专利法均来源于威尼斯的这种“特权”体系。❷

从15世纪到19世纪，知识产权制度逐步在全球范围内不断传播，其结果是西方发达国家纷纷制定了知识产权制度。在专利制度方面，英国1624年正式颁布了《垄断法案》，美国于1790年、法国于1791年、俄国于1814年、德国于1877年分别制定了专利制度。版权方面，1709年英国颁布了世界上第一部版权法《安娜女王法》；法国于1793年颁布第一部版权法。商标方面，1804年法国《拿破仑法典》第一次确认了商标权，英国于1862年、美国于1870年、德国于1874年都先后制定了商标法。

因此，在15世纪到19世纪上半叶之间，知识产权制度一体化主要体现了两个特点：第一，知识产权制度建立之初，一体化不是一种有目的地缩小各国知识产权制度之间差距的行为，而是将知识产权制度作为一种商业措施自发性地借鉴和引进；第二，各国纷纷建立了知识产权制度，所体现的制度一体化属于体系建构的趋同，形成的知识产权制度一体化趋势只是大部分国家实现制度“从无到有”的过程，并且一体化的目的在于对本国内部的知识产权进行保护，而非对外国知识产权进行保护。因此，这个阶段的知识产权制度一体化属于萌芽性质的一体化。

---

❶ Frank D. Prager, A History of Intellectual Property from 1545 to 1787[J]. Journal of the Patent Office Society, November,1944,Vol. XXVI (11):713-715.

❷ Frank D. Prager, A History of Intellectual Property from 1545 to 1787[J]. Journal of the Patent Office Society, November,1944,Vol. XXVI (11):711-721.

二、知识产权制度一体化的初级阶段

在1883年《巴黎公约》及《伯尔尼公约》签订以前，对知识产权进行跨国界保护的最初体现形式是签订双边条约。如在1827年至1829年之间，普鲁士与德国的32个州签订了版权方面的双边协议。[1]法国在19世纪50年代至60年代也与23个国家签订了双边版权条约。[2]在版权领域，从19世纪20年代到1886年《保护文学艺术作品伯尔尼公约》（以下简称《伯尔尼公约》）签订以前，英、法、比利时、西班牙等国同其他国家以及这些国家相互之间签订的双边保护协定已达30多个。[3]

多边条约的知识产权制度一体化方式往往被误认为始于《巴黎公约》《伯尔尼公约》的缔结，其实不然，早在1840年5月22日，奥地利与撒丁岛、瑞士提契诺州、意大利帕尔玛、罗马、托斯卡纳等签订了第一个版权多边公约。[4]当然，这一多边条约严格意义上只是区域性质，而不属于多边国际条约。

在1883年之前，国际会议也在知识产权制度一体化中扮演着重要角色，国际会议包含两个方面的作用，一是协调解决各国保护知识产权之间的矛盾；二是为知识产权的国际立法提供谈判的场合。第一个知识产权国际会议是关于专利法的会议，与1873年维也纳的国际博览会同期召开。此次会议的起因在于当时美国不愿参加在维也纳召开的世界博览会，提出除非奥地利能给外国发明者以满意的保护，否则拒绝参加博览会。维也纳国际专利组委会预先将一些问题发给与会代表，中心问题就是如何跨国界对知识产权进行保护的问题。维也纳国际专利会议基本上达成了两个解决方案：第一，所有文明国家的法律必须保证对发明进行保护；第二，保护发明必须以有效的专利法为基础，也即应包括专利只能授予发明者及其法定代表人和专利不能拒绝授予外国人这两个基本原则。[5]尽管维也纳国际专利会议不是一个官方会议，但是它为日后《巴黎公约》的产生奠定了根

---

[1] WIPO. The International Protection of Industrial Property: From the Paris Convention to The TRIPS Agreement. February17 to19, 2003. WIPO/IP/CAI/1/03/2.

[2] Eugen Ulmer, One Hundred Years of the Berne Convention[J]. International Review of Intellectual Property and Competition Law, 1986, 17(6): 707.

[3] 赵秀文. 著作权[M]. 北京：法律出版社，1987：55.

[4] WIPO. The International Protection of Industrial Property: From The Paris Convention to The Trips Agreement. February17 to19, 2003. WIPO/IP/CAI/1/03/2.

[5] WIPO. The International Protection of Industrial Property: From The Paris Convention to The Trips Agreement. February17 to19, 2003. WIPO/IP/CAI/1/03/2.

基。同样，国际会议在伯尔尼公约的产生中也起着重要作用。对版权进行国际一体化保护的问题于1858年在布鲁塞尔的国际文学艺术财产会议上第一次出现。当时参加会议的既有律师、出版商、大学教授，也有来自官方的代表，甚至也有来自在当时被认为盗版最严重的美国及欧洲一些国家的代表。❶

归结《巴黎公约》与《伯尔尼公约》缔结之前知识产权制度的演变过程，可知这一阶段的知识产权制度一体化的范围狭窄，程度较低。它只是知识产权制度一体化起步阶段，但与萌芽阶段相比，又有其进步特点。

第一，此时期的知识产权制度一体化已经摆脱了只追求国内建立知识产权制度的局限，而是追求不同国家知识产权制度之间的协调和统一。显然，寻求对知识产权进行跨国界保护是这一时期的显著特点，跨国保护首先通过签订知识产权的双边协议而得以实现。

第二，此时期的知识产权制度一体化已经摆脱了自发性趋同的局限，国际社会开始有意识地对知识产权的国际保护问题进行研究，并且以条约的方式解决了这些难题。因此，对知识产权进行跨国界保护意味着知识产权制度一体化开始其有意识的扩张历程，而国际条约的签订则意味着知识产权制度一体化步入国际法时代。

第三，尽管此时还没有专门的国际组织推动知识产权制度的一体化，但是国际会议承担着同样的重任。国际会议一方面为国际规则的订立提供了条件，同时一些会议本身也成为解决国际争端的法律实现机制。❷国际专利会议和国际文化艺术财产会议的召开都充分表明了国际会议在推动知识产权制度一体化方面功不可没。

三、知识产权制度一体化的发展阶段

知识产权制度一体化真正进入发展阶段的标志是《巴黎公约》和《伯尔尼公约》的缔结，这两个多边条约的缔结使一体化实现了从双边到多边的一次飞跃。之后知识产权制度一体化进程不断加快，1967年世界知识产权组织的成立又标志着知识产权制度一体化进入了一个组织化时代。

（一）《巴黎公约》的产生及其对知识产权制度一体化的贡献

在19世纪，大型的博览会都有一些里程碑式的技术革新和重要发明面世，

❶ WIPO. The International Protection of Industrial Property: From the Paris Convention to the TRIPS Agreement. February17 to19, 2003. WIPO/IP/CAI/1/03/2.

❷ 公丕祥. 全球化与中国法制现代化[M]. 北京：法律出版社，2008：50.

然而往往在博览会之后，这些技术革新或发明常常遭到剽窃和复制，因而如何对这些技术革新和发明创造进行保护成为迫在眉睫之事。基于此原因，在1851年，时为伦敦世界博览会主席的Albert大臣（即英国维多利亚女王的丈夫）建议对这些发明创造进行国际保护。然而，Albert大臣的建议并未引起人们重视。直到1873年，德国工程师Karl Pieperd的类似建议才获得了认可。他在维也纳召开的第一次国际专利会议上向奥地利政府建议对专利进行国际保护。因而，在维也纳的国际专利会议上，与会者敦促各国政府尽快签订工业产权的国际保护公约，特别是专利发明方面的国际公约。在维也纳国际专利会议的努力下，法国政府向与会者发出邀请，建议在下一届的巴黎博览会中继续召开会议。在1878年的国际专利会议上，法国法律专家扮演着十分重要的角色，促使了500多名与会者在保护工业产权联盟的大多数基本原则上达成一致。在会议广泛讨论和建议的基础上，法国代表Jaegerschmidt将会议的建议整理成一个新的草案。[1]这一草案提交于1880年的巴黎外交会议上进行讨论，并在之后形成了《巴黎公约》的最后版本。至此，始于1873年的第一次国际专利会议的工业产权国际保护动议，历经10年的酝酿和争论，终于在1883年签订。1883年3月20日，保护工业产权的国际公约在巴黎签订，即《巴黎公约》。《巴黎公约》最初缔约之时只有11个成员，它们是比利时、巴西、法国、危地马拉、意大利、荷兰、葡萄牙、萨尔瓦多、塞尔维亚、西班牙、瑞士等。1884年该公约生效时，增加了英国、突尼斯及厄瓜多尔3个国家，使适用国家达到14个（厄瓜多尔于1886年底退出巴黎联盟）。

《巴黎公约》是工业产权领域进行国际多边合作的重要成果，在知识产权制度一体化方面主要有以下贡献。

首先，突破了制度一体化的地域范围。《巴黎公约》签订后，巴黎联盟的主要目标就是扩张其适用的地域范围。巴黎联盟在1884年时共有14个国家，之后在1887年、1889年、1903年、1909年，美国、日本、德国、奥匈帝国分别加入了联盟。在第一次世界大战开始之前共有25个成员国，第一次世界大战后加入巴黎联盟形成了一个小高潮，其间主要是新独立的东欧国家的加入。在《巴黎公约》成立后的第一个50年中成员国增加到40个。在1958年的里斯本会议之前成员有48个，《巴黎公约》签订100年之际，其成员共有92个。截至2014年7月，

---

[1] Friedrich-Karl Beier. One Hundred Years of International Cooperation-the Role of the Paris Convention in the Past ,Present and Future[J]. International Review of Intellectual Property and Competition Law,1984,15(1):2-3.

《巴黎公约》的缔约国共有175个。[1]《巴黎公约》通过地域扩张，将各国知识产权保护制度融合为一个统一的整体，并达到扩大公约适用范围的目的，使公约的普适性得到充分的体现。

其次，开创了制度一体化的新方式。《巴黎公约》开创了通过多边条约进行知识产权国际一体化保护的先河。《巴黎公约》缔结时，缔约国的目标是使公约成为统一的工业产权法，但由于各国利害关系不同，各国国内立法差别也较大，因而制定统一的工业产权法的目标没能实现。尽管如此，《巴黎公约》最终也成为各成员国制定有关工业产权制度时必须共同信守的准则，并起到协调各国知识产权制度的作用。一方面，它通过“存异”的立法技巧实现知识产权国际保护一体化的理想，即通过国民待遇原则将具有不同知识产权制度的国家集聚在一起，让它们成为巴黎联盟的成员；另一方面，它又通过“求同”的方式实现知识产权国际保护的一体化，也即《巴黎公约》同时又规定了最低保护标准，要求缔约国提供知识产权最低的保护水平，强调各国知识产权保护的统一性。

再次，构建了制度一体化的理想目标。《巴黎公约》诞生之前，世界上的许多国家还不赞成对专利等知识产权的保护，大部分国家只对自己国家的知识产权进行保护。《巴黎公约》缔造者最初的雄心是建立统一的工业产权保护法律，废除各国既存的知识产权制度，[2]使知识产权的保护在国外与国内没有任何的差别。《巴黎公约》缔造者甚至在1873年的维也纳专利会议上提出了建立统一的专利申请体系。虽然这些美好的愿望遭到了一定程度的打击，并在后来的一阶段时间内被认为是一种乌托邦式的理想，但历史的发展证明，《巴黎公约》最初的一些梦想正逐步得到实现。《巴黎公约》通过“国际协调”（Harmonization），改进和完善各个缔约国的知识产权制度，使之逐步走向一体化。此外，《巴黎公约》是“无限期有效”的公约，也是一个“开放性”的公约，加入公约不受任何条件的限制，不受任何资格审查，这使公约推动各国知识产权制度一体化的理想一直存在，也一直激励着知识产权制度沿着一体化的方向迈进。

最后，奠定了制度一体化的坚实基石。《巴黎公约》之后产生了14个专门的协定，这些专门协定一般是为各成员国在工业产权保护领域进行合作提供程序性规范或分类服务的多边条约，是《巴黎公约》的补充和具体化。《巴黎公约》与

---

[1] http://www.wipo.int/treaties/en/ip/paris.

[2] Friedrich-Karl Beier. One Hundred Years of International Cooperation-the Role of the Paris Convention in the Past, Present and Future[J]. International Review of Intellectual Property and Competition Law, 1984, 15(1): 5.

专门协定形成了"母公约"与"子条约"的关系，形成了巴黎公约体系。[1]不仅如此，一些工业产权保护方面的区域性条约如《班吉协定》《欧洲专利公约》等都可视为《巴黎公约》的派生和发展。巴黎公约体系不仅在专利权、商标权等实体权利上实施一体化保护，也在专利申请等程序上进行规范和统一。因此，《巴黎公约》以及其所形成的巴黎公约体系已经建构了一个较为完整的、对工业产权进行国际一体化保护的法律体系。

（二）《伯尔尼公约》的产生及其对知识产权制度一体化的贡献

19世纪的欧洲是文学艺术发展的重要时期，西欧尤其是法国涌现出许多大文学家、大艺术家。他们创作了大量脍炙人口的作品，并流传到世界各地。而同时期的盗版行为也十分猖狂。因此，这些文学艺术发达的国家便开始注重版权的国际保护。但在19世纪之前，版权的国际保护处于十分尴尬的境地。当时所谓的保护即是以国内法为准则，通过授予特权，颁布有关复制的禁令或法律，阻止作品跨国界流动并且限制国内的使用。[2]在相同时期，双边条约的版权保护虽也得到一定的发展，但总是未尽人意。因为越来越多的国家发现双边谈判和签订条约十分麻烦且适用性不广，于是制定一体化的制度进行版权保护成为当时人们寻求的目标，在当时的各种会议上，作家们和艺术家们极力主张通过建立国家联盟来进行版权的保护。

1878年巴黎世界博览会汇集了来自世界文化、科学、艺术领域的领袖人物。在此期间建立了由维克多·雨果担任主席的国际文化艺术协会。国际文化艺术协会成立后则致力于版权的国际保护。该协会于1882年邀请德国图书贸易协会参加在罗马召开的会议，时任德国图书贸易协会总干事的Paul Schmidt博士接受邀请前往罗马。Paul Schmidt博士建议通过立约会议建立一个"文艺联盟"（Literary Union），而不是纠缠于一些细枝末节。这一动议得到了采纳并建议立约会议的地点定在瑞士的伯尔尼，瑞士政府因此承担了此项任务。1883年国际文化艺术协会将一份经过多次讨论的国际公约草案交给瑞士政府。瑞士政府于1886年9月9日在伯尔尼举行的第三次大会上予以通过，定名为《保护文学和艺术作品伯尔尼公约》（*Berne Convention for the Protection of Literary and Artistic Works*）。原始签字国有英国、法国、德国、意大利、瑞士、比利时、西班牙、利

[1] 古祖雪. 国际知识产权法[M]. 北京：法律出版社，2002: 64-76.

[2] Eugen Ulmer. One Hundred Years of the Berne Convention[J]. International Review of Intellectual Property and Competition Law,1986, 17(6): 707.

比里亚、海地和突尼斯10国。1887年9月5日签字国互换批准书（利比里亚没有批准），公约3个月后生效（1887年12月），这就是世界上第一个国际版权公约。所有参加这一公约的国家组成一个联盟，史上称为“伯尔尼联盟”，并选出了联盟的国际局，规定了以后参加国应履行的手续、公约的修订程序等。

《伯尔尼公约》在版权制度一体化的目标如在其序言中所述，“以尽可能有效和尽可能一致的方式保护作者就其文学艺术作品所享有的权利”。因此，在制度设计中，《伯尔尼公约》有两种方法被人们一致承认，一是国民待遇原则，二是最低保护原则。尽管国民待遇原则保存了各国版权制度的差异性，但是它却确立了另一个一体化规则，即一部作品能同时在成员国内得到保护，并且是将外国作品与本国作品同等保护，这相对于原先一些国家对外国作品不予保护来说是一个巨大的进步。为减少国民待遇原则所带来的版权保护的差别，《伯尔尼公约》同时又规定了最低限度保护标准，规定各成员国的版权立法提供的保护标准不能低于公约所确立的最低保护标准。这一规定不仅推动了各国版权制度的一体化步伐，也进一步提高了版权国际保护的一体化标准。《伯尔尼公约》除人们认同的前述两种方法推进版权保护的一体化外，希腊学者乔治・库曼托认为还存在着第三种方法，即《伯尔尼公约》也包含着某些旨在直接解决法律冲突的规范，包括作品国籍、侵权行为等方面，在统一协调各国版权制度方面起着重要作用。但他同时也认为，公约的冲突规范是零散的、含糊的，还不能弥补各国版权保护的差异和不确定性。为了在国际版权保护的统一方面迈出决定的步伐，就必须解决法律适用的问题。[1]尽管在版权制度方面的一体化还不能令人满意，但《伯尔尼公约》在版权制度一体化进程中仍然发挥着重要作用：一是囊括当时文学艺术领域知识产权保护的所有客体。《伯尔尼公约》中的“文学艺术作品”包括了文学、科学和艺术领域内的一切成果，而不问其表现形式和表现方式如何。二是确定了文学艺术作品的经济权利和精神权利。这些经济权利和精神权利的保护在当今看来是一种必然选择，而在当时则是一种巨大的进步。况且，《伯尔尼公约》是唯一明确提出保护精神权利的国际条约，体现了较高的国际保护标准。三是形成了版权领域制度一体化的核心。《伯尔尼公约》是版权领域缔结最早的国际公约，它的法律精神、基本原则和约文结构都对该领域其他国际条约的缔结具有一种宣示作用。[2]

---

[1] [希]乔治·库曼托. 国际私法与伯尔尼公约[J]. 郑成思，译. 法律科学，1992(3)：65.

[2] 古祖雪. 国际知识产权法[M]. 北京：法律出版社，2002：64-76.

（三）世界知识产权组织（WIPO）及其一体化功能

在世界知识产权组织建立之前，巴黎联盟与伯尔尼联盟分别由巴黎联盟国际局与伯尔尼联盟国际局管理日常的事务，这两个联盟的国际局于1893年合并组建成“联合国际局”。由于这个联合国际局实际只是瑞士联邦政府根据《巴黎公约》和《伯尔尼公约》的最初文本赋予的监督管理权利而自行依法设立的政府组织，它起不到一个国际机构应起的作用。[1]因此，巴黎联盟与伯尔尼联盟的51个国家于1967年7月14日在斯德哥尔摩会议，签订了《成立世界知识产权组织公约》，该公约于1970年4月26日正式生效。根据公约成立的政府间国际机构，定名为世界知识产权组织，即WIPO。WIPO设立了知识产权局，取代了巴黎联盟和伯尔尼联盟的联合国际局。1974年12月，该组织成为联合国的一个专门机构。WIPO的主要职责是：第一，协调不同国家之间的知识产权立法；第二，为工业知识产权的国际申请提供服务；第三，交流知识产权信息；第四，为发展中国家和其他国家提供知识产权方面的法律和技术援助；第五，为私人的知识产权纠纷的解决提供便利。

包括《巴黎公约》《伯尔尼公约》在内，WIPO目前管理着24个条约，WIPO通过其组织职能的发挥，协调各国的知识产权立法，使各国知识产权制度的差异性逐步减少，并逐步形成统一协调的整体。

（四）发展阶段的知识产权制度一体化特点

自《巴黎公约》《伯尔尼公约》缔结至WIPO建立的时期是知识产权制度一体化进入了一个快速发展的时期，具有以下的特点。

首先，知识产权制度一体化以多边合作为主要手段，多边条约的数量迅速增多。从全球范围看，各国知识产权制度不再是原先分散、相对封闭的状态，而是通过多边条约形成了一个统一的整体。一国知识产权制度已经不是独立地存在，而是相互联系、相互影响。

其次，知识产权制度一体化的程度较高。全球性的知识产权保护规则逐步形成，多边条约所确定的一些基本原则、保护标准逐步为各国知识产权立法所遵循。

再次，自1883年《巴黎公约》的缔结至1967年《成立世界知识产权组织公约》期间，知识产权制度一体化已在实体规范和程序规范上开始其进程。如根据《巴黎公约》第19条规定所缔结的《商标国际注册马德里协定》《工业产品外观

---

[1] 古祖雪. 国际知识产权法[M]. 北京：法律出版社，2002：35.

设计国际备案协定》等许多协定，这些协定既有关于保护标准的实体性规范，又有关于申请与注册的程序规范，还有关于分类体系的服务性规范。[1]之后WIPO缔结的条约也进一步强化了这一趋势，特别是在知识产权取得制度方面，《专利合作条约》（PCT）基本实现了申请程序的一体化。

最后，WIPO的成立标志着知识产权制度一体化实现了组织化。WIPO的建立，不只是一个专门协调知识产权制度一体化的政府间国际组织的成立，它预示着在知识产权制度一体化方面有着主动的组织行为和既定的议事日程，以及有着供各国就知识产权问题进行讨论磋商的专门场合，表征着知识产权制度一体化已经进入组织化时代。

四、知识产权制度一体化的成熟阶段

知识产权制度一体化进入成熟阶段是以TRIPS协议为标志的。TRIPS协议签订和实施以后，以TRIPS协议为导向的各国知识产权保护形成了紧密的国际体系。

（一）TRIPS协议的诞生历程

1. TRIPS协议缔结中美国的角色

在TRIPS协议的产生过程中，美国显然是充当着决定性的角色。早在20世纪80年代，美国就一直认为是因为各国对知识产权保护缺乏足够措施才导致了贸易的扭曲，而各国之所以缺乏对知识产权给予足够的保护是因为既存的国际保护的体系本身对知识产权的保护不力。美国指责《巴黎公约》缺乏专利和商标的国际保护标准，《巴黎公约》的制度缺失恰恰是美国贸易损失的罪魁祸首。在经济账上，美国国际贸易委员会于1986年就估计，因其他国家对知识产权保护的不力导致了美国在当年的损失达到了430亿至610亿美元。除此之外，就各行各业的损失进行了分类统计，以证实这些损失是事实存在的，并大造舆论，力争在乌拉圭回合中确立谈判的优先权。[2]

早在东京多边贸易的谈判中，美国就提倡在GATT中规定知识产权保护的措施，以处理跨境假冒商标行为，但在那时这一建议鲜有支持者。在“乌拉圭回合”谈判上，美国紧紧抓住时机，在谈判开始后的第二年即1987年，即首次提

---

[1] 古祖雪. 国际知识产权法[M]. 北京：法律出版社，2002：31.

[2] Marjory E. Searing. Working for Strong Intellectual Property Protection: A U. S. Priority[EB/OL].(2009-04-13) http://findarticles. com/p/articles/mi_m1052/.

出了有关TRIPS谈判方面的建议，并于1988年10月提交了详细的文本草案。在TRIPS中要达到什么样的目的，美国认为至少应该包括以下三个方面：一是充分的、有实质意义的知识产权保护标准；二是无论在国内还是在国外均应具备保证前述标准有效执行的手段；三是有效和快捷的纠纷解决途径。按照美国的最初设想，协议应体现最高的保护标准并形成多边条约，协议在内容上必须涵盖美国知识产权的五个领域，即专利、版权、商标、商业秘密、半导体芯片权利等，并且每类知识产权都应该具有各自的保护标准。❶“乌拉圭回合”开始之初，大多数发达国家对于美国的这些主张最终能否达成协议还是心存疑虑的，原因在于不仅发达国家与发展中国家之间有矛盾，而且发达国家之间在诸如地理标志、原产地名称等方面也存在着较大的争议。但是关键的问题在于发达国家有着共同的需求，即他们力求提高知识产权保护的标准。因此美国的这些建议虽不尽人意，但也正好迎合他们提高知识产权保护标准的迫切需要。所以，除美国之外，欧共体国家、日本、澳大利亚、加拿大等国家也在“乌拉圭回合”中纷纷提出了自己的建议，并就协议所应采用的措施和原则进行了热烈的讨论。

2. 发展中国家的抗争

以印度、巴西等国家为首的发展中国家极力反对将知识产权问题纳入乌拉圭谈判。他们认为，世界知识产权组织是主管知识产权问题的机构，而世界知识产权组织毕竟是联合国专门的组织，知识产权贸易方面的问题理应由联合国贸易与发展大会处理。知识产权由于与技术转让和发展密切相关，正好属于联合国贸易发展大会的权限范围。❷当然，发展中国家反对将知识产权问题纳入乌拉圭谈判议程并非只是为了质疑知识产权问题的管辖问题，更重要的是他们认为提高知识产权保护的标准可能会损害了发展中国家的利益，特别是在技术改造、技术模仿等方面。如印度之所以反对在乌拉圭谈判中列入知识产权问题，就是因为印度将医药工业置于专利制度体系之外，并且为此设置了关税壁垒进行保护。印度和巴西是当时率先抵抗将知识产权问题纳入乌拉圭谈判议程的发展中国家，印度还是唯一一个在乌拉圭回合中提交有关知识产权问题草案的发展中国家。在这两个国家的影响下，发展中国家立场较为一致，共同抵制TRIPS协议的形成。

但是，针对发展中国家的抵制，美国显然不能坐视不管，于是采取了多种

❶ Dana Willian. Addressing Inadequate Intellectual Property Protection in the Uruguay Round [EB/OL]. (2009-04-13) http://findarticles. com/p/articles/mi_m1052/.

❷ [澳]彼得·达沃豪斯，约翰·布雷斯韦特. 信息封建主义[M]. 刘雪涛，译.北京：知识产权出版社，2005:131.

策略和行动进行击破、瓦解。其一是挥舞贸易制裁的大棒。美国频繁地利用贸易制裁的威胁推动TRIPS协议谈判进程，不断运用单边、双边贸易措施对其竞争对手施压。韩国、巴西、印度、墨西哥、沙特阿拉伯、泰国、中国等都先后被列入了特殊301条款所述的“观察名单”。这些国家和地区对美国市场和经济的依赖性造成他们在美国贸易制裁威胁下选择的有限性：要么接受贸易制裁，要么按照美国的期望改变自己的知识产权保护标准。❶其二是瓦解印度、巴西之间的信任关系。美国于1987年启动了针对巴西药品专利保护问题的301调查程序，该调查导致美国总统于1988年10月授权对巴西货物增收关税。1990年6月巴西总统宣布将颁布符合美国要求的法律。1990年7月，美国贸易代表办公室中止了所增加的关税。❷美国在巴西的问题上第一次使用了与知识产权相关的贸易制裁，这一做法实际上有两层含意，一方面给反对TRIPS谈判进程的发展中国家一个警告，可谓杀鸡儆猴；另一方面，是彻底瓦解印度、巴西在抵制TRIPS协议谈判事情上的联盟。其三是转变谈判方式。当TRIPS协议的谈判遇阻时，美国抛弃了谈判的传统方式——“绿屋”（Green Room）程序，即谈判代表集中于一绿屋中进行谈判。❸而采用了“10+10”小组的方式，即由发达国家和发展中国家混合组成的小组。根据谈判问题的不同，“10+10”小组又可以被缩小或扩大，如果问题很重要，美国和欧共体总是构成任何小组的组成部分。❹这一谈判模式的转变并非形式的改变那么简单，它通过两个途径有效地推动了谈判的进程：一方面，通过分组方式，化整为零，进一步削弱发展中国家的联盟实力；另一方面由于美国和欧共体几乎在每个小组都有谈判代表，使他们能相互沟通各小组的进展情况以及谈判的分歧，以制定新的谈判策略，从而控制谈判的进程。

3. 妥协与交易的结果

在欧美等发达国家贸易制裁的威胁，以及多种手段的操纵下，TRIPS协议的谈判从难到易，直到最后达成一致。1994年4月15日，各国签署了《乌拉圭回合多边贸易谈判结果最后文件草案》，TRIPS协议作为乌拉圭回合谈判的成果之

❶ 杨红菊，何蓉. 从TRIPS的谈判历程看知识产权国际规则的制定[J]. 知识产权，2008(2)：61.

❷ [澳]彼得·达沃豪斯，约翰·布雷斯韦特. 信息封建主义[M]. 刘雪涛，译. 北京：知识产权出版社，2005：159.

❸ 据说“绿屋”最初得名是由于在GATT总部里有一房间曾专门用于为此进行的非正式磋商，而该房间铺设的地毯恰好是绿色（一说该房间的天花板为绿色）。参见雷蒙. 绿屋会议亮出集体黄牌[J]. WTO经济导刊，2006(8)：17.

❹ [澳]彼得·达沃豪斯，约翰·布雷斯韦特. 信息封建主义[M]. 刘雪涛，译. 北京：知识产权出版社，2005：161.

一成为世界贸易组织协议的组成部分，并于1995年1月1日生效。在此期间，欧美等发达国家取得了胜利，发展中国家则经历了一个从反抗到放弃的痛苦历程，表现出了无奈的妥协。这种妥协和交易建立在充满不平等和威胁利诱之上，也正因如此，TRIPS协议成为最受争议的国际条约之一。

（二）TRIPS协议对知识产权制度一体化的贡献

如果说知识产权跨国界进行保护是知识产权制度一体化的初级形态的话，那么，经过上百年的发展，知识产权制度一体化已经从初级形态演变为以TRIPS协议为代表的新的一体化形态。与其他阶段的一体化不同，TRIPS协议因与贸易机制相结合而在推动知识产权制度的一体化进程中获得了巨大的成功，它使知识产权的国际一体化保护达到了一个新的高峰。TRIPS协议的缔结对知识产权制度一体化的贡献主要体现在以下几个方面。

第一，使知识产权制度从形式到内容的一体化。20世纪90年代以来特别是TRIPS协议的签订和实施之后，以国际知识产权条约为主要渊源、以世界知识产权组织与世界贸易组织及其与贸易有关的知识产权理事会等国际组织为多边合作法律形式的新的国际法律秩序已经形成。[1]这一时代，在知识产权保护方面确定了一系列的原则、标准、规则，这些原则、标准及规则在全球范围内得到遵守和适用，因而知识产权制度的一体化不仅在形式上得到趋同，内容上也得到统一。

第二，使知识产权制度从实体到程序的一体化。根据国际知识产权条约所规定的内容，可以将国际知识产权条约分为实体性规范条约和程序性规范条约。前者如《巴黎公约》《伯尔尼公约》《世界版权公约》，后者如《专利合作条约》《商标国际注册马德里协定》《商标注册条约》等。实质性规范条约主要规定和确认了权利和职权以及义务和责任，是国际社会协调各国知识产权制度实现一体化的主要依据。程序性规范条约则规定了实现权利和行使职权的规则、方式和途径，是实现知识产权制度一体化的制度保障。但是在TRIPS协议之前，国际知识产权条约要么侧重于规定知识产权的权利内容，如《巴黎公约》《伯尔尼公约》；要么侧重于知识产权的取得程序，如《商标国际注册马德里协定》《商标注册条约》。而TRIPS协议则不同，TRIPS协议有效地吸纳了知识产权保护的基本原则，并规定了详尽的知识产权制度的各项内容，涵盖了知识产权的实体规范和程序规

[1] 古祖雪. 国际知识产权法[M]. 北京：法律出版社，2002：2.

范（包括知识产权的执法程序），对知识产权规则在全球内达到一体化具有关键作用。❶

第三，使知识产权制度从“弱法”到“强法”的一体化。在国际法的领域中，有一种分类以是否具有法律约束力为标准，将国际法分为“软法”和“硬法”两种。国际条约和国际习惯法都具有法律约束力，属于国际硬法的范畴。相对于国际硬法而言，国际软法是不具有法律拘束力的但被国际法主体，尤其是国际经济法主体所广泛遵循的行为准则，包括非条约义务（Non-treaty obligations）、国际组织决议。❷也有另一种分类，即以是否具有强制执行力为标准，将国际法分为“弱法”和“强法”，国际法学者一般认为，国际法因为缺乏强有力的执行措施，与国内法以及国内法的强制执行所可以利用的方法相比较，国际法肯定是较弱的法律。❸TRIPS协议与《巴黎公约》《伯尔尼公约》等相比较，第一次将知识产权与贸易问题挂钩起来，并在争端解决机制中规定了贸易报复措施，使违反TRIPS协议的行为得到制裁，保证了TRIPS协议的强制执行力。至此，知识产权制度一体化完成了从“弱法”的一体化向“强法”的一体化的蜕变。

（三）后TRIPS时代知识产权制度一体化的格局

进入后TRIPS时代，知识产权制度一体化进程主要围绕着WIPO、WTO两个中心进行，因而在制度一体化上形成了两个国际标准，一是WIPO标准，二是WTO标准。这两个标准直接决定各国知识产权制度一体化的程度。

1. WIPO及WIPO标准

自WIPO建立以来，其主要任务之一就是在成员国中促进知识产权法律、标准和做法的渐进发展及协调统一。WIPO也为着推动知识产权的国际共同准则和规则的发展，与各国及其他相关组织、利益集团进行广泛的磋商。从目前看，WIPO推动知识产权制度一体化集中在知识产权的两大主要类别，包括工业产权制度的一体化和版权制度的一体化。WIPO管理着众多条约，这些条约即是以WIPO为中心的知识产权制度一体化标准。

在WTO体系中，多边货物贸易协议、服务贸易协议与TRIPS协议是三大法律文件。多边货物贸易协议、服务贸易协议是就与贸易政策有关的一般规则和原

---

❶ 吴汉东. 知识产权国际保护制度的变革与发展[J]. 法学研究，2005(3)：128.

❷ 王海峰. 论国际软法与国家“软实力”[J]. 政治与法律，2007(4)：101.

❸ [英]詹宁斯，瓦茨. 奥本海国际法[M]. 王铁崖，等，译. 北京：中国大百科全书出版社，1995：6.

则达成的协议，并取得了各国的承诺，但并没有寻求各国政策的协调统一；而TRIPS协议包括所有成员都必须达到的知识产权保护的最低标准。知识产权协议要求各成员积极采取行动保护知识产权，这与前两个协议只对成员的政策进行约束是不同的。[1]因此，TRIPS协议是通过多边贸易框架下知识产权保护标准的制定以达到影响贸易的政策和管理制度的目的。就此意义上而言，TRIPS协议不仅在知识产权领域要求各国知识产权制度加快一体化进程，也在贸易制度方面促进一体化进程。但是，WTO在知识产权保护方面不像WIPO那样，直言为了促进各国知识产权制度一体化而存在。在TRIPS协议中明确了WTO在协调各国知识产权制度方面的别具匠心：目标是减少国际贸易的扭曲和阻碍，措施是加强对知识产权的有效和充分保护。围绕目标的实现和有效保护知识产权措施的落实，可以在TRIPS协议中寻找出其制度一体化的真实目的：一是就与贸易有关的知识产权的效力、范围和使用，规定适当的标准和原则；二是就实施与贸易有关的知识产权规定有效和适当的手段，同时考虑各国法律制度的差异。[2]

2. 从WIPO到WTO的核心转移

在“乌拉圭回合”谈判之前，知识产权制度的一体化主要以WIPO为核心，并以其所管理的知识产权条约为一体化标准。在TRIPS协议实施后，知识产权制度一体化的核心发生了转移，成员方知识产权制度的一体化步伐不约而同地趋向WTO体系，有关WTO的基本规则成为各国知识产权制度必须具备的内容。除TRIPS协议所规定的原则和知识产权保护标准之外，成员方知识产权制度的制定还必须符合WTO的市场开放、公平竞争和透明度等原则，同时也必须适用WTO的纠纷解决机制。知识产权制度一体化从WIPO到WTO转移的过程，不仅仅是国际场合的转移，而是知识产权制度一体化的一次重大变革。在WTO体系下的知识产权制度一体化明显具有不同的特征，它是建立在市场让步、WTO共同规则及争端解决机制上的知识产权制度一体化。[3]

知识产权国际立法之所以从WIPO转移至WTO，美国学者Laurence R. Helfer认为有三个原因：一是欧美国家在GATT/WTO中具有举足轻重的影响力；二是通过将知识产权保护问题与其他领域的问题结合起来能使利益分歧较大的国家纳入

---

[1] 杨国华. 知识产权进入WTO的背景及在WTO中的地位[EB/OL].（2007-11-27）http://www. sipo. gov. cn/sipo/zcll/xsyj/xslw/t20011101-70098. htm.

[2] 参见TRIPS协议序言。

[3] Klaus Stegemann. The Integration of Intellectual Property Rights into the WTO System[J]. World Economy, 2000(9):1238.

协议范围；三是GATT中的争端解决机制的有效性远甚于WIPO。[1]前两种可以为知识产权国际立法成功发生转移提供解释，第三种原因则最能解释知识产权制度一体化的中心转移。即就推动知识产权制度一体化的动力而言，一体化的中心之所以趋向WTO体系，乃是因为WTO争端解决机制比WIPO更加强势。也就是说，缔约方若不修改国内知识产权制度以与WTO相适应时，将受到报复性的制裁。因此这一推力不仅更为有效地促进了知识产权制度一体化进程，也必然地将知识产权制度一体化的风向标转向了WTO法律体系。

当然，WIPO在知识产权制度一体化中的作用仍然将持续，知识产权制度一体化的中心侧重于以WTO的法律体系为坐标，但并不等于抛弃了WIPO的功能。WIPO与WTO仍然是知识产权制度一体化的两大推手。首先，WTO强调实施、执行和争端解决机制方面的实际效用，即侧重于程序性知识产权制度的一体化，而WIPO则强调知识产权的创立等实体性知识产权制度的一体化，可以说，在当前，它们各有侧重，作用不同，不可偏废。其次，WTO所推动的是与贸易有关的知识产权，虽然随着经济全球化的深入和发展，很难排除与贸易无关的知识产权，但是，毕竟WTO给WIPO预留了理论上的管辖空间，WIPO可以寻求新的知识产权立法以推动一体化的进程。最后，WIPO着重对发展中国家的援助以及协调，这也是推动发达国家与发展中国家知识产权制度相互协调、逐步趋向一致的有效手段。

（四）当代知识产权制度一体化的特点

知识产权制度一体化是法律一体化在知识产权制度领域的具体体现，因此，知识产权制度一体化具有法律一体化的共性，也具有知识产权制度本身的特点。知识产权制度一体化是一个动态的、相对的过程，因此在不同时期，知识产权制度一体化呈现出不同的特点。就当今而言，知识产权制度一体化有以下几个方面的特点。

1. 各国参与一体化的普遍性

随着知识产权制度一体化的发展，制度之间的同一性趋势日益增强，一体化的现象已经成为主要的趋势。主要体现在三个方面。一是各国普遍建立了知识产权制度，解决了制度有无之间的差异。当下，世界各国大多数都建立了知识产权制度，各国之间通过移植借鉴别国的知识产权保护规则，已经使各国知识产权制

[1] Laurence R. Helfer. Regime Shifting: The Trips Agreement and New Dynamics of International Intellectual Property Lawmaking[J]. The Yale Journal of International Law, 2004, Vol. 29(1): 21-22.

度之间的保护体例、保护原则、保护理念等出现趋同的现象。二是全球性知识产权保护规则的形成。各国通过缔结知识产权保护的国际条约，确定了知识产权保护的全球性规则，这些规则反映在国内法上则成为各国知识产权制度之间的共同规则。于是，各国知识产权制度在国际条约的框架下，实现了知识产权制度的一体化。三是超国家性质知识产权制度不仅在区域范围内实现，也在全球范围内实现。就区域而言，欧盟内部的专利制度、商标制度等已经具备了超国家因素的特点，已然成为知识产权制度一体化的区域代表。在专利制度的全球一体化方面，《专利法条约》（PLT）、《专利合作条约》（PCT）的签订和实施，已经在全球范围内建立了专利申请一体化的程序。在TRIPS协议实施之后，各国专利制度统一的趋势得到进一步增强，以美国为首的发达国家甚至还极力推动建立全球统一的世界专利制度。WIPO也曾于2001年9月向成员国大会、巴黎联盟大会、PCT大会递交文件，让各成员国就建立世界专利制度提出建议。[1]商标制度方面，也已经在商标的国际分类以及商标的国际申请程序上形成了统一的标准和程序。各国版权制度也在《伯尔尼公约》《世界版权公约》以及TRIPS协议等知识产权国际条约的作用之下，加快了一体化进程。因此，知识产权制度在发展过程中已经在某些方面出现了高度统一；超国家因素的知识产权制度已经在区域内部甚至全球范围内形成；作为知识产权制度一体化客体的各国知识产权制度在总体发展形态上呈现了同一性逐步增强，差异性逐步减少的趋势。简言之，制度之间的同一性已然成为全球范围内知识产权制度发展的基本特征。

2. 一体化内容的广泛性

20世纪90年代以来，特别是TRIPS协议的签订和实施后，以国际知识产权条约为主要渊源、以世界知识产权组织与世界贸易组织及其与贸易有关的知识产权理事会等国际组织为多边合作法律形式的新的国际法律秩序已经形成。[2]这一时代，在知识产权保护方面确定了一系列的原则、标准、规则，这些原则、标准及规则在全球范围内得到遵守和适用，因而知识产权制度的一体化不仅在形式上得到趋同，其一体化的内容也得到了广泛的统一。

知识产权制度一体化在内容上的一体化特点在于各国知识产权制度是以知识产权国际条约为连接点的一体化，各国在进行本国知识产权保护立法或者修改法律时以国际条约为模本，这使得一体化的内容主要围绕着知识产权的国际条约而

---

[1] 陈传夫. 后TRIPS初期国际知识产权研究的述评[C]//顾海良. 海外人文社会科学发展年度报告2006. 武汉：武汉大学出版社，2007. 283-284.

[2] 古祖雪. 国际知识产权法[M]. 北京：法律出版社，2002：2.

展开。根据国际知识产权条约所规定的内容，可以将国际知识产权条约分为实体性规范条约和程序性规范条约。前者如《巴黎公约》《伯尔尼公约》《世界版权公约》，后者如《专利合作条约》《商标国际注册马德里协定》《商标注册条约》等。实质性规范条约主要规定和确认了权利和职权以及义务和责任，构成了知识产权制度一体化的实质性内容。程序性规范条约则规定了实现权利和行使职权的规则、方式和途径，是知识产权制度一体化的程序性内容。因而，在TRIPS协议实施之前，知识产权制度一体化已经涵盖了知识产权制度的实体规范和程序规范。后来，TRIPS协议将知识产权的实体规范和程序规范（包括知识产权的执法程序）融合在一起，使知识产权制度一体化实现了实体规范与程序规范的统一。就知识产权的类型方面，一体化的内容不仅涵盖专利、商标、版权各个知识产权保护的传统类型，而且也包括集成电路布图设计、商业秘密等新型的知识产权。除此之外，知识产权制度一体化在立法精神方面也逐步实现统一，诸如公共健康理念、人权理念等也为国际社会所认同并成为各国知识产权立法的指导思想。因此，知识产权制度一体化已经不单单是某一保护原则或某一类型的知识产权保护制度的一体化，而是涉及知识产权保护立法精神、保护原则以及具体制度等几乎所有内容的一体化，呈现广泛性。

3. 保护标准的严苛性

知识产权制度一体化导致了知识产权保护标准的严苛性。首先，出现知识产权保护“最低标准”的高水平化。《巴黎公约》《伯尔尼公约》及TRIPS协议均规定了知识产权保护的最低标准，但这一最低标准却呈现知识产权保护的高水平化。这种“最低标准”的实质意义，在于各缔约方在保护标准上的一致性，与知识产权保护水平的高低并无绝对的关联性。现今的最低标准即一致性标准，绝不是低水平，它在很多方面超越了发展中国家的科技、经济和社会发展的阶段。[1]因而，所谓知识产权保护的最低标准只是知识产权制度一体化的最低门槛，实质上也是发达国家所认为的“最低标准”，如此的“最低标准”对于广大发展中国家而言，却是高标准。其次，知识产权权利的扩张化。知识产权制度一体化的结果是各国知识产权制度的保护标准参照了发达国家的知识产权立法标准，特别是以权利人的权利保护为核心，以权利人的权利作为知识产权制度建构的立足点。知识产权权利扩张在制度内涵上体现为知识产权保护与社会公共利益的维护之间的平衡点更加倾向于权利人的利益保护，在制度效果上通过权利的扩张增加社会

[1] 吴汉东. 后TRIPS时代知识产权制度的变革与中国的应对方略[J]. 法商研究，2005(5)：4.

公众使用知识产权的义务，进一步压缩和限制社会公众对创新成果的享用。最后，制裁侵犯知识产权行为的严厉性。知识产权制度一体化导致了各国制裁知识产权侵权行为的力度进一步加强，具体体现在通过知识产权国际条约（尤为体现于TRIPS协议中）强化了知识产权执法程序和救济措施，建立了与知识产权相关的行政、民事、刑事等程序，完善了防止侵权、制止侵权的救济措施，对于知识产权侵权行为科以行政责任甚至刑事责任等。不仅如此，知识产权制度一体化与国际贸易挂钩，强化了各国在知识产权执法过程中负有的义务，不履行这些义务就有可能遭到贸易制裁。

4. 发达国家的主导性

推动知识产权制度一体化的基本主体是主权国家。只有主权国家才能决定本国知识产权制度一体化的内容和方向，才能承担知识产权国际条约的权利和义务并将知识产权国际条约的内容转化为国内知识产权制度。有关知识产权的国际组织的主要参加者也是国家，其存在及担负的职责实质上是成员国主权让渡的结果。跨国公司和私人机构在知识产权制度一体化中也发挥一定的作用，但它须通过国家的行为而实现。虽然知识产权制度一体化以主权国家为主要主体，但在知识产权制度一体化过程中，发挥主导作用的是发达国家，发展中国家所起的作用微乎其微。知识产权制度一体化在主体上表现为发达国家的主导性，具体包含两个方面。

第一，发达国家是知识产权制度一体化的主要推手。知识产权制度一体化逐步减少各国知识产权制度之间的差异，给发达国家乃至整个西方科技文化的发展提供了利益基础和安全氛围。追溯历史，无论是《巴黎公约》《伯尔尼公约》，还是TRIPS协议，发达国家在这些知识产权国际条约的签订过程中都发挥着主导作用。在《巴黎公约》的缔结过程中，英、法、德等国家显然表现更为积极主动；在《伯尔尼公约》的缔结过程中，西欧尤为法国等国家是条约达成的主要推动者；在TRIPS协议的缔结中，则是美国起着决定性的作用。因此，知识产权制度一体化的进程几乎是以发达国家为代表的全球知识产权保护规则的一次又一次胜利。反观发展中国家，它们一方面被动移植发达国家的知识产权制度，另一方面被动接受知识产权国际条约。因而站在发展中国家的角度来看，知识产权制度一体化是发展中国家的知识产权制度向发达国家知识产权制度靠拢的过程。

第二，知识产权制度一体化进程体现了发达国家的意志。美国学者在论及制定全球知识产权规则时也指出，任何人几乎不需要机构的帮助就能解释这样一个事实：经济实力最强的跨国交易者和政治经济力量最强的国家合作，可以制定出使他们受益的全球规则（当然这是以牺牲其他大多数人的利益为代价的）。[1]实际上，知识产权制度一体化在很大程度上反映了强者的利益需求，体现了所谓的西方法律文明。知识产权制度一体化是以国内法对国际法的影响为开始的，其每一阶段的制度特点均是在当时某些知识产权优势国家的制度体现。知识产权制度一体化的现状更是如此。现阶段的知识产权制度一体化是以发达国家知识产权制度为模版的一体化，它既表现为各国知识产权制度与国际条约相一致，也表现为发展中国家的知识产权制度与发达国家特别是美国知识产权制度的一致性。

本章小结

知识产权制度一体化，是指各国知识产权制度的差异性逐步缩小、同一性逐步增强，相对的、动态的发展过程。知识产权制度一体化的本质是各国知识产权制度之间的相互作用、相互融合。因而，在制度根源上，各国知识产权制度之间的一致性是一体化的可能性基础，各国知识产权制度之间的差异性是一体化的必要性前提，制度的一致性和制度的差异性构成了知识产权制度一体化的内在根据。在社会根源上，国际社会基础与国内社会基础构成了知识产权制度一体化的外在根据。内在根据与外在根据在法律机理的作用下，构成了知识产权制度一体化的现实性。严格而言，知识产权制度一体化始于知识产权制度的产生，而不同的发展阶段具有不同的特点。各国参与带来的一体化的普遍性、一体化内容的广泛性、保护标准的严苛性、发达国家的主导性是当今知识产权制度一体化的显著特点。

---

[1] [美]苏珊·K. 塞尔. 私权、公法——知识产权的全球化[M]. 董刚，周超，译. 北京：中国人民大学出版社，2008:3.

第二章　知识产权制度一体化的方式

知识产权制度一体化并非以单一的方式演进，而是以多元的方式推进。知识产权制度一体化的方式主要包括条约方式、示范法方式、共同体方式及移植方式等四种。[1]

第一节　条约方式：强制性的一体化

一、条约方式的概述

条约是至少两个国际法主体意在原则上按照国际法产生、改变或废止相互间权利义务的意思表示的一致。[2]条约可以有不同的分类，按条约的法律性质可分为造法性条约和契约性条约；[3]按缔约方的数目可以分为双边条约、有限性多边条约、一般性多边条约。[4]当然，也有按缔约方的数目将条约分为双边条约和多边条约，多边条约又有几个国家参加和多个国家参加之分。[5]在知识产权制度发展进程中，通过条约实现一体化是主要的方式之一，一体化进程中存在着大量的知识产权双边条约、多边条约。由于在知识产权领域中，"几个国家"的多边条约往往与地域性紧密联系，因此可将多边条约进一步分为区域性条约和多边条约。与此相对应，知识产权制度一体化的条约方式可分为双边条约方式、区域条约方式和多边条约方式等三种方式。

（一）双边条约方式

以条约方式推进知识产权制度的一体化，始于知识产权领域双边条约的签

---

[1] 古祖雪，林应钦. 论知识产权制度一体化的方式 [J]. 法令月刊，2008（11）：32-47.

[2] 李浩培. 条约法概论[M]. 北京：法律出版社，1987：1.

[3] 万鄂湘，石磊，杨成铭，邓洪武. 国际条约法[M]，武汉：武汉大学出版社，1998：8.

[4] 李浩培. 条约法概论[M]. 北京：法律出版社，1988：35.

[5] 王铁崖. 国际法[M]. 北京：法律出版社，1981：27.

订。早在《巴黎公约》缔结之前，为通过协调并统一彼此之间的知识产权保护标准，实现知识产权的跨国保护，一些欧洲国家就在版权、商标和专利等领域缔结了不少的双边条约。在《巴黎公约》之后，知识产权制度一体化一度被多边条约所覆盖，但自20世纪90年代至今，有关知识产权的双边条约又重新出现并以新的方式发挥着作用。此类双边条约中少数以单纯的知识产权保护内容出现，如在1996年，柬埔寨与美国签订了与贸易相关的知识产权协定，2007年格鲁吉亚与乌克兰签订了以相互承认白酒、酒精及矿泉水的品牌保护的双边条约，等等。而大部分的知识产权双边条约是以双边自由贸易协定（FTA）的形式出现，如2004年，美国与智利签订了自由贸易协定，其中的第17章则专门就知识产权的保护进行了规定。

在国际法的一般原理中，双边条约是否为国际法渊源颇有争议。有学者认为双边条约不属于国际法的渊源。如德国国际法学者特里派尔认为，双边条约只是在于解决当前的一个具体问题，而不在于为将来制定共同的行为，这类条约不以立法为目的，所以不是国际法的渊源。[1]我国有学者认为，双边条约属于“契约性条约”，亦可作为国际法的渊源，这种条约可转化成造法性条约。[2]国内王铁崖、李浩培等学者更倾向于将双边条约作为国际法的一种渊源。从这些争论可以看出，双边条约方式的国际协调功能具有局限性，难以发挥对第三方的制度协调作用，对第三方缺乏开放性和约束力。在知识产权制度领域中，双边条约方式尽管在一定程度上协调了双方知识产权制度的差异，为智力成果的跨国界流动创造了条件，但其推进的一体化程度相对较低，范围狭窄，在一体化中的示范和吸纳作用较为低微。

双边条约方式在知识产权制度一体化中还显现双刃剑作用。此种方式的确促进了知识产权制度一体化，但是在多边体制形成之后，抛开原有体制而重新缔结新的双边条约对一体化具有分散作用。关于条约的分散化将在后文中作进一步阐述。

（二）区域条约方式

区域性条约属于前述的“有限性多边条约”。区域条约方式根据存在的形式可以分为两种：一种是区域知识产权条约方式，另一种区域贸易协定（RTA）方式。

---

[1] 李浩培. 条约法概论[M]. 北京：法律出版社，1987:33.

[2] 孙珩超. 现代国际法原理[M]. 银川：宁夏人民出版社，2005:10.

（1）区域知识产权条约方式。区域知识产权条约方式实质上还包含着共同体方式。因为共同体方式实质也是以条约的缔结为基础，但因其具有特殊的一体化路径和方式，所以将其与条约方式、示范法方式及借鉴移植方式并列，这将在下文中专门论述。在此，区域知识产权条约方式只指如《东盟知识产权合作框架协定》一类的知识产权制度协调方式，是区域中松散结构的条约方式，而不指共同体方式的知识产权条约。

（2）区域贸易协定（RTA）方式。此种方式属于区域条约方式的一种，其最大的特点是在区域自由贸易协定中融入知识产权保护的规定，使缔约方在遵守区域自由贸易协定时同时遵守有关的知识产权保护规定，从而达到区域内缔约方的知识产权制度趋向一体化的目的。目前，在RTA中加入知识产权保护条款的现象十分普遍，如《北美自由贸易协定》，就规定了成员方在知识产权保护方面必须达到的最低标准，从而大大推进了区域知识产权保护的一体化。

（三）多边条约方式

多边条约是指旨在规定一般国际法规则或处理对条约当事人各方和其他国家有公共利害关系的事项，因而按其条款或按一个有关文书的规定对任何国家或对很多国家都开放的条约。[1]多边条约方式是条约方式中最主要的一体化方式，它与双边条约方式、区域性条约方式的最大区别在于其一般具有开放性、普遍性的特点，可以对任何国家或者一定范围内的国家都开放，因而在一体化作用方面更加直接，在一体化范围方面更加广泛。由于多边条约方式的这些特点，它往往作为知识产权的一种主要的国际造法运动，制定全球性的知识产权保护规则和保护标准，从而推动知识产权制度的一体化。

多边条约方式的成果十分显著。自1883年缔结《巴黎公约》、1886年缔结《伯尔尼公约》以来，多边条约方式已经逐步发展成为推动知识产权制度一体化的主要力量。迄今为止，通过多边条约方式知识产权制度一体化的庞大条约体系已逐步形成，无论是知识产权实体制度方面还是知识产权的程序制度方面已在逐步走向一体化。

[1] 李浩培. 条约法概论[M]. 北京：法律出版社，1987:35.

二、条约方式的基础

国际知识产权条约（主要是多边条约）之所以成为知识产权制度一体化的主要方式，其基础在于这类条约所确立的三大原则，即最低保护标准原则、国民待遇原则、最惠国待遇原则。这些具有强制性的原则规范，由于规定了知识产权制度一体化的标准和方式，因而成为知识产权制度一体化的基石。

（一）最低保护标准原则

最低保护标准原则是国际知识产权条约确立的普遍原则。它要求条约成员（国）依据本国法对该条约其他成员（国）的知识产权保护不得低于该条约规定的知识产权保护最低标准[1]，其目的在于促使各缔约方建立统一的知识产权保护标准。

1. 最低保护标准原则在条约中的体现

关于最低保护标准原则，《巴黎公约》第2条、《伯尔尼公约》第5条、《世界版权公约》第2条、TRIPS协议第1条等知识产权国际条约均做出了规定。

《巴黎公约》第2条规定：本联盟任何国家的国民，在保护工业产权方面，在本联盟所有其他国家内应享有各该国法律现在授予或今后可能授予国民的各种利益；一切都不应损害本公约特别规定的权利。因此，《巴黎公约》以公约特别规定的权利为最低保护标准，强调公约特别规定的权利不得损害。

《伯尔尼公约》第5条规定：享有和行使这些权利不需要履行任何手续，也不论作品起源国是否存在保护，因此，除本公约条款外，保护的程度及为保护作者权利而向其提供的补救方法完全由被要求给以保护的国家的法律规定。《伯尔尼公约》在此也同样提出了最低保护标准，并允许缔约国超出公约以外的保护程度和其他权利。

《世界版权公约》第2条规定：任何缔约国国民出版的作品及在该国首先出版的作品，在其他各缔约国中，均享有其他缔约国给予其本国国民在本国首先出版之作品的同等保护，以及本公约特许的保护。《世界版权公约》关于最低保护标准的规定不是很明确，从条文的含义可以看出，其提供的保护模式是“国民待遇+公约特许保护”，公约特许保护是否可以损害或者违背未作强调，当然在一般情况下可以理解为最低限度的规定，但至少在此最低保护标准未体现出一种强制性规范的特性。

---

[1] 罗文正，古祖雪. 试析国际知识产权法的基本原则[J]. 湖南社会科学，2002(4)：37.

TRIPS协议第1条规定：缔约方可以在其国内法中规定比本协议所要求的更为广泛的保护，其条件是这样的保护不得违反本协议的规定。与以上其他条约相比，TRIPS协议对最低保护标准原则的规定最为具体和明确。它实际包含两层含义：一是成员方至少应达到该协议的知识产权保护标准，二是成员方可以超出协议规定的知识产权保护标准。

2. 最低保护标准原则的一体化功能

将条约设定的这些保护标准吸纳或转化为国内知识产权制度，不仅是国际法律秩序职能发挥的结果，也同时是国家或地区加入国际知识产权条约所必须履行的国际义务，否则，缔约方将承担国际法律责任。当缔约方履行知识产权保护的最低标准时，各国知识产权的保护标准自然而然地统一到条约所确定的标准上来。因此，知识产权保护最低标准作为协调各国知识产权制度的法律基础，它的确立和实施，无疑为各国提供了知识产权制度的统一性基础，缩小了各国知识产权制度之间的差异，从而推动了知识产权制度的一体化。正是在这个意义上，有学者认为，最低保护标准原则的确立和实施是知识产权制度一体化的标志。❶

（二）国民待遇原则

国民待遇原则也是国际知识产权条约确立的普遍原则，它指在知识产权保护方面，任何成员方为其他成员方提供的待遇不得低于该成员方为本国国民所提供的待遇。《巴黎公约》第2条规定：本联盟任何国家的国民，在保护工业产权方面，在本联盟所有其他国家内应享有各该国法律现在授予或今后可能授予国民的各种利益。《伯尔尼公约》第3条规定各成员国应在保护文学艺术作品方面给予国民待遇的情况：《伯尔尼公约》成员国国民，在《伯尔尼公约》成员国有长期居所的非成员国国民，以及将其作品首次在《伯尔尼公约》成员国发表的其他人员。TRIPS协议第3条规定：各成员在知识产权保护上，对其他成员之国民提供的待遇，不得低于其本国国民。

按照国民待遇原则，外国人在所在国的知识产权，按所在国的法律授予，外国人的知识产权在所在国受到侵犯时，按所在国的法律进行救济，因此，当一国向外国人提供知识产权保护时，避免了适用外国法律的麻烦。可见，国民待遇原则并不要求各国知识产权制度具有一致性，相反，它以承认各国知识产权制度的差异性为前提，尊重各国知识产权立法的自主权，从而克服了国家加入国际知识

❶ 吴汉东. 知识产权国际保护制度的变革与发展[J]. 法学研究，2005（3）：127.

产权保护体系的主权障碍，有利于扩大知识产权条约的适用范围，提高知识产权保护最低标准适用的普遍性和广泛性。具体而言，国民待遇原则承认各国知识产权制度的差异性使知识产权条约的成员迅猛发展。例如，《巴黎公约》从最初的11个成员发展到现在的173个成员；《伯尔尼公约》从最初的10个成员发展到现在的164个成员；WTO发展到现在也有153个成员。如此之多的国家或地区加入知识产权条约，才使条约方式所推进的知识产权制度一体化具有更加广泛的基础。如果说，最低保护标准原则以强调知识产权制度的统一性为内核，保证了知识产权制度一体化的有效性，那么，国民待遇原则则以承认知识产权制度的差异性为前提，实现了各国、各地区参与知识产权制度一体化进程的广泛性和普遍性。

（三）最惠国待遇原则

最惠国待遇原则是TRIPS协议特有的规定。TRIPS协议第4条规定："对于知识产权保护，一成员对任何其他国家国民给予的任何利益、优惠、特权或豁免，应立即无条件地给予所有其他成员的国民。"在此规定中，"应立即和无条件地给予其他成员同等待遇"的内容，实质上是确立了自动多边化规则，即成员方对另一方的待遇将自动多边化而扩展至所有成员。从知识产权制度一体化的角度，这一规则的重要性体现在三个方面。

第一，消除成员方之间知识产权保护水平的差距。最惠国待遇原则起源于国际贸易领域，目的是消除成员方之间的歧视，保障成员方之间具有公平竞争的贸易机会，反对贸易保护主义。将最惠国待遇原则植入TRIPS协议，是一种创新，旨在消除一成员方对其他成员方在知识产权保护方面实施多种标准，有效地解决在知识产权保护方面的"外外有别"问题。最惠国待遇原则不仅消除了一成员方对其他成员方实施"高低不一"的知识产权保护，而且也促使一成员方只能以其现有给予其他成员方中最高的知识产权保护标准对待其他任何成员方，也即一成员方在对待其他成员方时，知识产权保护标准只能"就高不就低"，这在客观上缩小了成员方之间知识产权保护水平的差距。

第二，保证知识产权保护的一体化体制不受破坏。就TRIPS协议第4条的规定而言，某一成员给予另一成员国民的知识产权保护方面的利益优惠、特权或豁免，自动地扩展到所有成员方，因而最惠国待遇的自动多边化规则有力地维护了一个统一的知识产权保护秩序。自动多边化原则在此至少存在两个方面的作用：一方面是严格限制任何以双边或区域方式冲击已经建立的知识产权国际保护秩序的行为；另一方面，当知识产权国际保护秩序受到冲击时，自动多边化规则对国际保护体系具有自动的修复作用。

第三，提高知识产权国际保护一体化进程的效率。多边贸易体制是贸易自由化的基础，它提高了贸易的效率，降低了贸易的成本，但其建立的过程却十分艰辛、复杂、漫长。在最惠国待遇原则的自动多边化下，成员方与另一方达成的优惠待遇将自动扩展至所有成员，因而减少了逐一谈判的困难，克服了多边化体制形成过程的缺点。在此意义上，最惠国待遇原则有利于提高知识产权制度一体化的效率，有利于降低知识产权制度一体化的成本。可以说，通过规定最惠国待遇的内容以及自动多边化规则，TRIPS协议中的最惠国待遇原则不仅成为维护知识产权国际保护一体化的重要原则，也成为推进知识产权国际保护一体化的有效工具。

由此可见，最惠国待遇原则虽只是TRIPS协议规定的原则，但在知识产权制度一体化进程中的地位却不容低估。在TRIPS协议已经成为知识产权领域的核心法律制度的条件下，最惠国待遇原则成为推动知识产权制度一体化进程最主要的原则之一。

三、条约方式的评析

（一）条约方式产生的动因及其一体化依据

如前文所述，由于立法传统、技术优势、历史文化因素的不同，各国建立的知识产权制度存在着差异。然而，作为知识产权标的的智力成果却是可以跨国界流动的。近现代以来交通的便利及通信技术的发达，各国之间经济技术合作的日益增强，为智力成果的跨国流动创造了客观条件。智力成果因此不可能局限于一国范围内，而是必然地冲破国家的界限，各国知识产权制度的差异于是成为智力成果跨国流动的障碍。因此，缩小这种差异、寻求规则统一，便成为知识产权制度一体化的条约方式产生的直接动因。

条约方式之所以能实现知识产权制度的一体化，其法律依据在于国际法与国内法之间的互动。换言之，国内法遵从于国际法是以条约方式推进知识产权制度一体化的法律基础。①条约方式体现了国际法的调整功能。如美国著名国际法学者所言，除了国际法秩序以外，没有任何其他法律秩序可以被认为高于国内法律秩序。而且，实际上，在国际法律秩序内可以找到对各国内法律秩序的各种效力范围加以界限的规范。对各国内法律秩序的各种效力范围加以这种限制，是国际法律秩序的主要职能。[1]国际条约作为国际法的主要法律渊源，当然具有国际法效力。基于国际法律秩序调整各国内法律秩序的职能，条约方式充分体现了国际法通过国际法主体调整国内法的职能作用。②条约方式的强制性。根据最低保护标准原则，知识产权制度的一体化实际上是知识产权条约规定的一种国际义务，条约的成员必须履行，否则，将承担国际责任。③条约方式的确定性。知识产权条约规定的知识产权保护标准，确定了条约各成员方知识产权制度建设的统一基础和知识产权制度一体化的具体方向及范围，使知识产权制度一体化的后果及影响具有可预见性。

（二）条约方式的成败

以条约方式推进知识产权制度的一体化，实际上是一个以国际知识产权条约协调各国知识产权制度的过程。经过一百多年的演变，已取得如下几个方面的进展。

首先，知识产权制度一体化的地域范围逐步扩大。以条约方式推进知识产权制度一体化的进程，起初是在欧洲少数国家中开始的。随着知识产权领域越来越多的多边条约的缔结及其成员的增加，这一进程逐步向欧洲以外的其他地区和国家延伸，使之几乎覆盖了世界上所有的国家或地区，呈现出全球一体化的趋势。

其次，知识产权制度一体化的内容不断拓展。按照TRIPS协议所作的划分，知识产权制度至少应包括三个基本组成部分：①关于知识产权的效力、范围及使用的制度。②关于知识产权执法的制度。③关于知识产权获得与维持的制度。《巴黎公约》与《伯尔尼公约》等传统知识产权条约以上述①为协调对象，而对于②、③则规定甚少。与此不同，TRIPS协议所协调的则是知识产权制度的全部内容。它不仅规定了知识产权保护的最低标准，而且就知识产权的执法、获得与维持，对成员规定了义务。世界知识产权组织在TRIPS协议达成之后，为完善自身的协调规范，于1994年缔结了《商标法条约》，1996年缔结了《WIPO版权条约》和《WIPO表演与录音制品条约》，2000年又缔结了《专利法条约》，从而将知识产权制度一体化的内容扩展到了TRIPS协议所确定的所有方面。

再次，知识产权制度一体化的力度有所加强。虽然《巴黎公约》与《伯尔尼公约》等传统知识产权条约规定了知识产权保护的最低标准，为知识产权制度的一体化提供了实体法基础，但却缺乏强有力的执行机制，成员方的知识产权制度

---

[1] [美]汉斯·凯尔森. 国际法原理[M]. 王铁崖，译. 北京：华夏出版社，1989：77.

是否达到了条约规定的保护标准，不仅没有相应的监督机制，而且缺乏有效的制裁措施。因此，以这些条约推动知识产权制度的一体化，主要依靠的是各成员方对条约义务的自觉遵守、成员方之间的双边安排以及成员方的单边行动。与此不同，TRIPS协议将贸易争端解决制度引入知识产权保护领域，使知识产权争端的解决具有程序化、多边性和强制性等特点。如果某一成员不履行协定义务，就必然会遭到其他成员的起诉。如果败诉，又拒不执行裁决，就必然遭到争端解决机构的制裁与报复，或者退出世界贸易组织。因此，从《巴黎公约》到TRIPS协议，是一个由较“软”的法向较“硬”的法的发展过程。这个过程表明，以条约方式推进知识产权制度一体化的 “硬性因素”呈现逐渐增强的趋势。

最后，知识产权的保护标准日益提高。以条约方式推进的知识产权制度一体化是在条约确立的知识产权保护标准的基础上实现的。随着条约所确定的知识产权保护标准的提高，条约成员方国内知识产权保护标准也随之提高。《巴黎公约》与《伯尔尼公约》之所以在缔结后的一百多年里，始终是知识产权保护领域的两个核心公约，就是因为它们历经多次修改，逐步提高了知识产权的保护标准，满足了各国知识产权日益发展的需要。TRIPS协议是迄今为止保护标准最高的国际知识产权条约。与《巴黎公约》《伯尔尼公约》等传统知识产权条约相比，它不仅扩大了知识产权保护的范围，增加了知识产权保护的内容，延长了知识产权保护的期限，而且弱化了知识产权的限制。可见，从《巴黎公约》到TRIPS协议，是一个知识产权保护标准日益提高的过程。以条约方式推进的知识产权制度一体化，也无疑在世界范围内提高了知识产权保护的标准。

当然，以条约方式推动知识产权制度一体化也有负面效果。众所周知，现有的主要知识产权条约，均是在西方发达国家推动下缔结的，体现了发达国家的利益诉求和知识产权保护标准。发展中国家在参与知识产权制度一体化的进程中，只是被动地接受西方发达国家推行的知识产权保护标准，因此，往往脱离了自身经济社会发展的实际，势必产生种种国内的经济社会问题。特别是TRIPS协议实施后，按照发达国家的标准和做法进行知识产权保护，虽然解决了知识产权侵权引发的冒牌货物贸易问题，实现了知识产权保护的经济价值，但却引发了公共健康危机和“生物剽窃”行为等人权领域的一系列新的社会问题，形成了对国际人权法、《生物多样公约》等社会领域国际立法的严重冲击。[1]

[1] 古祖雪. 后TRIPS时代的国际知识产权制度变革与国际关系的演变——以WTO多哈回合谈判为中心[J]. 中国社会科学,2007(2):145-146.

此外，以条约方式推进知识产权制度的一体化，也有其局限性。条约是国际社会的利益主体讨价还价的结果，它的缔结、修订需要遵守严格的法律程序。相对于国际社会不断增加的保护知识产权的需要，它往往具有滞后性。因此，当国际社会不能就知识产权保护规则缔结或修改条约时，以条约方式推进的知识产权制度一体化就会受到影响，甚至面临停滞的局面。于是，作为条约方式的一种重要补充，知识产权制度一体化的示范法方式应运而生。

第二节　示范法方式:导向性的一体化

示范法最早起源于美国，在法律的统一方式上备受美国的推崇，并因美国的努力而逐步走向国际社会。早在1956年第八届海牙国际私法会议上，美国就提出以示范法作为传统公约的替代方式实现法律的一体化。此举虽引起广泛的兴趣但未被重视和采纳，直至1964年的第十届海牙国际私法会议上，示范法才作为法律统一的方式得到正式确定，并且开始应用于包括知识产权制度在内的许多领域。

一、示范法方式的应用

（一）商标领域的示范法

在示范法被确定为法律统一方式后的1966年，为改变发展中国家商标保护制度方面的薄弱状况，保护知识产权联合国际局起草了《商标、商号、原产地标志和不正当竞争的示范法草案》，分送给76个发展中国家政府，以供研究和提出意见；同时还送交不属于上述国家的巴黎公约联盟成员国政府，以及联合国和其他许多政府间和非政府间国际组织，以征求意见。1966年11月7日至11日，保护知识产权联合国际局在日内瓦总部召集了由发展中国家和政府代表组成的专家委员会，对该草案进行了审查。会议强调示范法是一个范本而非统一法草案，各个发展中国家有权根据自己的需要、传统和法制，决定是否遵循该示范法进行本国立法。会议认为示范法反映了发展中国家的特别需要，是这些国家立法的有用范本；会议还建议联合国际局应继续保持与发展中国家政府以及有关国际组织、机构的联系，并在商标、商号、产地和不正当竞争方面的立法修改、适用以及官员的训练上给予帮助。

《商标、商号、原产地标志和不正当竞争的示范法》共计5编55条。它主要包括以下内容：第一，对保护客体的定义。分别就商标、服务商标、集体商标、商号、产地标记、原产地名称等进行了规定。第二，对权利的内容进行解释。包括对商标权，注册程序，商标注册有效期和续展，商标注册所给予的权利，申请和注册的转让与移转，许可证合同，商标注册的放弃、撤销及无效，对商标权利的侵犯等解释。第三，就集体商标进行规定。具体包括集体商标的注册申请、审查及公告，集体商标使用章程的修改，集体商标的使用、移转和无效等。第四，就商号、不正当竞争行为、产地标记、原产地名称等作出规定。包括禁用的商号，商号的保护、转让，不公正竞争行为，产地标记和原产地名称的滥用。

（二）民间文化艺术领域的示范法

示范法方式在知识产权领域的应用，其中较为典型的实践出现在民间文化艺术保护的领域。为推动民间文化艺术的保护，联合国教科文组织（UNESCO）和世界知识产权组织（WIPO）于1976年制定了《适用于发展中国家的突尼斯示范版权法》（以下简称《突尼斯示范法》）。随后不久，在1978年，UNESCO和WIPO又召集专家讨论如何保护民间文学的问题，专家的工作成果最后形成了1982年的《关于保护民间文学艺术表现形式免遭非法利用和其他损害行动的国内法示范条款》（以下简称《示范条款》）。这就是民间文化艺术保护领域的两个示范法。《突尼斯示范法》是针对发展中国家而制定，属于特定适用的示范法；《示范条款》不针对某一类型国家，属于普遍适用的示范法。

1.《突尼斯示范法》的产生及其主要内容

《突尼斯示范法》的产生可以追溯至1960年UNESCO的第11次大会，刚果共和国的代表在非洲版权会议上首次提出了建议。为执行UNESCO第12次会议的决议，以及根据世界版权公约政府间国际版权委员会和伯尔尼国际联盟的建议，1963年8月5日至10日，UNESCO和伯尔尼国际联盟在刚果首都布拉柴维尔召开了非洲版权研讨会。研讨会的目的是帮助出席会议的23个非洲国家以及UNESCO的成员方确定民间文化艺术保护的一般原则。紧随非洲版权研讨会的召开，为发展中国家在版权方面制定示范法的举措也在一系列的会议上进行酝酿，如非洲专家委员会于1964年在日内瓦会议上提供了一个版权示范法草案，东亚国家于1967年在新德里召开了版权研讨会。1967年，在斯德哥尔摩的《伯尔尼公约》修改会议上，作为《伯尔尼公约》（1967斯德哥尔摩修订文本）的一部分，在关于发展中国家的备忘录中将发展中国家的民间文化艺术纳入传统的版权保护体系。1971年7月，《世界版权公约》巴黎修订文本及《伯尔尼公约》巴黎法案均将发展中国家的民间文化艺术保护问题列入附录。[1]

继《世界版权公约》及《伯尔尼公约》修订之后，在WIPO及UNESCO的援助下，1973年10月在科特迪瓦首都阿比让召开了会议。会议上确定由专家为WIPO与UNESCO联合秘书局提供一个关于非洲发展中国家的版权示范法草案。WIPO与UNESCO联合秘书局据此为蓝本征求UNESCO成员、伯尔尼联盟成员及非政府组织的意见并进行修改。但由于在此次会议之前，1972年WIPO在内罗毕召开的非洲知识产权会议上准备了一个草案，而UNESCO也在1972年的第17次会议上准备了一个草案。为了协调两个草案之间的不同，与会专家认为还是应以1971年《世界版权公约》巴黎修订文本及《伯尔尼公约》巴黎修订文本为依据，制定一个所有发展中国家都能适用的示范法。于是，会议最后决定修改草案的标题，将“适用于非洲发展中国家的版权示范法”修改为“适用于发展中国家的版权示范法”。在UNESCO、WIPO联合援助下，1976年2月23日至3月2日突尼斯政府召集了专家委员会会议，来自27个国家的专家组成的专家委员会最终通过了该草案。为了感谢突尼斯政府对此次会议的贡献，专家委员会决定将此示范法称为《突尼斯示范法》。

《突尼斯示范法》共有18节，由UNESCO秘书局和WIPO国际局对每条内容进行了详细的注释及说明。18节内容包括作品保护、衍生作品、不被保护的作品、经济权利、追溯权、精神权利、国内民间文学作品、公平使用、短时录音、翻译权的限制、复制权的限制、版权所有关系、版权转移、经济权利的持续期间、作者的组织、侵权及制裁、示范法的适用范围、公共资源付费等。《突尼斯示范法》的特色在于确立了以版权保护民间文学艺术的保护方法，这一保护方法与当时各国的版权法相比较，作了大量的突破和创新，这些突破和创新体现在：①对无形文化遗产给予无限期保护。②取消了对民间文化艺术予以保护应具有固定形式的要求。③为无形的文化遗产给予精神权利。④对无形文化遗产的衍生作品给予保护。⑤管理当局使用民间文学艺术而获得的报酬应使作者和表演者受益，并用于保护和传播国内的民间文学艺术。因此，《突尼斯示范法》实质上是创立了一种新的版权保护方式，这种新的版权保护方式解决了许多实际难题，符合民间文化艺术保护和发展的需要，受到民间文学艺术保护支持者的热烈拥护。《突尼斯示范法》在非洲产生了重要影响，一些非洲国家如布隆迪、喀麦隆、加纳、几内亚、马里等，受其影响，进行了民间文学艺术保护立法；其他一些非洲

[1] UNESCO. Regional Workshop on the Law of Copyright and Neighbouring Rights. 1985. cpy–85/ws/32.

国家，如阿尔及利亚、肯尼亚、塞内加尔、突尼斯等对于民间文学艺术的保护，则基本上采用了该示范法的规定。[1]不仅如此，《突尼斯示范法》也给全世界带来了启示和示范，正如美国学者所言，《突尼斯示范法》给美国的最大启示是无形的文化遗产竟然可以通过版权给予保护。[2]

2.《示范条款》的产生及其主要内容

根据伯尔尼联盟和世界版权公约政府间委员会的决定，UNESCO秘书局和WIPO国际局于1980年1月7日至9日在日内瓦召集成立了一个有关民间文学保护的工作小组，并由工作小组研究起草一个既可以为国内立法也可以为国际协调提供示范的条款。工作小组建议，草案的修改应该在两个秘书局的后续会议中得到重视，于是UNESCO秘书局和WIPO国际局随即准备了相关草案文本并召开了工作小组的第二次会议，第二次会议于1981年的1月9日至13日在巴黎召开，原工作小组的19位专家中有17位受邀与会，工作小组会议同时邀请了政府组织和非政府组织作为观察员参加，在此会议上工作小组就示范条款的内容基本达成一致。[3]之后在UNESCO和WIPO这两个组织的协调下，1982年6月28日至7月2日，UNESCO与WIPO总干事联合召集了题为“民间文学艺术表达保护知识产权问题政府专家委员会”的会议。会议讨论了由工作组提交的示范法条草案及相关的意见和建议，最后通过形成了《示范条款》。

《示范条款》共有14节，具体包括保护原则、民间文学艺术表达的保护、管理使用、例外情形、公认的来源、惩罚、查封或其他措施、权利救济、许可使用、授权、司法管辖、其他形式的保护、解释、国外民间文学艺术的保护。《示范条款》基本上也是以版权的保护方式确定了原著居民对于民间文化艺术保护的独特需要，但同时也允许各国采用适合本国实际的保护方式，如特殊权利保护体系（Sui Generis System）。《示范条款》的突出特点在于对民间文学艺术的表达进行了界定，并对权利的保护原则、保护范围、许可使用、权利来源、权利救济等

---

[1] Paul Kuruk. Protecting Folklore under Modern Intellectual Property Regimes: A Reappraisal of the Tensions between Individual and Communal Rights in Africa and the United States[J]. American University Law Review, April, 1999(48): 813-815.

[2] Erin K. Slattery. Preserving the United States´ Intangible Cultural Heritage: An Evaluation of the 2003 UNESCO Convention for the Safeguarding of the Intangible Cultural Heritage as a Means to Overcome the Problems Posed by intellectual Property Law[J]. DePaul University Journal of Art and Entertainment Law, Spring, 2006(16): 242-243.

[3] UNESCO, WIPO. Working Group on the Intellectual Property Aspects of Folklore Protection, UNESCO/WIPO/WG. II/FOLK/4, 31 March 1981.

均作了系统的规定。《示范条款》旨在帮助成员国家民间文学艺术保护方面的立法，其主要贡献在于：第一，《示范条款》虽然从未得到联合国的采用也没有法律效力，然而，对原著居民文化的特别保护却因此被纳入现代的知识产权保护机制；[1]第二，《示范条款》以系统的、特别的保护方式阐明了利用版权的方式保护民间文学艺术比其他方式来得更加有效和方便，为民间文学艺术的保护提供指向；第三，《示范条款》主张通过转让费用的方式对集体民间文学艺术的表达进行保护并对盗版行为予以刑事制裁，为集体作品的保护寻找了一个妥善的保护途径，同时进一步加强了对民间文化艺术表达的保护力度。

（三）其他示范法

除此之外，知识产权方面的示范法还有《关于保护表演者、录音制品制作者和广播组织的示范法及释义》（1974年）及《实施〈关于播送由人造卫星传播载有节目的信号的公约〉（1974年5月21日布鲁塞尔公约）的国内示范条款》（1983年）等。

1.《关于保护表演者、录音制品制作者和广播组织的示范法及释义》（以下简称《示范法及释义》

《保护表演者、音像制品制作者和广播组织罗马公约》（以下简称《罗马公约》），是1961年10月26日由国际劳工组织（ILO）与WIPO及UNESCO共同发起，在罗马缔结的公约。公约缔结后的加入方并不多，直至1970年才仅有10个国家批准加入《罗马公约》。因而《罗马公约》的推广成为当时三大组织的一块心病。1972年9月21日至22日，ILO、WIPO及UNESCO在日内瓦召开了一个特别会议，由这三个组织组成的政府间委员会在此次会议上要求秘书局对《罗马公约》如何获得更多国家的批准进行评估，同时要求秘书局准备一个便于各方批准与执行《罗马公约》的示范法草案。

有关资料显示[2]，1973年9月17日至21日，由WIPO在日内瓦主持召开了一个非政府研究小组会议，该会议集中讨论了秘书局所关心的两个问题：一是为什么许多国家不拥护《罗马公约》，如何推动《罗马公约》的批准和加入工作？二

---

[1] MARK HANNIG. An Examination of the Possibility to Secure Intellectual Property Rights for Plant Genetic Resources Developed by Indigenous Peoples of the NAFTA States: Domestic Legislation under the International Convention for Protection of New Plant Varieties[J]. Arizona Journal of International and Comparative Law, spring, 1999,(13):229.

[2] ILO, UNESCO, WIPO. Report on the Meeting of International Non-Governmental Organizations Convened by the Secretariat in September 1973. 22 November 1973. ILO/UNESCO/WIPO/ICR. 4/6.

是讨论秘书局提供的示范法草案。对于《罗马公约》未得到广泛响应的原因，非政府研究小组会议与会者认为有多种原因，第一，认为《罗马公约》是一个超前的公约，不适应当时的国际实际情况；第二，认为对《罗马公约》的抵制主要来自广播组织，《罗马公约》未能协调好保护表演者、录音制品制作者和广播组织三者的利益关系；第三，1971年《世界版权公约》进行了修改，本该加入《罗马公约》的发展中国家大部分加入了《世界版权公约》。对于示范法草案，该次会议也讨论得十分激烈，但总体上还是认为秘书局提供的示范法草案对《罗马公约》进行了细致的阐述且忠于《罗马公约》的基本精神，对缔约方具有较高的参考价值。在广泛征求意见后，于1974年形成了《示范法及释义》。尽管《示范法及释义》目的在于方便各方批准与执行《罗马公约》，但是从实际效果看，《示范法及释义》的出台并没有改变《罗马公约》受冷遇的状况。根据WIPO的统计，直至1980年，《罗马公约》的缔约方也只有22个。

2. 《实施〈关于播送由人造卫星传播载有节目的信号的公约〉(1974年5月21日布鲁塞尔公约)的国内示范条款》(以下简称《布鲁塞尔公约国内示范条款》)

1978年4月3日至5日，UNESCO与WIPO在日内瓦分别召集成立了分别代表政府间组织利益与非政府间组织利益的工作小组，工作小组各自起草了《布鲁塞尔公约国内示范条款》版本。在日内瓦期间工作小组就两个版本的《布鲁塞尔公约国内示范条款》(草案)进行了辩论，最后融合各方观点，确定产生了一个版本。该版本共有10个条款，每一条款均有详细的注释。这就是后来《布鲁塞尔公约国内示范条款》的基本模型。《布鲁塞尔公约国内示范条款》于1983年获得通过，其主要的特点是对《布鲁塞尔公约》中的基本术语进行定义和解释，对包括人造卫星、节目、信号传输等。

二、示范法方式的特点

从以上的分析可以看出，示范法方式的应用主要集中在两个领域：一是在新兴领域的知识产权保护中，有一些国际社会比较关切的主题，这些主题已经进入国际保护的视野，但世界各国却一时难以达成共识。对于这些主题如何进行一体化的保护，是国际社会面临的迫切问题。解决这一问题的关键显然应该照顾到国际社会主体的差异性，充分考虑各国不同的实际情况，因而采用示范法方式作为制度一体化的引导和示范，给各国知识产权制度一体化提供范本和参考。具体如《商标、商号、原产地标志和不正当竞争的示范法》《突尼斯示范法》《示范法条款》等。二是，对既存的公约进行解释和补充，如《关于保护表演者、录音制品制作者和广播组织的示范法及释义》及《布鲁塞尔公约国内示范条款》。非常值得研究的是，示范法对公约进行解释和补充在造法程序上并非是对原有公约的修订或增补，而是一种非强制性的指导和示范。但是，这种示范法又是以生效的公约为基础，就内容而言，似乎与公约一样具有强制效力。因此，缔约方在实施既有公约时是否顾及因公约所产生的示范法内容必然成为一个争论的焦点，特别是在公约的规定不是十分明确的情况下，将示范法作为实施依据的可能性较大。尽管目前普遍的观点是不把此类示范法作为条约义务赋予缔约国家，但是因其与公约本身的特殊关系，此类示范法则可能被认为是对原公约的“权威解释”而不知不觉地成为一种当然的条约义务。由此看来，后一种示范法比前一种示范法在制度一体化的功能上更具强势。

示范法方式不仅在新兴领域具有促进知识产权制度一体化的作用，在已经缔结的条约当中，也具有补充条约方式的作用。我们知道，在知识产权制度一体化过程中，采用条约方式虽可得到一体化的明确性、安全性，但也显示出滞后性和机械性。一方面，条约往往是对既存秩序的确认，对于国际社会的新发展，难以及时进行协调，这是条约方式的滞后性。另一方面，条约往往要求缔约方全面接受条约的约束而极少存在保留和例外，况且条约的生效及修改程序极为严格，这是条约方式的机械性。为了弥补条约方式的不足，为知识产权制度的一体化注入灵活和开放的动力，国际社会找到了示范法这样一种新的知识产权制度一体化方式。可见，示范法的产生既是社会发展的客观需要，也是弥补条约方式不足的重要措施。

与条约方式相比，知识产权制度一体化的示范法方式具有如下特点。①在性质上，示范法方式属于非强制性的方式。它并不强制各国适用，而是以示范法为范本，给予各国充分的、自主决定的权利。其主要功能是发挥其示范作用，为各国法律制度一体化进程提供导向。②示范法方式具有灵活性。示范法并不以现实的效力为追求目的，不是立法者假定为符合社会需要并以强制力予以保证的规范，而是由于其对演进中的社会秩序的恰当把握和体现从而被接受和认同。它不受现实中繁复的生效程序制约，可以随时依据需要而修正。③示范法方式具有广泛性。示范法方式的广泛性在于其能得到更多国家的应用和参照，一些示范法制定的目的既是为了吸引更多的国家参与到知识产权制度的一体化中来。如《示范法及释义》的诞生，即是以推动更广泛的国家加入罗马公约为主要目的。④示范法方式具有前瞻性。示范法的制定者多为经验丰富、在某一领域有深入研究的专家学者，因而示范法的内容往往具有长远的考虑并预留发展空间，具有前瞻性。

三、示范法方式的得失

示范法方式与条约方式的不同在于，示范法方式顾及知识产权制度的差异性，它允许各国决定对其是否采用及采用多少，而不强求整齐划一的普遍适用，属于“软法”方式。示范法方式在知识产权制度一体化中的作用是导向性的而非强制性的，它注重的是对知识产权制度一体化趋势的引领，而非对既存知识产权制度的统一效果予以固定和确认。其成功之处在于：第一，为知识产权制度一体化进程的特殊阶段提供范本。无论是商标领域还是民间文学艺术领域，示范法方式在国际条约未达成之前，是各国对某一新型的知识产权客体给予保护的共同参照。第二，示范法方式是条约方式的重要且不可或缺的补充。示范法方式在知识产权制度一体化中的运用，开辟了一种不同于条约方式的新方式，与条约方式形成了“刚柔相济”“优势互补”的协调形式，共同推动知识产权制度的一体化。第三，示范法方式是条约方式的前期实践。在示范法适用一阶段后，各国在各自的法律实践中逐步采纳、渐进接受，法律环境以及制度设置因此逐步走向趋同，这为条约方式的产生提供可靠的客观环境和制度基础。可以说，示范法的应用为条约的制定和修改提供经验，示范法方式是条约方式产生的重要基础。

但是，示范法方式的特性决定了其推动知识产权制度的一体化，不如条约方式那样有效并具有刚性。这一缺点也往往造成各国在采用示范法方式时趋利避害：有些国家较为全面地采用示范法，有些国家只是接受部分条款，有些国家根本无视示范法的存在。比如，1982年的《示范条款》虽然为国际社会提供了民间文学艺术保护立法的范本，可是其中确立的保护规则却未能在大多数发达国家的立法中得到体现，而亚、非、拉的最不发达国家和发展中国家却始终持积极的态度。在这种情况下，依靠示范法推动民间文学艺术保护制度的一体化，事实上较难实现。

第三节　共同体方式：超国家的一体化

一、共同体方式的层次结构

共同体并不是欧共体的专有概念。[❶]一般认为，共同体是个宽泛的概念，指社会中存在的基于主观上或客观上的诸如民族、种族、地域、身份等共同特征或相似性而组成的团体。[❷]共同体既包括较低层次的共同体如社区共同体，也包括较高层次的政治共同体如国家共同体。知识产权制度一体化的共同体方式，指的是通过国家共同体方式实现不同知识产权制度的趋同和统一。它包含两个层次：第一层次是通过区域条约的签订，创造知识产权制度的共同体，实现区域内的知识产权制度一体化，此为区域条约的共同体方式；第二层次是通过制定共同体法律实现区域内的知识产权制度一体化，此为“内部法律”的共同体方式。第一层次直接通过条约缔结统一的知识产权制度，此方式不仅运用于欧洲，非洲的实践也富有特色。第二层次是通过共同体的立法机构或司法部门制定或发布各种形式的法律制度进行一体化协调，一般为欧洲共同体（欧盟）所特有。根据共同体内部法律效力等次，第二层次的共同体方式又可细分为三个类型：一是通过颁布共同体条例直接统一知识产权制度；二是通过共同体内部颁布的指令，对区域内的知识产权制度进行一体化协调；三是就个别一些问题作出决定，作为制度一体化的指引或纠正。这三个类型是以欧共体内部法律效力等次进行划分的，与一般所言的欧盟知识产权法律体系的三个等级构成有所不同。学者认为欧盟知识产权法律体系的三个等级是：第一等级是《欧共体条例》；第二等级是欧共体有关知识产权的各项条例和指令；第三等级是成员国的知识产权法律。[❸]

（一）区域条约的共同体方式

区域条约层次的共同体方式首先要区别于区域条约方式。条约层次的共同体方式在形式上也是属于条约方式的一种类型，但是共同体方式具有超国家因素，

---

❶ 曾令良. 欧洲共同体与现代国际法——欧洲共同体对外关系法的理论与实践[M]. 武汉：武汉大学出版社，1992：13.

❷ 仪喜峰. 共同体、宪法与知识产权[J]. 中南财经政法大学研究生学报，2008(1)：95.

❸ 李明德，闫文军，黄晖. 欧盟知识产权法[M]. 北京：法律出版社，2010：114.

它直接创设统一的知识产权制度，与一般的区域条约方式又有本质的不同。目前，在条约层次上的共同体方式主要体现于四个条约，分别是《欧洲专利公约》《班吉协定》《欧亚专利公约》《比荷卢统一商标法》。

1.《欧洲专利公约》及其一体化特点

欧洲是专利制度的发源地，欧洲各国基本上都建立了较为完善的专利制度。但是，各国之间专利制度的差异性逐渐成为欧洲内部经济交往和经济发展的一大障碍。为解决专利制度地域性所引起的矛盾冲突，早在20世纪50年代，欧洲国家就开始尝试对专利制度的一体化进行协调。在《欧洲专利公约》产生之前，欧洲已经在几个方面进行了一体化的有益尝试。一是统一专利申请的格式。在欧洲理事会的努力下，一些欧洲国家于1953年签订了《关于专利申请格式要求的欧洲公约》，统一和简化了提交专利申请的格式。二是制定了专利统一的分类方法。1954年签订了《关于国际专利分类的欧洲公约》，制定了统一的专利分类表，这成为后来在世界范围内通用的专利分类法。三是制定实体法公约。1963年签订并最终于1980年生效的《统一发明专利实体法公约》为欧洲专利制度的建立奠定了实体法基础，各国参照该公约修改了本国专利法中关于取得专利的“三性”条件、实质或部分审查要求以及专利申请形式等要件内容。[1] 1957年成立了欧洲经济共同体，欧洲专利的概念是该组织首次提出的，欧共体经过努力于1973年10月签订了《欧洲专利公约》，该公约于1977年10月7日生效，有7个欧洲国家成为首批缔约国，为比利时、法国、德国、卢森堡、荷兰、瑞士与英国。公约分别于1978年12月21日、1994年12月13日和1995年10月20日、2000年11月29日进行过修改。《欧洲专利公约》内容包括组织机构的规定、专利实体法、专利的申请、审批、异议、申诉程序、共同性条款、对国家法的影响、特别协定、关于国际申请的规定、过渡性条款和最终条款等，其诞生对于欧洲知识产权制度的一体化具有划时代的意义，其一体化的特点表现如下：

第一，是条约方式的特殊运用。《欧洲专利公约》在序言中明确规定，《欧洲专利公约》以《巴黎公约》第19条的专门协定以及专利合作条约第45条地区专利条约的规定为依据。《巴黎公约》第19条规定：“不言而喻，本联盟国家在与本公约的规定不相抵触的范围内，保留有相互间签订关于保护工业产权协定的权利”。可以看出，《欧洲专利公约》就法律体系而言实际上属于《巴黎公约》体系，是《巴黎公约》的一种特殊应用方式。《专利合作条约》第45条规定：“任

[1] 文家春，朱雪忠，陈国清. 欧洲专利与共同体专利及其协调浅析[J]. 研究与发展管理，2005(3)：90-91.

何条约规定授予地区专利（地区专利条约），并对按照第9条有权提出国际申请的任何人给予申请此种专利的权利的，可以规定，凡指定或选定既是地区专利条约又是本条约的缔约国的国际申请，可以作为请求此种专利的申请提出。”从这一规定可以看出，《欧洲专利公约》所授予的专利是一种“地区专利”“地区专利”的法律效力来源于《专利合作条约》对此的承认。

第二，是超国家因素的一体化方式。《欧洲专利公约》在序言中明确提出，公约的目标是希望用单一的专利授予程序并且制定管理所授予的专利的标准规则，这是知识产权制度在区域一体化中的一种创新。由于形成统一的专利授予程序，共同体方式显然可以比一般条约方式产生程度更高的一体化。究其根本，推动欧共体专利制度一体化进程的动力还是源自公约本身的超国家因素，其超国家因素体现在：①建立了具有超国家因素的欧洲专利组织。欧洲专利组织设有欧洲专利局（EPO）和行政理事会。欧洲专利组织授予专利的任务由欧洲专利局负责，专利局为落实授予专利任务成立了受理处、检索部、审查部、异议部、法律部、上诉委员会等。②形成了具有超国家因素的制度体系。《欧洲专利公约》构建了一套区别于成员国国内专利制度的制度体系，可以根据这一制度体系统一受理专利申请，而且对专利的授权独立于其成员国的国内法，因而具有超国家因素。

第三，与国内专利制度并行。根据《欧洲专利公约》取得的欧洲专利与取得成员国国家专利之间不存在效力冲突，也即欧洲专利并没有取代成员国国家专利，而是与之并存。申请人仍然可以选择通过国家专利局的程序申请成员国国家专利。《欧洲专利公约》也没有特别地对成员国国家专利制度进行协调，欧洲专利实质上还是受成员国国内法约束的国家专利。[1]因此，《欧洲专利公约》所体现的一体化方式，其作用不在于否定或取代成员国的专利制度，而是抛开了各国家专利法规定各异的情况而另辟蹊径，建立了与之并行的专利统一申请机制。

2.《班吉协定》及其与《欧洲专利公约》的比较

20世纪60年代初，法语非洲国家为了加强在知识产权保护方面的合作，于1962年9月在加蓬首都利伯维尔缔结了《建立非洲——马尔加什工业产权局协定》（以下简称《利伯维尔协定》）。1976年，由于马达加斯加（原马尔加什）宣布退出《利伯维尔协定》，“非洲——马尔加什工业产权局”因此更名为“非洲知识产权组织”。该组织于1977年3月在班吉召开会议修改《利伯维尔协定》，并

[1] 文家春，朱雪忠，陈国清. 欧洲专利与共同体专利及其协调浅析[J]. 研究与发展管理，2005(3)：93.

通过了《班吉协定》。《班吉协定》于1999年2月又进行了修改，现由本文部分和10个附件组成。10个附件主要是实体法内容，是《班吉协定》不可分割的组成部分，涉及专利、实用新型、商标与服务商标、工业设计、商号、地理标志、文学和艺术财产、反不当竞争、集成电路布图设计、生物多样性保护等领域。[1]《班吉协定》也是属于条约层次共同体方式的成果，但它与《欧洲专利公约》相比较，具有自己的特点：

（1）内容上更具综合性。《欧洲专利公约》只是对专利进行规定，而《班吉协定》则几乎涉及知识产权保护的所有领域，“是世界上第一个产生全面跨国工业产权与版权的地区性公约”，[2]在内容上具有综合性。因此，其一体化的范围比《欧洲专利公约》更加广泛。

（2）性质上更具超国界性。《班吉协定》旨在为非洲知识产权组织的成员国提供工业产权及其他知识产权的一体化保护和服务，其突出特点是突破国家界限，实行知识产权的跨国一体保护。协定第3条规定，“依照本协定各附件的规定而产生的知识产权在成员国中应按照各国立法作为独立产权对待”。协定第4条规定，成员国必须适用协定附件所规定的内容。因此，根据该协定的规定，成员国不需要单独制定知识产权法律，而且每一成员国依照协定对知识产权作出的最终司法判决，对其他成员国有约束力。这与《欧洲专利公约》与其成员国国内法之间所形成的并行制度具有本质的差异，简言之，它真正实现了超国界化。

3.《欧亚专利公约》

《欧亚专利公约》的建立是以解决苏联解体后独联体国家之间专利制度差异为目的。1991年12月27日独联体国家俄罗斯联邦、白俄罗斯共和国、乌克兰、亚美尼亚共和国、摩尔多瓦共和国、塔吉克斯坦共和国的政府全权代表在明斯克市签署了《工业产权保护临时协议》，这可谓《欧亚专利公约》的雏形。经过多年的努力，《欧亚专利公约》于1994年9月9日在莫斯科签订，并于1995年8月12日正式生效。其成员是土库曼斯坦、白俄罗斯、塔吉克斯坦、俄罗斯、阿塞拜疆、哈萨克斯坦、吉尔吉斯斯坦、亚美尼亚和摩尔多瓦等9个独联体国家。公约的宗旨在于建立一个国家间体系，加强发明保护领域的合作，在缔约国境内实现有效、统一的专利法律保护。根据《欧亚专利公约》确定了欧亚专利组织，其中包括行政理事会和欧亚专利局。1996年1月1日，欧亚专利局正式受理欧亚专

[1] Bangui Agreement,(2014-7-16) http://www.wipo.int/wipolex/en/trcaties/text.jsp?file_id=181150&tab=2.

[2] 郑成思. 知识产权论[M]. 北京：法律出版社，1998：668.

利申请，官方语言为俄文。“《欧亚专利公约》的独特性在于它不是国家专利，而是在所有成员国都有效力的单一的统一的专利，其申请、审查、授权和公开都使用一种语言。侵权以及专利有效性的争端由各成员国法院来解决，法院判决只在该国有效。《欧亚专利公约》从体制上根本解决了建立地区范围内的统一专利问题，即在各成员国统一受理、使用统一文字、统一授权、统一有效的专利制度。”❶

4.《比荷卢统一商标法》

比荷卢经济联盟（Benelux Economic Union）是比利时、荷兰和卢森堡三国于1946年建立的经济集团。1962年3月19日，比荷卢经济联盟在布鲁塞尔签订《比荷卢经济联盟商标公约》，该公约自1966年7月1日起生效。根据该公约第一条的规定，缔约各方应将该公约所附《比荷卢统一商标法》，以其一种或两种原本，列入各国的国内法律，并应设置一个称为“比荷卢商标局”的各国的共同行政机构。根据《比荷卢统一商标法》，在比荷卢三国则只有统一的商标法和比荷卢商标，不存在单一国家的商标注册，商标申请人只需提交一份注册申请，经比荷卢商标局核准注册后，就可同时在三个国家获得商标保护。因此，《比荷卢统一商标法》也就成为这三个国家共同的商标制度，在商标法中实现了区域性的统一。

（二）“内部法律”的共同体方式

内部法律的共同体方式是通过共同体内部颁布法律直接统一各国的知识产权制度的方式，主要运用于欧共体（欧盟）的一体化实践。欧共体法律可分为三类：第一类是具有普遍约束力的“规章”（条例），它们具有“直接效力”，即无需成员国采取任何行动，共同体规章即构成成员国法律秩序的一部分，它约束成员国的政府机构和司法解释，并推翻任何与之相抵触的成员国法律。第二类是共同体的“指示”（指令），指示并不一定具有普遍约束力，且成员国可以选择实施指示的形式和方法。只有在成员国采取行动加以实施之后，指示才成为成员国的法律。第三类是“决定”，它只适用于决定所针对的特定国家。❷相应地，可以将一体化的方式分为三种类型。毋庸置疑，包含着三种类型的共同体方式是欧盟推动成员国知识产权制度一体化的主要措施，其结果是成员国知识产权制度的差异

---

❶ 费艳颖，闫晓辉. 专利权国际保护与欧洲统一专利权的区域性实践[J]. 大连海事大学学报(社会科学版),2007(6):17.

❷ 张千帆. 欧洲共同体的法律构架[J]. 法制现代化研究,1992(4):594.

性在区域范围内不仅逐步消减，而且达到高度的统一。

1. “条例”的应用

第一类型的共同体法律方式即通过制定具有普遍约束力的知识产权法律推动知识产权制度的一体化，在这方面欧共体（欧盟）的成绩斐然，几乎涉及知识产权保护的各个领域，具体体现为知识产权保护的各种“条例”。条例的一体化作用体现在其本身的法律效力，它对成员国具有普遍的约束力，成员国对条例的适用不存在转化程序，因而是统一知识产权制度最直接、最有效的方式。

（1）《共同体商标条例》。由于认为依靠各国商标法之间的协调难以消除地域性差别，欧共体决定创立“欧共体商标体系”，使企业通过欧共体商标注册而在整个欧共体范围内得到统一的保护。于是在1993年12月，欧共体委员会正式通过了《共同体商标条例》（1995年3月15日生效）。根据该条例，只要向设在西班牙阿里坎特的欧洲内部市场协调局（OHIM）统一申请、注册和续展共同体商标，即可以在整个欧共体范围内有效。为保证条例的实施效果，条例本身还规定了司法救济方面的应用规则。可以说，《共同体商标条例》是欧共体利用超国界方式统一商标法律制度的结果，在欧共体内部实现了完整的商标制度的一体化。然而，由于《共同体商标条例》的存在并不影响各成员国既存商标法律制度的有效性，因此，在欧盟存在着两种商标体制：一种是依《共同体商标条例》获得共同体注册商标，另一种则是依成员国国内商标制度而获得国内注册商标。为协调这两种不同体系的商标制度，欧盟不得不设置多种协调机制，如优先注册权制度、转换申请制度、诉讼管辖和法律适用制度，以解决两种商标体制之间的冲突问题。这些协调不失为超国界方式的重要补充，但从另一角度而言，也恰恰说明了在欧盟实施商标法律制度一体化过程中存在着困难和障碍，表明当前欧盟商标制度一体化的超国界方式仍然是局部的、有限的。

（2）《共同体专利条例》。为推进欧共体专利一体化的进程，欧共体委员会于2000年8月1日正式向欧盟部长理事会递交了《共同体专利条例》的立法提案，该草案的目的是创立一种新的单一的工业产权——共同体专利，以消除由于成员国各自的工业产权的地域性对竞争所造成的扭曲，并成为一种保证受专利保护的产品自由流动的稳定手段。[1]根据条例草案，其目标在于创建一个与国家和欧洲专利并存的、在整个共同体范围内生效的单一专利。每项共同体专利的转让、宣告无效或失效都将作为一个整体自动覆盖整个欧盟，由此消除国家专利保护的地

[1] 卢宏. 欧共体工业产权法律的一体化[J]. 知识产权，2001(6)：38.

域性给欧盟范围内的竞争可能造成的扭曲。❶条例草案如若通过，将是欧共体专利领域的一部超国界性质的法律，可以在共同体成员国内直接适用，并可能在专利的申请、授权、转让等实体和程序方面实现完全意义上的一体化。遗憾的是，酝酿多年的《共同体专利条例》至今未获通过和实施。

（3）其他知识产权领域共同体法律。第一层次的共同体法律方式还体现在外观设计和植物品种权方面。欧盟于1994年制定的《共同体植物品种权条例》，2001年制定的《共同体外观设计条例》，这些均是欧盟统一知识产权制度的成果。

2. “指令”的应用

第二种类型的共同体法律方式则是通过颁布知识产权的各种指令而对各国知识产权制度进行协调，这也是欧盟实现知识产权制度一体化的重要途径。欧盟在加强知识产权制度一体化方面颁布了许多指令，包括1988年《协调成员国商标立法第一号指令》、1991年《关于对计算机程序法律保护的指令》、1992年《关于知识产权领域的租借权以及某些著作权相关权利的指令》、1993年《关于协调某些适用于卫星广播和电缆转播的著作权及相关权利规则的指令》、1993年《关于协调著作权及某些相关权利保护期限的指令》、1996年《关于数据库法律保护的指令》、2001年《关于协调信息社会中著作权及相关权利若干方面的指令》等。

根据《欧洲经济共同体条约》第189条的规定，指令在所要达到的效果方面对其所针对的每一个成员国都具有拘束力，但是在方式与方法上应当将选择权留给成员国。颁布指令的目的是协调欧盟各国知识产权制度的差异，但指令不能被成员国直接适用，而是要求成员国在限定的时间内修改国内立法使之与指令的规定相适应。指令在促成成员国知识产权制度一体化方面起着积极的作用。如《协调成员国商标立法第一号指令》（以下简称《指令》）要求欧共体各成员国应当在1991年12月28日之前，使其国内法律、条例及行政规定与指令相符，并将《指令》转为国内法的内容付诸实施。1992年7月1日的《法国知识产权法典》商标法部分，就是法国贯彻该指令的法律体现。为了执行该《指令》，1994年的《英国商标法》对注册商标制度也作了彻底的修改，取代了以前的有关商标立法，修改后的注册商标制度于1994年10月31日生效。❷

当然，在促进制度一体化的功能方面，欧盟内部“指令”不像“条例”那样

❶ 文家春，朱雪忠，陈国清. 欧洲专利与共同体专利及其协调浅析[J]. 研究与发展管理，2005(3)：93.

❷ 万鄂湘，邓永杰. 欧洲联盟商标法一体化的进程及现状[J]. 武汉大学学报(社会科学版)，2001(1)：15.

产生直接的统一法律的效果，其特点在于通过“协调”解决成员国知识产权制度的冲突和矛盾。“协调”的程序是通过制定有关知识产权方面的指令为各成员国树立知识产权制度的统一目标，然后由各成员国选择一种最恰当的国内法表达形式以达到指令的目标。成员国在适应指令要求时于形式和方法上具有自主权利。但是值得注意的是，此种“协调”方式比其他国家间的制度协调力度更大，更具强制性。原因有二：一是指令通过限定时间，达到成员国修改国内法而与指令相适应的结果，这是带有强制性的“协调”。二是如果某一成员国在规定期间内没有执行一项指令，则个人可以在国内法院对该成员国提起诉讼，从而改变一国国内法与指令相冲突的状况。

3. “决定”的应用

欧盟一项决定针对其注明的对象而言具有法律约束力，成员国、个人或者公司等均可成为决定注明的对象。欧盟在知识产权制度一体化方面的决定比较多，如欧盟理事会2000年3月16日第278号决定（2000/278/EC），要求欧盟成员国批准《世界知识产权组织版权条约》（WCT）和《世界知识产权组织表演和录音制品条约》（WPPT）。又如欧盟于2007年11月19日第786号决定（2007/768/EC），要求欧盟成员国承认TRIPS协议（2005年12月6日）的修正案。除此之外，1989年3月3日的第196号决定（89/196/EEC）对制定涵盖职业及商业秘密的法律规则进行了规定。在针对特定对象方面，如2003年2月18日的第239号决定（2003/239/EC），则就马恩岛的数据库法律保护问题进行了规定。

就目前的情形看，欧盟较多使用“决定”推动知识产权制度一体化的地方还在于要求各成员国批准或加入国际知识产权条约的“决定”，从而促使欧盟各成员国知识产权制度尽早统一到国际条约上来。而针对特定对象促使其一体化进程的使用较少。因此，虽然在一般的法律效力上，“决定”与“条例”不同，“决定”针对其明确提及的对象适用，而“条例”则适用于普遍的对象，但是由于实践中“决定”的运用大多集中于要求所有成员国与国际条约保持一致，因而这些“决定”实际上也同样具有普遍的约束力。

二、共同体方式的基础及特征

（一）共同体方式产生的动因

欧洲知识产权制度一体化的共同体方式具有复杂的背景，是思想、社会和法律各种因素综合作用的结果。

首先，共同体方式的思想基础可以追溯到卢梭和康德所提出的联邦思想，但实际付诸实践却在第二次世界大战以后。英国首相丘吉尔于1946年提出了“重建欧洲大家庭”的设想，而法国外长罗伯特·舒曼在1950年所建议的“舒曼计划”得到了欧洲一些国家的积极响应。这些一体化的思想不仅是欧洲建立共同体的思想动因，也是欧洲知识产权制度一体化的思想基础。这些思想也已突破了欧洲界限，成为非洲统一知识产权制度的思想根源。

其次，社会基础是否相近是共同体方式产生的本质动因。一般而言，科学技术发达、技术创新优势明显的国家主张采用高标准的知识产权保护，而科学技术不发达、技术创新比较薄弱的国家则坚持采用低标准的知识产权保护。因而在社会基础相差较远的国家之间，是难以以共同体方式实现制度一体化的。只有社会基础相近、对知识产权的保护有着共同的需求、对知识产权的保护水平有着相近的要求，才有可能达成保护知识产权的高度共识。因此，没有共同的社会基础，共同体方式的一体化则成为无源之水。非洲《班吉协定》的缔结以及欧盟的实践充分证明了相同社会基础是共同体方式产生的客观条件。

再次，由于地域以及历史传统的因素，一些国家基于相近的法律传统、法律文化、法治进程，比较容易适用相同的法律制度，建立共同适用的知识产权制度成为一种必然。况且，在相同的法律环境下，可以减少和简化制定共同规则的任务，有利于共同体方式的产生并发挥作用。

最后，共同体方式来自于共同体的客观需要。一是欧共体政策需要，虽然这些政策表面上不具有法律特性，但它们的目标要求各成员国采用统一的法律。二是在一些更加明确的法律领域中，一些有关欧盟内货物、资本、人员及服务自由流动的条款明确要求各成员国法律的统一。三是从更广的角度来看，成员国法律的统一和协调是推进欧盟实现最终目标的重要工具。[1]

（二）共同体方式的特征

考察知识产权制度一体化的共同体方式，具有以下几个方面的特征。

1. 多层次协调是其主要手段

共同体方式的内容较为丰富，在知识产权制度一体化的协调是多层次的，多层次的协调建立在共同体不同的法律效力层次上。一是基础条约的缔结。在欧盟，被认为是基础条约的往往是以三个共同体（即欧洲经济共同体、欧洲煤钢联

---

[1] 肖永平. 欧盟统一国际私法研究[M]. 武汉：武汉大学出版社，2002：22-23.

合体和欧洲原子能共同体）的条约为核心的原始共同体法，以及后来补充和完善各《欧共体条约》的条约，如1981年的《单一欧洲文件》、1992年的《欧洲联盟条约》、1997年的《阿姆斯特丹条约》。实际上，包括《欧洲专利公约》在内，《班吉协定》《欧亚专利公约》《比荷卢统一商标法》均可认为是共同体在知识产权方面的基础条约，因为这些均是以各国名义缔结的知识产权区域条约。二是欧盟的二次立法。特指由欧盟（欧共体）所制定的旨在统一各成员国知识产权制度的法律，主要包括条例、指令和决定三种协调方式。因此，共同体方式在促进知识产权制度一体化方面运用了多层次、立体式的一体化手段，形成了两大层次，四种法律渊源的制度一体化模式。

2. 超国界性是其主要核心

无论是条约层次的共同体方式，还是法律层次的共同体方式，其核心是具有超国界因素的存在。正是这一因素的存在，使它较之于条约方式、示范法方式具有明显的典型特征。第一，立法统一。建立了超国界因素的立法机构。共同体方式建立了统一的立法机构，并独立进行立法，制定了一系列的知识产权的统一制度。第二，直接适用。共同体方式所确立的知识产权制度规则直接适用于成员国家，而不需要经过成员国国内法的转化程序，在制度的适用方面直接生效。第三，实施统一。建立了超越国家之外的知识产权受理机构，如欧洲专利局、非洲知识产权组织。这些机构不依赖于某一成员国而存在，有权授予知识产权，而且所授予的知识产权在成员国内具有同等效力。

3. 多重效力是其一体化结果

共同体方式所缔结的条约不仅具有纵向的效力即对缔约国具有约束力，而且具有横向效力即对成员国国内的个人或公司具有约束力。这就区别于条约或国际协定在国际法上一般不能直接赋予其成员国国内的个人以权利的一般原则，因而是共同体方式特有的成果。知识产权的基础条约力求在国家层面构建一个统一的知识产权制度，其结果造成了共同体内部统一的制度与差别的制度并行生效的局面。而大量法律漏洞和模糊区域则需要二次立法加以明确和补充，于是派生出条例、指令、决定等不同效力的法律形式。多重效力的一体化结果或直接或间接地消除成员国知识产权制度的差异，从而推动共同体实现统一的知识产权制度的目标。

三、共同体方式的利弊

由于共同体方式产生的基础比较独特，具有突出的区域地缘特性，使知识产权制度一体化的共同体方式，既不同于条约方式，也不同于示范法方式。其法律形式既与国际条约有区别，也与国内法不同。知识产权制度一体化的共同体方式，是一种特殊的一体化方式。它构造的知识产权制度一体化更接近或类似于一国国内的知识产权制度，具有高度的同一性，并在区域范围内具有普遍的约束力。因而，它避免了条约方式因成员众多难以协调的困难，以及条约须经缔约方国内批准并转化为内国法的麻烦，也回避了示范法方式任意适用的弱点。因此，较之于条约方式，共同体方式具有协调相对简单、适用更为直接的优点；较之于示范法方式，共同体方式具有强制性和适用更加统一的特点。所以，共同体方式作为当今知识产权制度一体化方式，其构建的独特法律体系在诸多领域引领着国际法律秩序变革的潮流，所推行的区域知识产权制度一体化模式被视为知识产权制度一体化的一个缩影，成为知识产权制度一体化的典范。

但是，共同体方式也存在着局限。一方面，它还无法摆脱主权国家差异性的干扰。主权国家之间的差异仍要求共同体方式的一体化留有各国适用的空间，以适应不同的历史和现实需要。如欧洲专利与各成员国专利并存，申请人仍然可以选择通过本国规定的程序申请国内专利，两套系统并存，容易引发法律适用的冲突。另一方面，共同体方式的形成需要严格的产生条件。它只能适用于具有相近的法律传统、价值理念的特定区域，它基于主权让渡而达成的一体化对世界许多国家而言，至少在目前仍为可望而不可即的设想。

第四节　移植方式:水平式的一体化

法律的移植是指在鉴别、认同、调适、整合的基础上，引进、吸收、采纳、摄取、同化外国的法律，使之成为本国法律体系的有机组成部分。[1]以移植方式推进知识产权制度的一体化，其实质是各国知识产权制度的相互借鉴与融合，从而推动各国知识产权制度的趋同和统一。

一、移植方式的实践

（一）“从无到有”的跨越式移植

知识产权制度的建立历史相对于其他法律制度的历史较为短暂，并且世界第

---

[1] 张文显. 法哲学范畴研究[M]. 北京：中国政法大学出版社，2001：269.

一部专利法、第一部版权法、第一部商标法均诞生在西方国家。西方国家知识产权制度的发展是近现代以来技术革新、技术进步的结果。科学技术发展水平的差异，不仅使科学技术从进步的国家向着落后的国家传播，也使知识产权制度从科技发达的国家向着相对不发达的国家移植。如1623年英国制定了专利法，当时的英国工业取得了巨大的成就。在英国的影响之下，美国（1790年）、法国（1791年）、俄国（1814年）、德国（1877年）、日本（1855年）等都制定了专利法。

对于大多数发展中国家而言，利用法律移植进行知识产权立法是殖民主义的结果。如马来西亚在独立前适用的是英国的版权法，1911年英国颁布版权法法案时，马来西亚的北婆罗洲、沙捞越等依据英国的1911年版权法案通过了自己的版权法。菲律宾专利法也是帝国主义的侵略的结果，菲律宾作为西班牙的殖民地所适用的是西班牙专利法，1898年菲律宾被美国占领后则适用美国的专利法，直至1947年菲律宾独立后，才参照美国的专利法制定了自己的专利法体系。韩国的专利法也是军事冲突的结果，1910年日本以自己的专利法体系替代了韩国的专利法。1946年韩国因美国的军事接管而适用了美国的专利法。[1]

第二次世界大战以后，民族国家纷纷独立，并开始构建属于自己国家的知识产权制度。一部分国家在美国和欧盟的强力推动下，以欧美知识产权制度为模式建立了现代的知识产权制度，以此替代、改造原先的殖民立法。以新加坡为例，在20世纪80年代初期，没有知识产权制度，而是根据英国法对知识产权进行重新注册登记，然而在1987年到2000年之间则建立了包括版权法、商标法以及集成电路设计保护法等知识产权制度。[2]又如1980年韩国根据美国的贸易法制定了本国的知识产权法律。与此同时，亚洲的其他一些国家（如东盟）也加快知识产权制度的建立，以至于在20世纪90年代初，东盟国家都面临着相同的问题，即如何尽快执行新建立的知识产权法律体系。类似的情况也发生在阿拉伯国家、非洲的一些国家，这些国家建立较为完整的知识产权保护制度也是晚近立法活动的结果。但在非洲，包括知识产权制度在内的许多法律均是殖民统治的结果，很少或几乎没有本土化的基础。直至最近，许多非洲国家还没有发展现代的专利体系。[3]20世纪80年代初期，我国也是大量借鉴发达国家的国内立法和先进的立法

---

❶ Peter Drahos. Developing Countries and International Intellectual Property Standard-setting [J]. The Journal of World Intellectual Property, 2002, (5): 767.

❷ Christoph Antons. Intellectual Property Law in Southeast Asia: Recent Legislative and Institutional Developments[EB/OL].(2008-07-20) http://www2. warwick. ac. uk/fac/soc/law/elj/jilt/2006_1/antons/antons. pdf.

❸ Adebambo Adewopo. The Global Intellectual Property System and Sub-Saharan Africa: A Prognostic Reflection[J]. Toledo Law Review, Summer, 2002(33): 750.

技术，制定了《专利法》《商标法》和《著作权法》。

上述的法律移植实践是原先没有知识产权制度的国家通过移植建立了自己的知识产权制度，也即“从无到有”的法律移植。在知识产权制度一体化进程中，“从无到有”的法律移植是对制度一体化的一种跨越式的推进，因为从理论上而言，没有知识产权制度的国家与有知识产权制度的国家之间的差异性可谓是无限的，而在建立了知识产权制度的国家之间，知识产权制度的差异性则是有限的。只有各国普遍建立了知识产权制度，才能找到推动知识产权制度一体化的起点，对各国知识产权制度之间差异性的协调才成为可现实。因而，“从无到有”的移植较之于制度体系中某些标准或原则的移植是一种跨越式的推进。就此意义而言，知识产权制度“从无到有”的移植尽管不能说明一体化程度的高低如何，但对于一体化进程而言，不失为是一个巨大的进步。

当然，“从无到有”的知识产权制度移植，对于大多数发展中国家来说，是十分仓促的、未经深思熟虑的立法行为。他们往往急于建立知识产权制度体系而非真正考虑根据本国的发展需要。因而，“从无到有”的知识产权制度的移植对许多发展中国家来说不能算是一次成功的知识产权立法。而能根据自己国家的发展需要进行知识产权立法，即使对知识产权保护的水平较低，也被认为是一种成功的法律移植。如印度在独立后并没有选择废除原先的专利法，而是根据自己国家的研发水平，参照德国的专利体系制定了1970年的《专利法》，但在该《专利法》中只承认生产药品方法的专利，不承认药品的专利，对生产药品方法也只授予7年的专利期限，因而该《专利法》成为印度工业快速发展的基石。[1]

（二）“求同存异”的渐进式移植

移植方式与知识产权制度的现代化密切相关，是一国知识产权制度走向现代化的重要手段，也是一国知识产权制度与国际接轨的重要手段。在当今，知识产权制度的发展，已经不存在是否应该建立知识产权制度的问题，而是如何使本国的知识产权制度融入一体化之中的问题。在各国建立了基本的知识产权制度以及国际条约确立了知识产权保护规则、标准的情况下，通过法律的移植实现国家之间知识产权制度的协调和一致，成为知识产权制度一体化的重要方式，并且，“求同存异”的渐进式移植逐步取代了“从无到有”的跨越式移植，渐进地推进着知识产权制度的一体化进程。“求同存异”的渐进式移植主要沿着以下方向进行。

---

[1] Peter Drahos. Developing Countries and International Intellectual Property Standard-setting[J]. The Journal of World Intellectual Property, 2002(5): 768.

1. 以国际条约为基准的移植

这指的是在未加入国际条约的情况下，将国际条约的基本原则或某些内容移植到国内法中，如将国民待遇原则、强制许可制度等作为法律移植的对象。因而在不缔结条约的情况下，国内知识产权制度通过移植也与相关的国际条约趋于一致。当然，有学者认为此种移植属于移植模式的“国际法模式”，如认为移植的“国际法模式”是指将国际上的某些通行的制度或原则以国内法的形式规定下来，或者通过缔结某一国际公约而使其内容成为国内法组成部分的法律移植模式，它通过三条途径实现：①将某些国际上通行的制度或原则移植到国内。②通过缔结或加入某一国际公约，使公约的内容成为国内法的组成部分。③通过官方或民间主体将一些国际习惯移植到国内。[1]其中的第二种途径则是本文所论述的“条约方式”。事实上，条约方式不能归入移植的模式范围，因为缔结或加入条约的行为实质是以国际法主体的身份加入到国际立法当中，此行为是对国际立法的创造和贡献，而非对国际条约的借鉴。国际条约在国内的适用是法律的“适用”问题，而非“移植”的问题，“适用”具有义务性，而“移植”则纯属自愿。因此，此处所言的以国际条约为基准的移植，是指对本国或本地区未加入的国际条约的移植，简言之，对所加入的国际条约的适用是国内法的适用而非法律移植。

2. 以欧美国家知识产权制度为基准的移植

对于发展中国家，在建立了基本的知识产权保护体系之后，有关具体制度的衔接仍是一个巨大的工程。在这方面，学习和借鉴发达国家保护知识产权的做法与实践，仍然是包括我国在内的许多发展中国家在知识产权制度建设中的重要任务。如在打击盗版以及其他侵犯知识产权行为方面，大多数发展中国家都在逐步向美国、欧盟的知识产权制度靠拢。在向欧美知识产权制度靠拢之时，许多国家都保持了自己的国家特色，显示了与欧美知识产权制度之间的“求同存异”。正因如此，许多在知识产权保护方面达不到欧美国家要求的国家被列入黑名单，受到经济的制约或制裁。

3. 以其他国家的知识产权制度为基准的移植

除以欧美国家知识产权制度为基准的移植外，发展中国家之间也相互借鉴，对一些国家知识产权制度的成功立法经验进行借鉴，甚至包括立法形式的借鉴，如将知识产权法纳入民法典等。尽管发达国家之间对移植方式一直存在争论，但

---

[1] 黄金兰. 法律移植研究[D]. 济南：山东大学，2006：72-73.

总体上还是赞同通过移植方式完善本国的知识产权制度。实践中也有发达国家之间在知识产权的具体制度、判例规则等方面的互相移植和借鉴。正如加拿大学者Vincent-Joel Proulx所说，借用（移植）是法律发展的重要手段，加拿大许多知识产权方面的法律制度来源于美国、英国，加拿大的商标法与域名法正受其亲密伙伴美国和英国的共同影响。[1]

二、移植方式的基础

法律移植是一种普遍的立法技术。从历史或现实的角度来看，法律移植是一种客观的现象，因而讨论法律移植时关键的问题不在于要不要法律移植的问题，而是如何利用法律移植的问题。在如何利用法律移植方面，学者刘星对“历史主义”倾向提出了批评。他认为，“历史主义”倾向的主要表现是：“自觉或不自觉地借助历史事例、历史过程的叙述平台，以建立法律移植的可能性、条件、过程等普遍理论。其主要目的，是从历史的经验教训角度去论证法律移植的成功或失败的根据，在历史中寻求某一时刻（比如当下）法律移植行动的正当性。”他进而认为，历史主义的法律移植研究实际上不能解决法律移植的根本问题。基于“法律与政治”的应然关系的要求，在当下积极地建立接受法律移植的社会共识这一过程本身，或者，正在发动以及行动起来的社会共识的砌筑才是我们谈论未来法律移植的真正语境。[2]以史为鉴，从法律移植的成功历史或失败历史中寻找法律移植的正确途径也无可厚非，不过，刘教授在此强调的是法律移植中的主观能动性，这种能动性甚至可以理解为为法律移植创造条件，是“当下”必须着重解决的问题。但是，无论是“历史主义”倾向，还是“当下”的“现实主义”（姑且将刘教授的观点归入现实主义）倾向，都对法律移植的必要性进行了广泛的讨论和深入的研究，这些讨论和研究或许可以归结为一个简单的问题：即为什么要进行法律移植？根据学者的研究，法律移植的必要性体现在五个方面，即法律发展的不平衡性、文化的不完全自足性、主体需求的多样性、效率的考虑及国际交流与合作的要求。[3]然而，这种对必要性进行列举的论述毕竟无法穷尽法律移植的种种复杂因素，尤其是对于知识产权制度一体化中的法律移植方式，因为

---

[1] Vincent-Joel Proulx: Borrowing from Our Common Law Cousins: American and British Influences on the Merger of Canadian Trademark and Internet Domain Name Laws[J]. Arizona Journal of International and Comparative Law, Fall, 2005(22): 510-512.

[2] 刘星. 重新理解法律移植——从“历史”到“当下”[J]. 中国社会科学, 2004(5): 24-25.

[3] 黄金兰. 法律移植研究[D]. 济南：山东大学, 2006: 18-23.

知识产权制度一体化中的法律移植还隐含着一个重要使命——促使制度的一体化。因此，作为一体化重要方式之一的法律移植除具有法律移植的普遍需求外，还有其本身的特殊基础，非常有必要对这一特殊性进行深入的探讨。

首先，为什么要进行知识产权制度的法律移植？重新提这一问题并不在于否定目前国内学者对法律移植的必要性解释，而是基于知识产权领域的法律移植现象，也即知识产权领域的法律移植比起其他领域的法律移植运用更广、速度更快、效果更显著。在短短的时间内即全面移植了欧美知识产权法律制度的现象不仅出现在中国，在其他国家特别是发展中国家也普遍如此。究其原因，在于知识产权制度的差异与经济一体化之间的矛盾冲突是移植方式产生的客观基础。一方面，各国知识产权制度之间的差异性是各国进行法律移植的基本前提，没有差异性，也就不存在移植。制度的差异性突出表现在知识产权保护高标准与知识产权保护低标准之间的分化。知识产权制度本身就是一把双刃剑，制度的设置在于平衡垄断利益与社会公共利益之间的关系。具体来说，科学技术较为落后的国家，为了低成本的复制技术、推广技术，只好牺牲创新者的利益，主张对知识产权不保护或者低水平保护。科学技术较为发达的国家，则注重对技术垄断的支持，因而强调对知识产权的高水平保护。另一方面，随着经济一体化的深入，知识产权制度的差异性已经成为智力成果跨国界流动的一大障碍。解决这一障碍的动力来源于各国对知识经济的认识，来源于各国对知识产权保护的认识。新知识对经济发展作出了重要贡献，而创造新知识的动力则依赖于知识产权制度的合理设置。依靠免费搭车、复制模仿的行为必然遭到投入人力、物力进行研发的国家的反对。不对知识产权采取一定标准的保护，智力成果难以跨国界流通，国外技术难以交流和利用。因此，在经济一体化的背景下，国家之间多方位的交流和合作成为必然，矛盾冲突不可避免，固守知识产权保护水平“高低悬殊”的状况显然是行不通的，各国不得不建立相对一致的知识产权保护体系，以适应形势的发展和对国外技术进行利用。

其次，为什么可以进行知识产权制度的移植？关键在于两个方面：一是知识产权制度的可移植性。从理论上看，依据功能主义的观点，知识产权制度应是技术性较强的一个领域，因而比较容易实现一体化；从现实而言，知识产权制度主要是各国在为现代科学技术和知识权利财产化的过程中提供法律保护方面的经验积累，具有高度的共通性和可移植性。[1]因而，知识产权制度成为可以移植或可

---

[1] 宋志国. 我国知识产权法律移植中的递减效应原因探析[J]. 政治与法律，2006(5)：138.

以成功移植的对象。二是本土法律文化本身的开放性与兼容性。任何文化都不可能在自己的封闭体系中生存与发展，开放性是文化的特质。文化要发展，必须不断汲取和借鉴其他文化的营养。法律文化作为文化的一个子系统，与文化一样需要不断完善自己的体系，弥补自身的缺陷，才能获得发展。法律文化这种自我完善的开放性使落后法律文化汲取和借鉴发达法律文化成为可能。本土法律文化的兼容性是移植方式的现实基础。移植方式之所以取得效果，除了移植内容必须适应本土文化的需要之外，最重要的因素还在于本土文化具有兼容性。本土文化具有兼容性，移植的法律制度、规则才可能融入本土的制度之中，并发挥作用；反之，如若本土法律文化不具有兼容性，制度移植也将以失败告终。

最后，如何成功进行知识产权制度的移植？这是在解决了移植的必要性与可行性之外必然涉及的问题。国内学者或许对从历史的成功或失败范例中寻找移植的规律性还缺乏信心，如苏力教授认为，仅仅有历史的例证并不具有结论性和确定性。太阳天天从东方升起可以使我们相信明天太阳照常升起，但一个人每天早晨醒来却未必保证明天还会醒来。[1]当然，如果仅就移植的成功与否来确定今后移植的方式方法那就容易犯错，然而如果从成功与否的范例中寻找出移植的规律性，那么历史例证难道还不具有结论性和确定性吗？苏力教授“明天太阳照常升起”的判断并非基于“太阳天天从东方升起”的历史例证而形成的，而是基于太阳的运行规律而形成的；“未必保证明天还会醒来”的判断并非基于“一个人每天早晨醒来”形成的，而是基于对人的死亡的偶然性规律的认识。或许如此，苏力教授抛却对历史例证的就事论事，而揭示出移植成功的规律性，认为中国的法治之路必须注重利用中国的本土资源，注重中国法律文化的传统和实际。[2]知识产权制度的移植，不管国内还是国外，成功与失败的例子比比皆是。就中国而言，知识产权制度的法律移植已经从陶醉于成功的热度中逐渐冷却下来，而开始反思这种与国际“高标准”接轨的移植是否妥当。有学者认为，我们某些立法超出了现实条件的许可，造成了对国家利益和国民道德声望的损害。这种法律移植的陷阱尤其体现在知识产权立法当中。[3]因此，知识产权制度的移植必须与一国的科学文化发展水平相适应，发展中国家知识产权制度的移植要逐步抛却被迫型的法律移植而采取更多的自愿行动，移植方式才可能适应本国的需要。

---

❶ 苏力. 法治及其本土资源[M]. 北京：中国政法大学出版社，1996：6.

❷ 苏力. 法治及其本土资源[M]. 北京：中国政法大学出版社，1996：6.

❸ 强世功. 知识产权法律移植的陷阱[N]. 21世纪经济报道，2004.

三、移植方式的特点

知识产权制度的移植方式与其他法律移植固然有所不同，但在此所涉及的却非移植方式本身所具有的特点，而是作为制度一体化方式的特点，也即在促进制度一体化方面所体现的特殊功能。

首先，体现在主观意愿上。一般而言，法律移植以主权国家的自主意愿为前提，移植方式不存在强制性，移植方式是一国进行法制建设的主动行为，是自愿的法律建构。但不可否认的是，由于知识产权制度的一体化主要为发达国家所控制，发展中国家必须依照发达国家的意愿进行法律的制定、补充、修改，发达国家向发展中国家施加压力才是发展中国家进行知识产权立法和法律修改的主要原因。因此，在知识产权制度移植方面，发展中国家往往不能对域外的知识产权制度进行自由的取舍。发展中国家实际上也没有太多的选择余地，所进行的知识产权制度移植实质是一种“被迫型”的移植。但是尽管如此，通过移植实现知识产权制度的一体化，在表面上仍然是国家的一种主动行为，发达国家甚至可以摆出一副“愿者上钩，不愿者逃走”的姿态。所以，作为一体化方式的知识产权制度移植，发达国家之间、发展中国家之间或许可以体现移植的自愿本色，也即对于制度的一体化存在“自觉认同”的情况，但对于发展中国家移植发达国家的知识产权制度而言，更多的是在“不情不愿”的情况下进行。

其次，移植方式所推动的一体化是水平式的一体化。从法律效力而言，不同国家知识产权制度的借鉴移植在同一效力层次上进行，因而不需要从国际法到国内法的转化，体现了国内法与国内法之间的水平互动。移植方式的一体化不存在法律的效力位阶，理论上而言，各国均可对别国的知识产权制度进行移植，法律移植至少在外在形式上是一种独立自主的行为。移植方式所推动的知识产权制度一体化是平等国家之间的法律趋同或一体，一国移植域外制度而使制度趋向一体并非履行一种法律的义务。因此移植方式所体现的制度一体化是各国在同一层面上的互动，这一互动是水平的而非垂直的，是横向的而非纵向的。

最后，移植方式的多向性。移植方式的多向性体现在，一是单向流动。知识产权制度的移植 “从北向南”（从北方国家向南方国家）的单向流动。第二次世界大战之后，特别是20 世纪五六十年代开始，发展中国家纷纷独立，其知识产权制度几乎均是从发达国家移植而来，移植的方式表现为“从北向南”的单向流动。二是“北北”、“南南”之间的流动。在各国知识产权制度的发展中，发达国家之间也产生了水平的移植，如前述的加拿大吸收英国、美国的知识产权立法，则是“北北”流动的很好例证。在“南南”方面，发展中国家相互移植借鉴知识产权制度的例子也不胜枚举。三是“从南向北”流动。从目前看，还没有明显的证据证明知识产权制度的移植在一定程度上发生了“从南向北”流动，但是，发展中国家在自己优势方面的知识产权立法，包括民间文学艺术、遗传资源方面的主张已经逐步为国际社会所重视，具备了“从南向北”流动的基础。可见，知识产权制度一体化的移植方式已经形成多向流动的格局。

四、移植方式的优劣

移植方式较之于条约方式的最大差异是，移植方式不具有强制性。移植方式能最大限度地依据各国自身的国情进行知识产权制度建设，使一国的知识产权制度符合本国的国情并保持连续性。较之于示范法方式，移植方式没有固定的模式和参考目标，移植的对象不像示范法方式一样局限于示范法的范围，而是包括知识产权制度的所有方面，具有广泛性，可以博采众长。较之于共同体方式，移植方式纯粹是主权国家的内部事务，不具有超国界因素，也不受地域及社会制度、文化传统的制约，其应用具有普遍性。移植方式水平互动、应用灵活、适用面广，不仅自发地解决了各国知识产权制度发展过程中的不均衡问题，也有效地保持了各国知识产权制度建设的传统。移植是制度一体化中运用最为普遍的方式，而且取得了显著的成效。可以说，各国或多或少地存在着从域外的知识产权制度中进行制度移植的情况。

当然，移植方式也有其不足。体现在，第一，移植可能损害本国的制度创新。制度的一体化离不开移植方式的使用，但如果处理不好与本土文化的关系，它将影响本国的制度创新。第二，移植方式推进的一体化进程较慢。移植方式是一个没有固定模式、固定目标的一体化方式，移植方式所推进的一体化相对而言是渐进的，没有时间的限制，因而效果的显现比较不直接。第三，移植方式的应用也并非完全自愿。如知识产权保护纳入贸易机制后，与发达国家不一致的知识产权制度往往被认为是贸易壁垒，发展中国家为此而作出的制度移植往往是被动的，是一种无奈的选择。

本章小结

本章讨论知识产权制度一体化的四种方式。条约方式严格而稳定，所推动的一体化具有强制性，保证了一体化沿着确定的、既定的轨道前行。示范法方式开放且灵活，所推动的一体化具有导向性，照顾了不同国家知识产权制度建设的自主性。共同体方式是超国家性质的一体化方式，虽然理想但需具备苛刻的条件。移植方式作为各主权国家知识产权制度的水平互动，是知识产权制度一体化的个体推进方式。四种方式相互区别，互相补充，在知识产权制度一体化的不同阶段、不同客观环境中发挥各自的作用，产生不同的效果，共同推进知识产权制度一体化。自《巴黎公约》《伯尔尼公约》之后，条约方式以其稳定、强制的特点成为推进知识产权制度一体化最主要的方式，知识产权制度一体化基本上以国际条约的缔结为成果体现，并以国际条约的内容为一体化的目标。特别是TRIPS协议的缔结和实施，为知识产权制度一体化提供了较为完善的法律框架，WTO的强制力有效地保障了一体化的顺利推进，以TRIPS协议为中心的知识产权制度一体化成为世界关注的焦点。正因如此，条约方式成为研究知识产权制度一体化不可忽视的重要内容，在以下的各章中因之也以国际条约的框架为主线，对知识产权制度一体化深入进行研究。

第三章　知识产权制度一体化的内容

随着知识产权制度一体化的推进，各国知识产权的实体规范与程序规范均呈一体化的发展趋势。特别是一系列知识产权国际条约的签订和实施，在全球范围内建立了具有普适性的知识产权保护国际标准，改变了各国知识产权立法各自为政的局面，形成了以知识产权国际条约为主要内容的知识产权制度一体化。

第一节　知识产权实体规范一体化

知识产权实体规范的一体化包括知识产权的客体、知识产权的内容、知识产权的保护期限以及知识产权的限制等规范的一体化。

一、知识产权客体规范的一体化

知识产权客体规范的一体化包括客体种类的一体化与客体构成要件的一体化。

（一）客体种类

1. 客体种类的国际标准

不同的国际公约规定了不同的知识产权客体，这些客体的种类构成了知识产权客体范围的国际标准。由于当今知识产权的保护在国际上形成了两套标准，即WIPO标准和WTO标准，因此在WIPO体系和WTO体系中的知识产权保护客体各有不同。

（1）WIPO体系的客体种类。WIPO目前管理着25个知识产权的国际公约，规定知识产权客体的条约主要有以下几个。

①《巴黎公约》规定了8种知识产权客体，分别是：专利、实用新型、工业品外观设计、商标、服务标记、厂商名称、货源标记或原产地名称和制止不正当竞争。《巴黎公约》将这8种客体所对应的权利统一归类为工业产权。

②《伯尔尼公约》第1条规定，“文学和艺术作品”一词包括文学、科学和艺术领域内的一切成果，不论其表现形式或方式如何，诸如书籍、小册子和其他

文学作品；讲课、演讲、布道和其他同类性质作品；戏剧或音乐戏剧作品；舞蹈艺术作品和哑剧；配词或未配词的乐曲；电影作品和以类似摄制电影的方法表现的作品；图画、油画、建筑、雕塑、雕刻和版画作品；摄影作品和以类似摄影的方法表现的作品；实用艺术作品；与地理、地形、建筑或科学有关的插图、地图、设计图、草图和立体作品。除此之外，还规定了“衍生作品”的权利。《伯尔尼公约》将这些知识产权客体统一归类为文学和艺术作品。《世界版权公约》规定的保护客体基本上与《伯尔尼公约》一致。

③《建立世界知识产权组织公约》列举了8种客体，分别是：文化艺术和科学作品，表演艺术家、录音和广播的演出，在人类活动领域内的发明，科学发现，外型设计，商标服务标记，商号名称和牌号，制止不正当竞争。

④《罗马公约》实际规定了邻接权的保护客体，即表演者作品、录音制品及广播组织的作品三种客体。唱片公约实际是规定录音制品的保护。《世界知识产权组织表演与录音制品条约》规定了表演作品和录音制品的保护。

如果将WIPO体系的知识产权客体进行类型化，大致可以分为以下9种类型的客体：①专利，指的是发明专利；②商标，包括商标、服务标记、厂商名称；③实用新型；④工业品外观设计；⑤货源标记或原产地名称；⑥制止不正当竞争；⑦文学和艺术作品；⑧表演艺术家、录音和广播的演出（邻接权的保护）；⑨科学发现。

（2）WTO体系中的种类。WTO体系的知识产权保护标准即为TRIPS协议所规定的标准。TRIPS协议规定了7种知识产权客体，分别是专利、商标、版权、地理标志、工业设计、集成电路布图设计、商业秘密。这些客体名为“与贸易有关”，但是事实上几乎涵盖了当今国际条约中所有的知识产权保护的客体。

（3）其他体系的知识产权客体。其他体系的知识产权保护客体主要是根据WIPO和WTO体系之外的国际条约的规定。主要有《保护植物新品种国际公约》中的植物品种、《粮食和农业植物遗传资源国际条约》中的粮食和农业植物资源以及《生物多样性公约》中的生物多样性。

归纳WIPO体系、WTO体系以及其他体系的知识产权客体范围，共有20多种客体在国际条约中予以列明。当然，这些客体种类中又有更细的分类和构成种类。值得一提的是，在WIPO和WTO中，这些客体种类存在交叉和重叠现象。之所以将它们一一列举，在于两个体系对这些种类规定了不同的构成要件。还有几种客体明显是在传统客体的基础上发展而来的，例如版权的客体，TRIPS协议第10条规定，计算机程序与数据的汇编作为版权的保护客体，这就是对传统版权保护客体范围的拓展。

2. 各国知识产权客体种类一体化的主要体现

现代知识产权保护的客体已经从传统的发明、商标、文学艺术和科学作品，扩大到计算机软件、集成电路布图设计、商业秘密，并且逐步延伸至传统知识、遗传资源等。知识产权保护客体是一个开放体系，知识产权客体种类的一体化因而也具有开放性特点。在国际条约的协调之下，各国知识产权保护客体的种类逐步趋近一致。总体上，在国际条约中所规定的知识产权的20多种客体基本上均成为各国知识产权制度中规定的保护对象，也即各国保护的种类是基本一致的。其中科学发现的保护存在着较大的差别，如有些国家对科学发现不予保护，这些国家主要有瑞典、英国、印度、丹麦等，我国对科学发现也不予保护。事实上，国际标准中的20多种客体种类也只是一种粗略的分类，在每一种客体之下，各国的具体规定仍千差万别，一体化功能即是逐步消除这些差异，使各国在客体保护上趋于一致。

（1）专利客体种类趋于一致。专利客体种类日趋一致不仅在发达国家之间发生，也在发展中国家与发达国家之间形成。

第一，发达国家之间专利客体的一致性。美国专利法规定了发明专利、外观设计专利以及植物专利三种专利。日本专利法规定了发明专利和实用新型专利。欧洲专利公约只规定了发明专利，但实际上欧洲许多国家对发明、实用新型也同样提供了专利保护。比较美国、日本、欧洲专利的保护客体，在种类上，日本、欧盟国家对实用新型采取了保护，但是欧盟各国对实用新型有的采取证书保护方式，有的采取补充保护证书方式。一般认为，美国没有实用新型制度，但也有学者认为，美国的专利法实际上涵盖了对实用新型的保护，其宽松的专利保护足以保护一些小发明。[1]就发明专利而言，美、日、欧的保护客体大致是相同的。美国对发明的保护范围非常广，只将用于武器的核材料和原子能排除在专利法保护的范围之外；日本1994年以前的专利法规定，利用原子核变方法制造的物质发明不授予专利权，但是在1994年的专利法修改中取消了这一规定，保护客体的范围也逐渐扩大；欧洲专利公约对发明没有明确的定义，原先规定了人体或动物疾病的外科治疗及诊断方法无法获得欧洲专利的保护，然而这一规定在2000年的修改中更改为可以对此类方法中使用的物质或成分申请专利。因此，从专利的保护范围方面，美国《专利法》、日本《专利法》、欧洲《专利公约》均体现了

---

[1] 冯媛媛. 世界主要国家和地区的实用新型制度[J]. 中国发明与专利，2007(11)：88.

“宽泛的一致性”。即它们不仅在专利客体方面趋近一致，而且这些“一致”基本上是建立在专利客体扩张的基础之上。

第二，发展中国家与发达国家之间专利客体一致性。在专利客体方面，目前各国基本上按照TRIPS协议的要求，进一步扩大专利的保护客体。原先将药品、化学合成物质等排除在专利保护之外的广大发展中国家也都在各自的专利法中增加了这些专利保护客体。对于不授予专利的客体，各国基本上也是按照TRIPS协议的规定，将违反公共秩序和道德的发明、人和动物的治疗方法、微生物以外的动植物，非生物和微生物生产方法以外的动物或植物的实为生物的生产方法排除在专利保护的范围之外。例如，巴西在1996年的专利法允许化学药品申请专利。而印度则分别在1999年进行专利制度修改，确定在过渡期内印度建立邮箱系统开始接受对药品、农业化学品和食品的专利申请。2004年12月26日，印度颁布了《2004年专利（修订）条例》，规定自2005年1月1日起受理药品、农业化学品和食品的专利申请。至此，印度专利法完全实现了与TRIPS协议的接轨。阿根廷在1996年3月发布了一项法令，决定从2000年11月开始规定药品的专利保护。我国也在1992年专利法第一次修改中，对“药品和用化学方法获得的物质”以及“食品、饮料和调味品”不授予专利权的规定进行修改，对上述产品授予专利。

（2）商标客体种类的一致性。美国《商标法》将商标分为4种，分别是商品商标、服务商标、集体商标和证明商标。日本《商标法》第2条规定，商标既包括商品商标，也包括服务商标；第7条专门规定了集体商标。从法律文本看，日本没有对证明商标作出具体的规定。欧盟（欧共体）早在1988年就颁布了《协调成员国商标立法的第一指令》（89/104/EEC），涉及个体商标、集体商标、保证商标（证明商标）的协调。2008年10月22日，欧盟议会与理事会颁布了新的指令（2008/95/EC），代替了原先的第一号指令。新版本没有任何实质的改变，只是在形式上进行了重新的编辑。[1]在发展中国家中，巴西在1996年的《工业产权法》第123条中对商品商标、服务商标、证明商标和集体商标作了较为详细的规定。印度在1999年的《商标法案》第2条中，对商品商标、服务商标、集体商标和证明商标的含义进行了规定。我国《商标法》第3条也对上述四种商标进行了规定。由此可见，世界各国在商标客体种类方面基本上是一致的。

（3）版权客体的共同扩张。各国在版权的传统客体上的立法大同小异，近来的一个显著趋势是将新兴知识产权客体纳入各国版权立法的重要内容，其中计算

---

[1] 李明德，闫文军，黄晖. 欧盟知识产权法[M]. 北京：法律出版社，2010：446.

机软件的保护十分典型。计算机软件作为知识产权产权的一种客体始发于美国的法律，美国1976年《版权法》虽然没有明确将计算机软件作为版权保护的客体，却对“文字作品”做出了非常宽泛的界定。事实上，定义中所提到的以“数字”“数字标记或记号”表述的作品，已经涵盖了计算机软件。[1]美国1980年《版权法》修正案从文字作品的角度对计算机软件进行了定义，进一步明确将计算机软件纳入版权保护的范围。由于美国一直是知识产权国际保护规则的制定者，以美国1980年修订版权法为标志，其他国家都采纳了著作权法保护计算机软件的做法。紧跟美国之后，1983年匈牙利、1984年澳大利亚和印度、1985年日本也纷纷修改著作权法。TRIPS协议缔结后，要求将计算机软件作为《伯尔尼公约》的文献作品进行保护，于是形成了计算机软件保护的国际标准，各国基本上依据这一标准进行立法保护。尽管之后美国又采取了专利方式保护计算机软件，欧盟也出现将计算机软件纳入专利保护的趋势，但总体来说，计算机软件作为一种知识产权客体仍然成为各国知识产权版权立法的一项重要内容，从而扩大了传统版权客体的范围。

（4）其他客体种类的一体化。集成电路布图设计是新兴知识产权客体的一个代表。集成电路布图设计作为一种新的知识产权客体其保护也是始于美国。美国于1984年通过了《半导体芯片保护法》，以专门立法的方式保护集成电路布图设计；日本于1984年通过了《半导体集成电路布局法》对“电路布局”进行保护；欧共体于1986年通过了《半导体产品布图设计法律保护的理事会指令》，要求成员国制定法律对此进行保护。之后德国、英国、法国、荷兰、奥地利、西班牙等国纷纷立法对集成电路布图设计进行保护。TRIPS协议通过承认《华盛顿条约》的形式，对集成电路布图设计的保护确定了国际标准，此后，集成电路布图设计成为各国知识产权保护客体中的一员。知识产权客体种类的一体化还不仅仅表现在国际条约框架之下的一体化。一些新的客体也逐步纳入知识产权保护体系之中，例如域名、企业形象、动物品种、基因技术等也逐步作为发达国家知识产权制度中保护的对象，并有逐步走向一体化的趋势。

（二）客体构成要件的一体化

1. 客体构成要件的国际标准

（1）专利的实质要件。《巴黎公约》没有对发明专利的构成要件进行规定，

---

[1] 李明德. 美国《版权法》对于计算机软件的保护[J]. 科技与法律，2005(1)：35.

而按照一般原则，可以认为发明专利应具有新颖性、创造性和工业适用性。然而，TRIPS协议对此却作了明确的规定。TRIPS协议第27条第1项规定，授予发明专利应具备的实质要件首先是具有新颖性、创造性和工业适用性。其次，专利客体指的是发明，发明包括产品发明和方法发明，发明不论地点、技术领域均应受到保护。最后，规定可排除的客体。除规定专利客体之外，TRIPS协议还排除了专利客体，根据TRIPS协议第27条第2项、第3项的规定，这些客体可以不授予专利：违反公共秩序和道德的发明、人和动物的治疗方法、微生物以外的动植物，非生物和微生物生产方法以外的动物或植物的实为生物的生产方法。

（2）商标的实质要件。《巴黎公约》对商标没有作出界定，但列出了共有商标、集体商标、驰名商标、服务标记、厂商名称等特别的商标类型。《巴黎公约》同时列举不能成为商标客体的5种情况。TRIPS协议第15条第1项对商标进行了详细的界定：能够将一个企业的商品和服务与另一企业的商品和服务区别开来的标志或标志组合，均应能够构成商标。此种标志，尤其是包含有个人姓名的词、字母、数目字、图形要素和色彩组合以及诸如此类的标志组合，应有资格注册为商标。若标志没有固有的能够区别有关商品及服务的特征，则各成员方可将其通过使用而得到的独特性作为或给予注册的依据。因此，在TRIPS协议中，突出的特点是强调商标的"识别性"；在商标的组成方面，任何标记或其组合在一般情况下均应能获得商标注册。除此之外，TRIPS协议对驰名商标予以特别保护，并将驰名商标的适用范围扩大到服务商标。

（3）版权保护客体的实质要件。WIPO体系中规定版权保护客体的条约为《伯尔尼公约》及《建立世界知识产权组织公约》，但在这些条约中均没有对作品进行界定。在TRIPS协议中，也没有对作品进行界定，只是整体引用了《伯尔尼公约》（1971）第1条至第21条的规定。但在排除客体方面，《伯尔尼公约》第2条规定，公约的保护不适用于日常新闻或纯属报刊消息性质的社会新闻。在TRIPS协议第2条第2项中规定，对版权的保护可延伸到公式，但不得延伸到思想、程序、操作方法或数学上的概念等。《伯尔尼公约》和TRIPS协议的规定构成了版权保护客体的排除标准。

邻接权的保护客体包括《罗马公约》中所规定的表演者作品、录音制品及广播组织的作品三种客体。成为邻接权的保护客体的实质条件不在于客体本身，而是对表演者、录音制品者和广播组织者的身份进行规定。例如，《罗马公约》第3条规定，"表演者"是指演员、歌唱家、音乐家、舞蹈家，以及表演、歌唱、演说、朗诵、演奏或以别的方式表演文学或艺术作品的其他人员。

（4）其他知识产权实质要件的国际标准。①集成电路布图设计的实质要件。集成电路布图设计是一种新型的知识产权保护客体，在WIPO体系中，《巴黎公约》、《伯尔尼公约》对此没有规定。《华盛顿条约》是规定集成电路布图设计保护的专门公约，但因为《华盛顿条约》至今未生效，所以《华盛顿条约》所规定的标准还不是国际标准。然而由于TRIPS协议规定，各成员方同意按有关集成电路的知识产权条约中第2条至第7条（第6条中第3款除外）、第12条和第16条第3款规定，对集成电路的外观设计提供保护。因此，实际上《华盛顿条约》借助TRIPS协议的生效而生效。结合《华盛顿条约》和TRIPS协议的规定，现行集成电路布图设计的实质性条件为：原创性，即为创作者通过自身的知识上的努力所创造的成果；进步性，即与其他常规设计相较而言具有进步性。②地理标志的实质条件。在WIPO体系中，《巴黎公约》《里斯本协定》均规定了原产地名称的保护。《巴黎公约》没有对原产地名称进行界定，《里斯本协定》认为原产地名称系指一个国家、地区或地方的地理名称，用于指示一项产品来源于该地，其质量或特征完全或主要取决于地理环境，包括自然和人为因素。TRIPS协议没有涉及原产地名称的规定，但对地理标志进行了界定。TRIPS协议第22条第1项规定，地理标志是识别一种原产于一成员方境内或境内某一区域或某一地区的商品的标志，而该商品特定的质量、声誉或其他特性基本上可归因于它的地理来源。TRIPS协议中的地理标志是根据《巴黎公约》和《里斯本协定》发展而来，地理标志的范围比原产地名称的范围更大，增加了“商品声誉”作为保护的客体。因此，可以认为“地理标志”涵盖了“原产地名称”。③工业设计的实质条件。在WIPO体系和WTO体系中，对工业设计的规定都很少，《巴黎公约》将外观设计列为工业产权予以保护，没有对其进行界定。TRIPS协议对工业设计要求的实质性标准是新颖性和原创性，但是并没有明确保护的标准，究竟是进行专利保护还是版权保护，由成员方选择。④商业秘密。在WIPO体系中的，《巴黎公约》第10条之二列举的不正当竞争行为中没有涉及商业秘密。TRIPS协议第39条除重申《巴黎公约》所规定的不正当竞争条款外，对未披露信息（商业秘密）进行系统规定，使之成为一种知识产权保护客体。根据TRIPS协议第39条第2项的规定，商业秘密的实质性条件有三个，即秘密性、具有商业价值以及采取了合理的保密措施。根据TRIPS协议对商业秘密实质性条款的规定，实际上为各国保护商业秘密立法提供了一个更为广泛的客体范围，即凡属经济活动领域的所有领域具有经济价值、能为其所有人带来实际或潜在竞争优势的秘密信息均有可能成为商业秘密保护立法的客体。[1]⑤其他特殊保护的客体。其他特殊的保护客体主要是根据三个条约的规定，即《保护植物新品种国际公约》（UPOVC）、《生物多样性公约》（CBD）、《粮食和农业植物遗传资源国际条约》（ITPGR）。UPOV对植物新品种的"种"和"属"均提供了一套与专利制度不同的保护方式，植物新品种的实质性条件为具有新颖性、奇异性、均一性、稳定性。CBD主要涉及传统知识的保护，ITPGR主要加强了对粮食和农业植物遗传资源的保护。

2. 客体实质要件一体化的主要体现

客体构成要件是知识产权制度一体化中的难点，即使是国际条约所确定的标准在各国的具体立法中的表现也是千差万别，但是，总体而言也呈现一体化趋势，主要体现在以下方面。

（1）专利实质要件的一体化。在专利构成的实质性要件中，新颖性、创造性和工业适用性是一般的判定标准。首先是新颖性的判定日趋统一。目前世界上大多数国家将新颖性作为专利保护的必备条件，各国专利制度均规定技术被授予专利首先必须具有新颖性，而是否具有新颖性则以是否公开为标准。在如何确定新颖性方面，"多数国家的专利法在对新颖性下定义时往往是通过与现有技术的比较来诠释的。"[2]由于美国等少数国家实行先发明原则，因而在判定新颖性的时间点上与大多数国家的规定截然不同：先发明原则是以发明完成时间来判断其是否具有新颖性，而先申请原则一般是以申请日来判断是否具有新颖性。由于加拿大、菲律宾等国家在先前已将"先发明原则"修改为"先申请原则"，因此，仅剩美国与世界上其他国家的规定不同。目前，美国也表现出与"世界接轨"的行动。2007年9月10日，美国众议院以225票赞成，175票反对的结果通过了2007年《专利法修正案》，修正案采用绝大多数国家的做法，将"先发明原则"修改为"先申请原则"，修正案虽然尚未正式生效，但基本上可以看到世界各国在某一发明创造是否具有新颖性的判断标准上基本趋于一致的曙光。其次是创造性要求基本相同。美国《专利法》第103条规定专利需具备"非显而易见"（non-obvious）的特点，该专利即对于该领域的一般技术人员看来，是非显而易见的。《欧洲专利公约》第56条对专利的创造性也作出了类似的解释，即在该领域具有熟练技术的人员不能明显地、完全地发现。日本《专利法》第29条规定，具备该发明所属技术领域的普通知识者，依据载于前项各号中之发明，容易实现其发

[1] 刘剑文. TRIPS视野下的中国知识产权制度研究[M]. 北京：人民出版社，2003. 315.

[2] 胡开忠. 知识产权法比较研究[M]. 北京：中国人民公安大学出版社，2004：275.

明时，对其发明不能给以特许。因此，美、日、欧对于专利创造性的要求基本是一致的。在发展中国家中，巴西在《工业产权法》第8条规定了“创造性步骤”（Inventive Step），这与欧洲专利公约指南中对于创造性（Inventive Step）的解释是相同的。印度在1970年的《专利法案》中也使用了“创造性步骤”（Inventive Step）对创造性进行解释。我国《专利法》第22条对发明专利的创造性进行了界定，认为应具备“突出的实质性特点和显著的进步”。最后是实用性的规定。大多数国家将实用性作为取得专利的必要条件。美国《专利法》中没有对实用性作出专门规定的条文，获得专利权的实用性要求是从第101条的规定中推导出来的。[1]日本《专利法》第29条规定了“可资工业利用”作为获得专利的要件。《欧洲专利公约》第57条规定，专利若要获得授权应具有产业上的应用，包括能在各种产业、农业中的应用。巴西《工业产权法》第8条规定了需具备“工业适用性”，而我国《专利法》规定的实用性，不仅是能够制造或者使用，并且能够产生积极效果。

（2）版权实体标准的趋近。思想表达二分原则与作品独创性是版权保护的两个基本原则。思想表达二分原则为各国版权立法中普遍坚持的实体标准，即作品的保护仅限于作品的表达，而不计作品的思想内容。关于作品的独创性在各国立法实践中形成统一标准却是一件极为困难的事情，因为著作权法（版权法）不可避免地与各国文化的特质联系在一起，为此欧洲委员会曾决定推迟版权法中独创性条件的一体化进程。[2]这种情况不仅在英美法系内部，在两大法系之间都存在较大的不同。以两大法系为例，英美法系国家一般对作品独创性的要求比较低，传统上英国、美国长期坚持以“额头上的汗水”（Sweat of Brow）为原则，因而只要作品不是从别人那里直接复印过来就可以获得版权。而大陆法系国家一般对作品独创性的要求较高，要求具备较高的创造水准。但是在一体化的进程中，这些情况有所改变。美国最高法院在1991年Feist Publications，Inc. v. Rural Telephone Service Co. 案件的判决中实现了一个具有里程碑意义的改变，在某种程度上推翻了“额头上的汗水”的原则，引入了创造性标准，即具有一定创造性的作品才能受到保护。而以独创性要求严格著称的德国在司法中，对目录、烹调书、通讯录、地名册等简易参考书之类的文字作品规定了较低的创作标准，从而将

---

❶ 李明德. 美国知识产权法[M]. 北京：法律出版社，2003：43-44.

❷ [澳]布拉德·谢尔曼，[英]莱昂内尔·本特利. 现代知识产权法的演进：英国的历程（1760—1911）[M]. 金海军，译. 北京：北京大学出版社，2006：254-255.

其纳入保护范围。[1]英国尽管也还沿袭较低独创性标准，但也有逐步提高的倾向，这些变化已经引起了广泛的注意，因此对于英国，版权保护现在也面临着是坚持“汗水”标准（“Sweat” Standards）还是转向“灵感”标准（“Spark” Standards）的选择。[2]可以看出，在独创性标准上两大法系之间存在着逐步融合的事实。

（3）商标构成要素的一致。各国在传统上基本都规定商标构成要素应是可视的，包括文字、图形、字母、数字等。直至TRIPS协议，商标的构成要素范围仍旧没有突破“视觉能够辨认”——即“可视的”这一界限，即使增加了颜色组合可以作为注册商标。[3]在大多数国家的商标立法中，以TRIPS协议为构成要素的最低标准对本国的立法进行了修改，特别是突出了立体商标和颜色商标的立法。但是商标构成要素在后TRIPS时代又有了新的扩张。美国、德国、法国、意大利等国家的商标法已经将声音等纳入商标法律制度的保护之中。如德国《商标和其他标志保护法》第3条规定，任何能够将其使用的商品或服务与使用其他标志的商品或服务相区别的标志，可以作为商标获得保护，尤其是文字（包括人名）、图案、字母、数字、声音标志、三维造型（包括商品或其包装以及容器的形状）、还包括颜色或颜色的组合。意大利《商标法》第16条规定，任何具有表现形式的新标识，尤其是文字、包括个人姓名、设计、字母、数字、声音、商品或其包装的形状、颜色组合或色调，如果它们能使某企业的商品或服务有别于其他企业的商品或服务，那么，这些均可注册为商标。因此，在TRIPS协议的商标构成要素之外，商标的构成实际上是降低了实质条件的标准，从而扩大了可注册商标的范围。

（4）其他知识产权客体实质要件的一体化体现。①集成电路布图设计独创性的要求。1984年美国颁布了《半导体芯片保护法》，该法是世界上第一部以法律的形式保护集成电路布图设计的专门法律。根据《半导体芯片保护法》，保护集成电路布图设计的实质要件是具有独创性。无独创性或者布图设计所含有的布图设计是半导体产业中常见的、熟知的布图设计，或者是常见或熟知布图设计的变化或组合形式，因不具有独创性而不能受到保护。因而此“独新性”具有“创新

---

[1] 胡开忠. 知识产权法比较研究[M]. 北京：中国人民公安大学出版社，2004：32-33.

[2] Cristin Fenzel. Still Life with “Spark” and “Sweat”: The Copyrightability of Contemporary Art in the United States and the United Kingdom[J]. Arizona Board of Regents Arizona Journal of International and Comparative Law, Spring, 2007(24): 584.

[3] 彭欢燕. 商标国际私法——国际商标法之重构[D]. 武汉：武汉大学，2005：152.

性”的成分。有学者认为，这一“独创性”规定不见于美国的《版权法》，而与美国《专利法》所要求的显而易见性有些接近。[1]1985年5月31日，日本颁布了《半导体集成电路的线路布局法》，该法在立法体例和内容上均以美国法为蓝本，许多条款引用了美国法的规定，只是它比美国法更具体、更详细。[2]然而，对于集成电路布图设计的独创性是否应具有创新内容，日本法律对此没有规定，因而从一般意义上理解，它不需要具有“创新性”的内容即可获得保护。欧共体于1986年12月通过的《半导体布图设计法律保护的理事会指令》对获得保护的集成电路布图设计规定其应具备独创性和不平常性。可见，日本除规定了设计应具独创性外，还应具备一定的创新性，这与美国的规定是一致的。在发展中国家中，如印度在2000年《半导体布图设计法案》中同样采用高于版权法中的“独创性”而低于专利法中“新颖性”要求的实质要件。也即在印度法律中，集成电路布图设计的保护不在于“新颖性”，而在于具有“独特性”（Distinctiveness）。[3]事实上，我国也基本上采取了类似的实质要件，如我国《集成电路布图设计保护条例》第4条规定，受保护的布图设计应当具有独创性，即该布图设计是创作者自己的智力劳动成果，并且在其创作时该布图设计在布图设计创作者和集成电路制造者中不是公认的常规设计。其中的“不是公认常规的设计”可视为高于一般独创性的要求，而低于新颖性的要求。因此，可以说，在集成电路布图设计保护的实质要件方面，世界各国的立法要求是基本一致的。当然，发展中国家在集成电路布图设计方面的保护主要还是在TRIPS协议生效之后为适应其要求而制定的，基本以履行TRIPS协议义务为主要立法依据。②各国对地理标志实质要件的规定。虽然TRIPS协议已经建立了地理标志的保护标准，但是各国的保护显然也存在着较大差异。法国是对地理标志最早进行保护的国家，根据法国《原产地名称保护法》（1919年颁布，1990年、1996年修改）的规定，构成原产地名称的实质要件是产品来源于某一国家或地区，产品的质量或特点是由当地地理环境，包括自然因素和人的因素而形成的。德国在其《商标法》中规定，地理标志是指地方、地区、地域或者国家的名称，以及在商业交易中用来表示产品或服务地理来源的其他标志或标记。因而，德国对地理标志的保护并不要求产品的质量或特征与产地存在某种联系。美国在TRIPS协议生效之前以及在TRIPS协议生效后都没

---

[1] 李明德. 美国《半导体芯片保护法》研究[J]. 科技与法律，2004(3)：31.

[2] 霍金虎. 集成电路布图设计的国际保护与我国的立法探析[D]. 大连：大连海事大学，2006：29.

[3] Atul Gupta. Integrated Circuits and Intellectual Property Rights in India[J]. Journal of Intellectual Property Intellectual Property Rights, November, 2005, Vol. 10:476.

有对地理标志进行界定。[1]尽管各国对地理标志构成的实质要件有不同的规定，但在一些区域性的条约中，如《班吉协定》《北美自由贸易区协定》中有关地理标志的定义则与TRIPS协议的规定基本一致，即“以商品特定的质量、声誉或其他特性基本上可归因于它的地理来源”为地理标志获得保护的实质条件。

二、知识产权权利内容的一体化

知识产权权利内容，是指知识产权权利人依据知识产权法律的规定对其所拥有的智力成果（包括商业标识）所享有的排他性权利。[2]这种排他性权利包含两种权利内容，即权利人享有的使用、处分权利和禁止他人使用的权利。

（一）专利权权利内容的一体化

1. 专利权权利内容的国际标准

规定专利权内容的国际条约主要是《巴黎公约》和TRIPS协议。

（1）《巴黎公约》规定的专利权内容。《巴黎公约》所规定的专利指的是发明专利，因而其权利内容的规定即为发明专利的权利内容。在《巴黎公约》中，通过对专利权权利内容的规定，达到统一各成员国家保护专利权人的目的，但是其规定显得零散和稀少。

①署名权。《巴黎公约》第4条之3规定：“发明人有权要求在专利证书上记载自己是发明人。”这是对权利人精神权利的保护。

②专利权人进口产品的权利。《巴黎公约》第5条A项第1款规定了专利权人对产品专利进口权的内容；《巴黎公约》第5条之4则规定了方法专利权利人的进口权利。

（2）TRIPS协议规定的专利权内容。TRIPS协议对专利权的权利内容作了系统、明确的规定。TRIPS协议第28条规定，①专利权人具有下列专有权：第一，对于产品专利，有权制止第三方未经许可制造、使用、许诺销售、销售、或为这些目的而进口该专利的产品；第二，对于方法专利，有权制止第三方未经许可使用该方法的行为，以及使用、许诺销售、销售、或为这些目的而进口至少是依照该方法而直接获得的产品。②专利权人有权转让或通过继承转让该项专利，及订

---

[1] 冯寿波. 论地理标志的国际保护——以TRIPS协议为视角[D]. 上海：华东政法学院，2007：11.

[2] 陶鑫良，单晓光. 知识产权法纵论[M]. 北京：知识产权出版社，2004：118.

立许可合同。其中第①项是以“排他”方式对权利内容界定，实际上是禁止他人未经许可实施其专利。从权利人的角度，在法律未禁止权利人实施权利的情况下，实际上也赋予权利人享有制造、使用、许诺销售、销售、进口的权利。从另一方面看，TRIPS 协议第28条的注释也说明了权利人所享有的权利，该注释指出，“该权利与根据本协定授予的关于商品的使用、销售、进口或者分销的所有其他权利一样，均应符合第6条的规定”；其中第②项实际上是授予权利人的许可权利。

《巴黎公约》强调专利权权利内容中的署名权，实际上是强调给予专利权人的精神权利，由于专利的发明人与专利权的权利人往往并不一致，TRIPS协议未规定专利权的精神权利内容，因此专利权权利内容一般指专利的经济权利。从《巴黎公约》到TRIPS协议，可以看出，专利权内容不断发展和扩张，体现了一体化的标准逐步向专利权人有利的方向发展。

2. 专利权权利内容一体化的主要体现

各国专利法的立法中，关于专利权人的权利具体内容，各国立法规定有差别，但大致还是一致的。[1]美国专利法中，专利权的内容在很长时间里只有制造、使用和销售三项内容。[2]美国在1994年修订专利法时，为适应TRIPS 协议的要求，在《专利法》第271条中规定了许诺销售权。《欧洲专利公约》没有明确规定专利权的内容，但是德国《专利法》、英国《专利法》均规定了制造、使用、销售、许诺销售四项权利。日本《专利法》虽然没有直接规定许诺销售权，但其第2条所规定内容也包括了许诺销售的含义。世界上许多国家包括发展中国家在TRIPS协议实施后，基本上也规定了与其相适应的权利内容。例如，巴西1996年《工业产权法》第42条完整地规定了上述四种权利。就我国而言，专利权内容也是逐步与国际标准接轨的过程。例如我国1984年的《专利法》没有规定进口权，但于1992年的修改中增加了进口权，而后于2000年的修改中又增加了许诺销售权，因而专利权的权利内容也与TRIPS协议的规定完全一致。由于《巴黎公约》对专利权内容的规定零散、不系统，实际上专利权内容的一体化特点主要体现在TRIPS协议上，世界上绝大多数国家都按照TRIPS协议的要求规定专利权的权利内容，即专利权权利内容的一体化表现在制造权、使用权、许诺销售权、销售权、进口权等方面的经济权利上。

---

❶ 陶鑫良，单晓光. 知识产权法纵论[M]. 北京：知识产权出版社，2004：120.

❷ 李明德. 美国知识产权法[M]. 北京：法律出版社，2003：54.

（二）商标权权利内容的一体化

1. 商标权权利内容的国际标准

《巴黎公约》在规定驰名商标保护时涉及少许商标权的内容，即第6条之2的规定："本联盟各国承诺，如本国法律允许，应依职权，或依利害关系人的请求，对商标注册国或使用国主管机关认为在该国已经驰名，属于有权享受本公约利益的人所有、并且用于相同或类似商品的商标构成复制、仿制或翻译，易于产生混淆的商标，拒绝或撤销注册，并禁止使用。这些规定，在商标的主要部分构成对上述驰名商标的复制或仿制，易于产生混淆时，也应适用。"这一规定实际上是通过驰名商标的保护，授予商标权利人的排他使用权利。此外，《巴黎公约》也在第6条之4规定了商标转让权，并规定商标的转让只有在与其所属的企业或商誉同时转让时才有效。

系统地规定了商标权利内容的国际条约主要还是体现在TRIPS协议的规定上。与专利权内容的规定相似，TRIPS协议第16条以"排他"方式规定了商标权专有权：第一，有权防止任何未经许可的第三方在贸易中使用与已注册商标相同或近似的标记标示相同或类似的商品和服务而导致混淆；第二，有权防止在与该注册商标所标示的商品或服务不类似的商品或服务上使用该注册商标而导致该注册商标所有人的利益因此受损。除前述两种权利之外，还直接规定了商标转让权。与《巴黎公约》不同的是，TRIPS协议明显减少了权利人在转让商标时的义务，即规定权利人在商标转让时有权连同或不连同商标所属经营一起转让。

2. 商标权权利内容一体化的体现

各国商标权权利内容的一体化主要集中于以下几个方面：首先，主要由《巴黎公约》及TRIPS协议把多数国家商标法中的权利内容统一起来，并且明确规定了商标权的详细内容，为各国统一商标权利内容提供了最低标准；其次，赋予商标权利人转让的选择权，《巴黎公约》要求商标的转让须与所属的行业或商誉一起转让，而TRIPS协议则赋予权利人的选择权，明显扩张了权利人的权利范围；最后，扩大排他权的使用范围。TRIPS协议在《巴黎公约》的基础上，将排他权的范围由同类商品或服务扩及到不同类的商品或服务，强化了商标的跨类保护，从而大大地提高了商标保护水平。[1]

---

[1] 古祖雪. 国际知识产权法[M]. 北京，法律出版社，2002：181.

（三）版权权利内容的一体化

1. 版权权利内容的国际标准

版权及邻接权的权利内容包括经济权利和精神权利。

第一，经济权利。综合《伯尔尼公约》、TRIPS协议、《世界版权公约》、《罗马公约》、《录音制品公约》等规定，版权的经济权利主要有翻译权、复制权、公开表演权、播放权、朗诵权、改编权、汇编权、电影摄制权、追续权、出租权；邻接权的经济权利主要有表演者权、录音制品制作者权、广播组织者权。上述的权利构成了版权及邻接权权利内容的国际标准，条约的各缔约方应将这些国际标准纳入国内法当中，实施与此相一致的经济权利保护。从经济权利内容的发展看，国际标准的特点表现在以下方面。①经济权利逐步扩张。TRIPS协议在传统的经济权利上，增加了出租权。之后这一权利在1996年的《世界知识产权组织版权公约》中又予以明确的规定，从而使出租权成为经济权利的一种新兴的、重要的经济权利为各国版权立法所遵循。②为复杂的各国版权立法提供权利的分类依据。各国版权制度中对经济权利的分类千差万别，国际条约特别是《伯尔尼公约》为版权经济权利的分类提供了一目了然的依据，从而为各国在权利形式上趋同奠定基础。③由于国际条约中对版权经济权利的规定还未尽明确，经济权利中某些权利内容在实践中有被扩大化的趋势，如欧盟对复制权的定义中，“暂时复制”“全部复制”和“部分复制”都置于权利所有者的排他权利范围之内。[1]

第二，精神权利。对版权精神权利进行保护的主要是《伯尔尼公约》。《伯尔尼公约》第6条之2规定，作者享有的精神权利有两项，即署名权和保护作品完整权。《世界版权公约》没有专门的条款规定版权的精神权利，但是在一些条款中也涉及了精神权利的内容，如第5条第2项规定，凡经出版的译本复制品，均应刊印原著名称及作者姓名。由于TRIPS协议第9条明确规定将《伯尔尼公约》所规定的精神权利排除在协议保护之外，因此，精神权利是否为各国版权立法的统一标准即成为有争议的内容。有学者认为，TRIPS协议排除精神权利保护，仅意味着WTO的多边争端解决机制对有关精神权利的国际纠纷没有管辖权。[2]言下之意便是，精神权利仍应为各国版权立法的强制内容，只是不适用WTO的争端解决机制而已。但是，从条约之间的关系看，TRIPS协议在第2条规定了与《伯

---

❶ 邓灵斌. 试论后TRIPS时期版权经济权利的扩张[J]. 图书馆杂志，2006(4)：8.

❷ 刘剑文. TRIPS视野下的中国知识产权制度研究[M]. 北京：人民出版社，2003：73.

尔尼公约》《罗马公约》的关系，因而在版权内容的适用上应认为TRIPS协议是对前述条约的修改和补充，当条约内容发生冲突时，应以TRIPS协议为主。因此，精神权利作为版权一体化的国际标准在法律依据上有弱化的现象，即从《伯尔尼公约》及相关公约中的强制性标准弱化为TRIPS协议中的排除规定。但另一方面，将精神权利作为一体化的内容，可以理解为是超TRIPS协议规定的保护标准，仍然符合国际条约的要求。

2. 版权权利内容一体化的主要体现

在传统上，国内法系与英美法系在对待精神权利的保护上分歧较大。国内法系的版权法一般强调对作者精神权利的保护，而英美法系的版权法则强调对作品的利用以及对经济权利的保护。在国际条约（特别是《伯尔尼公约》）的协调下，版权内容一体化的主要表现为对经济权利和精神权利一同保护。

在国内法系中，作者既享有经济权利，也享有精神权利。在经济权利与精神权利的关系上，又有一元论与二元论之分。一元论者认为作者的经济权利与精神权利不可分开，或者以精神权利为中心。[1]二元论是“将著作权中的精神权利和经济权利分开保护的立法主义”。[2]以一元论为理论指导的国家有德国、奥地利等，以二元论为理论指导的国家有日本、法国、意大利、西班牙等。在大陆法系中，虽然强调精神权利的保护，但是经济权利也日益扩张，诸如在传统的复制权、演绎权、传播权的基础上，增加了出租权、追续权等。

在英美法系中，早期的立法只规定作者的经济权利，如1710年英国的《安娜法令》就只确认了对财产权的保护。几经周折，英国1988年的《版权法》第四章详细地规定了精神权利的内容。美国《版权法》原先也只规定权利人的经济权利，其经济权利包括复制权、演绎权、发行权、表演权和展览权等。在美国版权法的体系中，作者的精神权利不同于由作品而产生的版权。[3]因此，作者的精神权利并不作为版权法的立法内容。然而这一情况在美国加入《伯尔尼公约》后发生了改变，在1990年通过的《视觉艺术家权利法》中，将作者的精神权利如署名权、保证作品完整权列入保护的范围。

就以往的立法历史看，各国版权立法或多或少地规定了精神权利的内容。现今，即使美国、英国这些传统上拒绝对精神权利进行保护的国家，也将精神权利

---

[1] 陈传夫. 国家信息化与知识产权——后TRIPS时期国际版权制度研究[M]. 武汉：湖北人民出版社，2002：174.

[2] 杨延超. 精神权利的困境——两大法系版权立法比较分析[J]. 现代法学，2007(4)：46-47.

[3] 李明德. 美国知识产权法[M]. 北京：法律出版社，2003：199.

纳入保护范围的立法里。可见，尽管TRIPS协议弱化了版权的精神权利，但是两大法系在精神权利的保护方面则具有日益趋同的倾向。

（四）其他类型知识产权权利内容的一体化

1. 地理标志

地理标志权利人的权利内容体现在TRIPS协议第22条的规定。在TRIPS协议中，并没有直接规定地理标志权利人的权利内容，而是通过要求成员方履行义务来说明权利人享有的权利：一是要求成员方提供法律手段制止使用地理标志误导公众；二是应有职权或根据利害关系方的请求拒绝或撤销包含有或组合有虚假地理标志的商品商标注册。由此可以推知权利人具有禁止他人使用地理标志的权利，但是这一权利表现在成员方的公权上，而非体现在权利人的私权上。因此，现行的国际条约为地理标志的权利内容提供了公法上的保护标准，如若从程序权利的角度看，这一权利实际上也可以认为是知识产权权利人的救济权利。

2. 集成电路布图设计权的权利内容

根据《华盛顿条约》第6条的规定以及TRIPS协议第36条的规定，集成电路布图设计权的内容有：①复制权。布图设计专有权人有权复制或许可他人复制其布图设计的全部或其中一部分。②商业利用权。即布图设计专有权人可以授权他人将其受保护的布图设计投入商业利用，布图设计专有权人有权禁止他人未经许可将其受保护的布图设计投入商业利用。③转让许可权。授权他人复制、制造及商业利用受保护的布图设计。值得一提的是，这些权利不仅保护集成电路设计本身，也延伸至含有布图设计的基础电路。

3. 商业秘密

综合《巴黎公约》、TRIPS协议的规定，商业秘密权利人具有的权利为：①防止他人未经许可而泄露、获得或使用其合法控制的信息。②条约缔结方应履行的保护义务，如TRIPS协议第39条第3项规定的：当成员方要求提交未披露的实验数据或者其他数据，作为批准使用新化学成分的药品或者农用化学产品上市的条件时，如果该数据的原创活动包含了相当大的努力，则成员应该保护该数据，防止不当的商业应用。

三、知识产权保护期限的一体化

知识产权保护期限的一体化是知识产权制度一体化的重要标志之一。由于知识产权类型不同、权利不同，对于知识产权的保护期限各国在立法中也是千差万别。国际条约在知识产权保护期限上根据不同的知识产权类型，统一了保护的期限。可以说，保护期限的一体化，其一致性程度最高，特别是在国际条约的框架下，各缔约国的知识产权立法中几乎都具有“统一”的知识产权保护期限。

（一）专利保护期限的一体化

1. 专利保护期限的国际标准

专利期限与专利政策有关，即体现了对专利权人足够的激励、足够的时间收回投资，以及对公众自由地接近知识和信息的保障。[1]因此，专利保护期限实际上是在权利人与社会公共利益之中设置一个时间的平衡点，以平衡他们之间的利益关系。在TRIPS协议达成之前，由于《巴黎公约》没有对专利的保护期限进行规定，各国也根据各自不同的需要规定专利的保护期限。但是，TRIPS协议统一规定了专利保护期限的最低标准，即在第33条规定，可享有的保护期，应不少于自提交申请之日起的20年年底。在专利保护期限上，至少还应明确所确定期限的几个标准：首先，发明专利的保护期限为20年，该规定确立了发明专利保护终止的最早期限，成员方若延长保护期限属超TRIPS协议义务；其次，提交申请日不同于申请日，因为申请日有可能因优先权的存在而与提交申请日不同；[2]最后，对于没有原始批准制度的成员方，根据TRIPS协议第33条的注释，保护期应自原始批准制度的提交申请之日起算。

2. 专利保护期限的一体化情况

一些国家在TRIPS协议实施之前已经规定发明专利的保护期限为20年。如英国1977年的专利法规定，保护期限自专利申请之日或另外规定的其他日期开始算起的20年结束。但许多国家专利的保护期限在TRIPS协议实施之前是不相同的，之后才逐渐统一到TRIPS协议所规定的保护期限。在发达国家中，日本原《专利法》规定：专利权的保护期限自审定公告日起经15年终止，但从申请日起算不得超过20年。在1994年的修改中规定，专利权的存续期限自申请公告之日起不得超过20年。一件被批准的专利在自提出专利申请之日起的20年内有效；美国《专利法》原来规定，专利期限是从授权日起17年，1994年关贸总协定乌拉圭回合谈判达成协议后，1999年美国修订了《专利法》并将专利期限改为从申请日起20年。巴西1996年的《工业产权法》第40条规定专利的保护期限为20年。因此，在后TRIPS时代各国对发明专利的保护基本上以20年为期限。

---

[1] 冯晓青. 知识产权法利益平衡原理[M]. 长沙：湖南人民出版社，2004：285.

[2] 古祖雪. 国际知识产权法[M]. 北京：法律出版社，2002：172.

（二）商标保护期限的一体化

商标权的保护期和知识产权中的其他部分的保护期不同，商标的保护期限通常由首期和展期两部分组成。[1]《巴黎公约》对商标保护期限也同样没有规定。TRIPS协议第18条规定，商标的首次注册及各次续展注册的保护期，均不得少于7年，商标的续展注册可以无限续展。因此，商标的保护期限实际上是可以无限期的，一般所言的保护期限是指首次注册的保护期。虽然TRIPS协议规定首次注册商标的保护期限不少于7年，但大多数国家这一期限是10年，略高于TRIPS协议所规定的最低标准。例如日本《商标法》、美国《商标法》均规定首次注册商标的保护期限为10年。在发展中国家中如巴西等国家也同样规定了10年的保护期限。

（三）版权保护期限的一体化

《伯尔尼公约》第7条规定：①作品的保护期限为作者有生之年及其死后50年；②电影作品的保护期在作者同意下自作品公之于众50年，如自作品完成后50年内尚未公之于众，则自作品完成后50年；③对于匿名或假名作品的保护期为自其合法公之于众之日起50年内有效；④摄影作品及实用艺术品的保护期由成员国国内法规定，但期限不应少于自作品完成之后算起25年。根据统计，截至1997年，全世界已有76个国家对作品的保护期限为作者有生之年及其死后50年。[2]可见，《伯尔尼公约》在版权保护期限上已经成为世界上大部分国家的立法标准。

TRIPS协议基本上保持了《伯尔尼公约》所规定的保护期限，但其第12条规定，除摄影作品或实用艺术作品外，如果某作品的保护期并非按自然人有生之年计算，则保护期不得少于经许可而出版之年年终起50年，如果作品自完成起50年内未被许可出版，则保护期应不少于作品完成之年年终起50年。由此，可以看出，TRIPS协议在以下几个方面与《伯尔尼公约》不同。一是规定了法人作品的保护期限。在《伯尔尼公约》中作者必须是自然人，而TRIPS协议允许将法人作为作者。[3]这是TRIPS协议规定了以自然人有生之年外计算保护期限蕴涵的用意。二是TRIPS协议的保护期限指的是经济权利的保护期限，不涉及精神权利的

---

❶ 刘剑文. TRIPS视野下的中国知识产权制度研究[M]. 北京：人民出版社，2003：143.

❷ 北京新闻出版局. 新闻出版实用法规手册[M]. 北京：京华出版社，1998：785-793.

❸ 孔祥俊，武建英，刘泽宇. WTO规则与中国知识产权法 原理·规则·案例[M]. 北京：清华大学出版社，2006：38.

保护。而《伯尔尼公约》规定精神权利至少保留至作者经济权利期满为止。三是对于电影作品的保护期限，《伯尔尼公约》以“公之于众”为起点，而TRIPS协议则以“经许可出版”为起点，前者概念比后者更广，后者的条件比前者严格。

对于邻接权，《罗马公约》第14条规定，邻接权的保护期限至少为20年，对录音制品和录制在录音制品上的节目、未被录制成录音制品的节目、广播节目的计算时限分别始于录制、表演、开始广播的年份的年底。TRIPS协议在第14条规定，表演者及录音制品制作者享有的保护期至少50年，而广播组织权则仍按照《罗马公约》的规定予以20年的期限。

（四）其他知识产权保护期限的一体化

（1）集成电路布图设计专有权的保护期限。《华盛顿条约》第8条规定，布图设计的保护期应不少于8年。然而，TRIPS协议第38条规定，集成电路布图设计的保护年限应不少于10年，起算日为登记申请日或者首次投入商业利用之日。美国《半导体芯片保护法》、日本《半导体集成电路布局法》、欧共体《半导体产品布图设计法律保护的理事指令》均规定了10年的保护期限。我国《集成电路设计保护条例》也规定了10年的保护期限。

（2）植物品种权的保护期限。根据《保护植物新品种国际公约》1978年文本，品种权的保护期限应自授予品种权之日起不少于15年；对于藤本植物、林木、果树和观赏树木，包括其根茎，保护期限为18年。根据1991年文本，保护期限被延长，即品种保护期限不少于20年，对于树木和藤本植物，保护期限不少于25年。

（五）无保护期限的知识产权

在目前的法律体系中，还有一些知识产权是没有保护期限限制的，如地理标志、商业秘密等，目前的国际条约没有明确具体的保护期限，各国一般也没有设置保护的期限。

四、知识产权限制规范的一体化

所谓知识产权的限制，亦称知识产权的权利限制，是指基于公共政策的考虑，对知识产权的权利内容及其权利行使所给予的、合理的适当约束。[1]从广义而言，知识产权的限制包括对知识产权权利的限制，也包括知识产权的例外规

[1] 陶鑫良，袁真富. 知识产权法总论[M]. 北京：知识产权出版社，2005：222.

定。有学者将所有知识产权的限制进行归类，认为其包括基于知识产品使用的限制，具体分为合理使用、法定许可、强制许可等；基于知识产品流通的限制，即指知识产权的权利穷竭；基于权利冲突的限制，主要指知识产权的行使要受到在先权利的制约；基于公共秩序保留的限制。[1]这一分类有一定的合理性，但只是从一般意义上对知识产权的限制进行归类，对各具体的知识产权类型而言，目前的国际条约为各国在知识产权的限制上的立法提供了一整套标准，限制的类型也不尽相同。

（一）专利权限制规范的一体化

1. 专利权限制规范的国际标准

专利权限制（包括例外）的国际标准主要体现在《巴黎公约》和TRIPS协议两个国际条约上。由于TRIPS协议对专利权的限制和例外作了更加详细的规定，因而实际上对专利权的限制和例外的一体化标准主要以TRIPS协议为主。综合《巴黎公约》和TRIPS协议，专利权限制与例外的国际标准主要包括以下方面。

（1）合理使用。合理使用包括三个方面，即在先使用、为科学实验目的和临时过境而使用。《巴黎公约》和TRIPS协议均没有直接规定专利的在先使用及为科学实验目的而使用专利的情形。《巴黎公约》第5条之三对临时过境作了较为详细的规定：①本联盟其他国家的船舶暂时或偶然地进入上述国家的领水时，在该船的船身、机器、船具、装备及其他附件上使用构成专利对象的器械，但以专为该船的需要而使用这些器械为限；②本联盟其他国家的飞机或陆上车辆暂时或偶然地进入上述国家时，在该飞机或陆上车辆的构造或操作中，或者在该飞机或陆上车辆附件的构造或操作中使用构成专利对象的器械。

（2）强制许可。《巴黎公约》和TRIPS协议均规定了专利的强制许可制度，但是TRIPS协议对强制许可的使用增加了更多的限制，规定了实施的许多条件，这些条件主要体现在TRIPS协议第31条中，共12项。TRIPS协议的强制许可规定显然比《巴黎公约》具有很强的操作性，但是因使用的限制太多，实际上能够实施的空间非常小。由于强制许可制度在解决公共健康危机中起着举足轻重的作用，在发展中国家的强烈要求之下，实现了从《TRIPS协议与公共健康多哈宣言》到《总理事会决议》再到《议定书》的修改，最后在TRIPS协议第31条后增加了“第31条之2”，主要内容是允许在符合有关条件的前提下，各成员国可

[1] 袁秀挺，郭芬. 知识产权的法律限制体系[J]. 电子知识产权，2003(10)：14.

以授予其企业生产并出口特定专利药品的强制许可。

（3）权利穷竭（权利用尽）。专利权的权利穷竭包括专利权的国内穷竭和国际穷竭，对于专利权的国内穷竭许多国家在专利制度中予以体现，国际社会对于国内穷竭问题似乎争论比较少。目前，知识产权的国际条约还无法统一专利权的穷竭问题，所以，TRIPS协议在第6条中规定：本协议中的任何条款均不得用以提出知识产权用尽（穷竭）问题。

2. 专利权限制规范的一体化表现

（1）合理使用的一体化表现。在专利权限制的国际标准中，没有对在先使用和科学实验作出规定，但在先使用制度、为科学实验目的而使用专利在各国的专利立法中却是普遍的现象（美国专利法采用的是先发明制度，因此不存在在先使用的问题）。其他国家，如日本《专利法》第79条规定，在申请时已在日本国内经营实施的该发明者或者准备实施的经营者，在该实施或者准备实施发明及经营的目的范围内，就与该专利申请有关的专利权拥有普通实施权。日本《专利法》第69条规定：①专利权的效力不及于为实验或者研究而实施专利发明；②专利权的效力也不及于仅在过境日本的船舶或飞机，或者该船舶或者飞机使用的机械、器具、装置及其他物品。《欧洲专利公约》第37条规定了在先使用的权利。而在《共同体专利条例》中则建议："其在先使用权利在欧盟的一个或数个成员国中使用，都可以创立在整个共同体有效的在先使用的权利。"[1]在发展中国家的专利法如我国也广泛地规定了前述三种合理使用的情况。

（2）强制许可的一体化表现。学者认为，在1925年《巴黎公约》第5条以强制许可制度取代了专利撤销制度之后，"公约"的成员国都在国内法中规定了专利强制许可制度。[2]但对于强制许可制度的确立范围，发达国家与发展中国家的立场绝然不同。发达国家主张给予专利权人绝对的权利，强制许可应严格控制。发展中国家则不同，主张对专利权进行限制以防止权利人滥用权利。TRIPS协议第31条所规定的强制许可制度，实际上体现了发达国家的需求。当然随着TRIPS协议的修改，发达国家也纷纷对专利许可制度进行了修改，从而在某些方面如药品的专利许可方面迎合了发展中国家的需要。后TRIPS时代，不仅发展中国家在药品专利上实施了强制许可制度，发达国家也有实施强制许可的实例，如意大利2005年至2007年对3种药品实行了强制许可，美国则通过一个"复杂的

[1] [德]汉斯·高得，克里斯·阿贝尔特. 欧洲专利公约指南[M]. 王志伟，译. 上海：上海世界图书出版公司，2003：347.

[2] 林秀芹. TRIPS协议第31条研究[D]. 厦门：厦门大学，2003：32.

专利权例外体系”[1]完成对强制许可的实施。因此，从各国专利强制许可制度的发展趋势看，适应范围正经历着从严格限制到适当限制的转变。

(3) 各国对权利穷竭的规定。对于国内穷竭，各国的专利立法对此存在一些共识：[2]第一，专利权的用尽是指专利权人对合法出售的产品的处置不再拥有控制权，而不是整个专利权权利被用尽；第二，专利权的用尽取决于当事人的意志，强制许可的情形下，专利权不视为已经穷竭；第三，导致专利权被用尽的行为是专利权人自己出售或许可他人出售有关产品。然而，对于专利权的国际穷竭问题，争论却十分激烈。因涉及平行进口的贸易问题，发达国家一般反对专利权的国际穷竭，而发展中国家则比较赞同专利权的国际穷竭。

（二）商标权限制规范的一体化

学者一般认为，国际条约与多数国家的商标法中，均未对商标作出权利限制的规定，反倒是对于商标权不允许实行“强制许可”制度，在条约及商标法中都被强调出来。[3]但事实上并非如此，这其中主要还是涉及对权利限制的内涵理解有所不同而造成的。如果将例外也归为限制的内容，那么国际条约对此还是有较为详细的规定。TRIPS协议第17条规定：成员方可以规定商标权的有限例外，诸如对说明性词汇的合理使用之类，只要这种例外顾及了商标所有人及第三方的合法利益。从现有的国际条约中，这可谓是商标权例外的专门规定，但实质上此规定并不具强制性，而是留给各成员方自由的选择。因此，从商标权的限制和例外看，其一体化的特点明显不在于对商标权作出许多限制和例外，而是在于给商标权使用一个广阔的空间。换言之，不对商标权进行限制才是国际标准的显著特点。

（三）版权限制规范的一体化

版权（邻接权）的限制和例外涉及《伯尔尼公约》、TRIPS协议、《罗马公约》、《录音制品公约》、WCT、WPPT等国际条约。

1. 合理使用

《伯尔尼公约》规定合理使用的情形有：①引用，即从一部合法公之于众的作品中摘出引文（第10条第1款）；②解说，为了教学的目的，通过出版物、无

---

[1] 詹姆斯·拉夫. 药品专利强制许可制度在各国法律实践中的新发展[N]. 中国知识产权报，2007-06-20.

[2] 刘剑文. TRIPS视野下的中国知识产权制度研究[M]. 北京：人民出版社，2003：243.

[3] 郑成思. 商标国际保护中的若干问题（下篇）[J]. 中华商标，1995（2）：10.

线电广播或录音录像等解说文学艺术作品的（第10条第2款）；③时事报道，为时事报道而通过报刊、广播或有线广播而复制报纸、报刊上的经济、政治或宗教的时事性文章或具有同样性质的已经广播的作品（第10条之二第1款）；在用摄影或电影手段，或通过广播或对公众有线传播报道时事新闻时，在事件过程中看到或听到的文学作品（第10条之二第2款）；④档案保存，为广播目的而临时录制的有关作品，并将该录制品作为特殊文献保存在官方的档案之中（第11条之二第3款）。TRIPS协议承认《伯尔尼公约》关于版权的限制和例外，其对伯尔尼公约的补充在第13条中得以体现，即规定"全体成员均应将专有权的限制或例外局限于一定特例中，该特例应不与作品的正常利益冲突，也不应不合理地损害权利人的合法利益。"WCT第10条第1款的规定与TRIPS协议的规定基本上是一致的，但是在关于第10条的议定书声明中，声明"第10条的规定允许缔约各方将其国内法中依《伯尔尼公约》被认为可接受的限制与例外继续适用并适当地延伸到数字环境中。同样，这些规定应被理解为允许缔约方制定对数字网络环境适宜的新的例外与限制"。从而，对版权的限制与例外还关注网络技术的发展，是对《伯尔尼公约》和TRIPS协议的一种完善。

在邻接权方面，罗马公约第6条规定了合理使用的4种情形：①私人使用；②在时事报道中少量引用；③广播组织为了自己的广播节目利用自己的设备暂时录制；④仅用于教学和科学研究之目的。TRIPS协议在第14条第6款中认可了罗马公约的规定，因而在邻接权的限制与例外方面没有作出新的规定。WPPT在第16条中要求对邻接权与版权所规定的相同种类的限制或例外，实质内容与WCT第10条的规定基本一致。

2. 法定许可

《伯尔尼公约》规定的法定许可均为任意性规范，成员国可以选择在各自的立法中是否体现：①为新闻报道目的而对公开发表的讲课、演说或其他同类性质作品的许可（第2条第2款）；②复制的许可，只要复制不损害作品的正常使用也不致无故侵害作者的合法利益，成员国法律得以允许某些特殊情况下复制文学艺术作品（第9条第2款）；③广播权的许可，成员国有权对作者享有的广播权进行规定，但这些条件不应有损于作者的精神权利，也不应有损于作者获得合理报酬的权利（第11条之二第2款）；④对已被授权的音乐作品录制权的许可，每一成员国可就其本国情况对音乐作品作者及允许其歌词与音乐作品一道录音的歌词作者授权对上述音乐作品以及有歌词的音乐作品进行录音的专有权规定保留及条件（第13条第1款）。TRIPS、WCT等国际条约在版权法定许可方面均没有超越《伯尔尼公约》的规定。

3. 强制许可

《伯尔尼公约》和《世界版权公约》均规定了版权的强制许可，并针对翻译权和复制权两项权利。综合《伯尔尼公约》附件和《世界版权公约》规定，版权强制许可应具备以下几个条件：①实施版权强制许可的主体是根据联合国大会惯例被视为发展中国家的国家；②申请的对象是作品自首次出版已满三年或依据申请人所在国法的更长的时间期满；③强制许可只限于教学、学习或研究之用。除前述的条件外，这两个公约还规定了许多严苛的实施程序，因此版权强制许可虽在一些国家的立法中得到体现，但发展中国家通过版权强制许可方式利用发达国家的作品并不是一件非常容易的事。发展中国家立法中所确立的版权强制许可制度在发达国家所施加的压力面前不得不经常被修改甚至废除。[1]

第二节　知识产权程序规范一体化

知识产权程序规范的一体化是知识产权制度一体化中最具代表性的一体化，如果说实体规范除个别区域外，在全球范围内还是一种"趋同的话"，知识产权程序规范已经越过制度的"趋同"阶段，从而进入了具有实质意义的"国际一体"阶段。本节以国际条约的内容为重点，讨论知识产权程序规范的一体化。

一、知识产权取得制度的一体化

（一）专利权取得制度的一体化

专利权取得制度的国际标准主要集中在《巴黎公约》与《专利合作条约》这两个国际条约当中。《巴黎公约》通过一系列制度协调各国专利立法，使各国在专利权的取得程序上形成基本相同的制度规定。而专利合作条约则不同，它通过建立国际统一的专利申请程序，实现了专利申请程序的一体化。

1.《巴黎公约》确定的专利取得制度

《巴黎公约》在专利权取得方面规定了两项重要的制度：一是优先权制度，二是独立性制度。

（1）优先权制度。《巴黎公约》第4条规定，对专利权、实用新型、外观设

[1] 杨红军. 版权强制许可制度论[J]. 知识产权，2008(4)：32.

计、商标、发明证书的申请给予优先权。优先权即申请人在任何《巴黎公约》成员国提交正规申请后在一定期限内，以相同内容的发明创造向其他成员国提出申请的，以其第一次申请的日期为以后提出申请的日期。优先权制度为专利申请人跨国进行专利申请时提供了两个方面的保障，即保障新颖性以及排除他人以同样专利同时申请专利。根据《巴黎公约》的规定，优先权制度包含以下具体内容。①申请主体。根据《巴黎公约》的规定，优先权申请主体是提出专利申请的任何申请人或其权利继受人，同时申请人应是公约缔约国的国民或虽非缔约国国民但在缔约国境内拥有合法永久住所或真实有效的工商营业场所。②优先权期限。根据《巴黎公约》第4条C项的规定，专利和实用新型为12个月，对于外观设计为6个月。如果以实用新型为基础的优先权而提出外观设计申请的，优先权期间与外观设计相同为6个月。如果以外观设计为基础而提出实用新型申请的，公约没有规定可以转换，有学者认为应该理解为不允许转换。[❶]③申请要求。《巴黎公约》第4条D项规定了详细的申请程序。一是要求希望获得优先权的申请人提交首次申请日期及受理国家的声明材料，该声明材料应当在主管机关的出版物中尤其在专利和有关专利说明书中予以载明。二是要求申请人提交经原受理机关证明属实的以前提交申请副本。④审查依据。是否给予优先权，《巴黎公约》作了原则上的评判标准。首先，在先申请必须是正规的国家申请，正规的国家申请是指足以确定在有关国家中提出申请日期的任何申请，而不问该申请以后的结局如何。其次，根据《巴黎公约》的规定，优先权只能以联盟国家提出的有关对象的第一次申请作为根据，即相同主题的要求。“这个规定的原意是要避免对同一对象提出一连串先后相继的优先权要求。”[❷]如果在提出该申请时前一申请已被撤回、放弃或驳回，没有提供公众阅览，也没有遗留任何权利，而且如果前申请还没有成为要求外国优先权的根据，那么，后一申请可以作为首次申请。最后，基本特征的重合。《巴黎公约》第4条H项规定，不得以作为优先权根据的发明中的某些因素没有包含在原属国申请所列举的请求项中为理由，而拒绝给予优先权，但以申请文件从全体看来已经明确地写明这些因素为限。这实际上要求后一发明申请与前一发明申请在基本特征上重合即可，并非要求它们完全等同。值得注意的是这一规定专指发明，因为在专利申请中，相同的主题比较难于保持和确定。如果被要求优先权的发明要素在以前申请的全部文

❶ 谭启平. 专利制度中的优先权及内地与香港相关问题的协调研究[J]. 西南政法大学学报，2002(6)：67.

❷ [奥]博登浩森. 保护工业产权巴黎公约解说[M]. 汤宗舜，段瑞林，译. 北京：专利文献出版社，1984：31.

件（包括发明的说明书、图表等）中已经明确记载，那么这就足以使以后申请要求优先权了。❶

目前，凡参加了《巴黎公约》的国家都在专利法中规定了优先权制度。但是，《巴黎公约》在建立优先权制度时，只是在申请人的程序权利中的优先权作了统一的规定，专利申请是否可以得到继续进行、最终是否可以得到授予，还涉及许多其他的程序规定，而公约将其留给了各国的国内立法。然而，作为专利优先权的判定标准，目前世界上大多数国家都采用先申请原则，美国则采用了先发明原则。加拿大和菲律宾也曾采用过先发明原则，但这两个国家分别于1989年和1998年采用了先申请原则。美国众议院已通过了2007年专利法修正案，修正案采用绝大多数国家的做法，修改“先发明原则”为“先申请原则”。尽管这一修正案的最终通过还需假以时日，但终究在专利权取得制度上，各国进一步增强了同一性。

（2）独立性制度。《巴黎公约》第4条之2规定，联盟各国就同一发明所取得的专利是相互独立的，即专利独立性制度。根据此制度，①某一专利申请在一成员国获得专利并意味着在其他成员国也同样可以获得专利；②某一专利申请在一成员国受到拒绝、撤销或终止，也不表明在其他成员国也同样应该拒绝、撤销或终止；③即使在优先权期限内申请而且优先权也得到承认，以优先权为基础的专利申请也是相互独立的，也即是否取得优先权并不影响专利的独立性规定；④独立性仅仅是对同一发明所取得的专利而言，当然，如果对不同的发明专利，根据《巴黎公约》规定的本意，它们的独立性更应该存在。

2. 专利合作条约（PCT）确定的专利取得制度

PCT是专门规定专利取得制度的国际条约，旨在统一各国专利申请和审批程序，其所解决的是专利国际申请的一体化问题。具体包含以下几个方面内容：

（1）国际申请。①申请主体。根据PCT第9条的规定，可提出国际申请的有：缔约国的任何居民或国民；由大会决定允许的非该条约缔约国但为《巴黎公约》任一缔约国的居民或国民；如果申请人在2人或2人以上，只要其中一人符合前述两个条件之一即可。②形式要件。PCT第3条规定了国际申请的形式要件：国际申请应包括一份申请书、一份说明书、一项或多项权项、一幅或多幅附图及一份摘要（如果需要）；摘要仅用作为技术情报，不能作任何其他目的之用，特别是不能作为解释所要求的保护范围；国际申请还应使用一种规定的语

❶ [奥]博登浩森. 保护工业产权巴黎公约解说[M]. 汤宗舜，段瑞林，译. 北京：专利文献出版社，1984：52.

文、符合规定的形式、符合发明的单一性要求以及按照规定交付费用。③受理局的审查。国际申请应向规定的受理局提出，受理局以收到国际申请的日期作为国际申请的提交日期。根据PCT第11条的规定，受理局审查国际申请的依据为：申请人不因为居住或国籍的原因而明显缺乏向受理局提出国际申请的权利；国际申请是用规定的语文所写；国际申请至少包括明确的国际申请的表示、至少提出一个缔约国作为制定国、符合规定的申请人姓名、表面上看是一份说明书、表面上看是一项或多项权项。

（2）国际检索。①国际检索单位。截至2010年1月1日，国际检索单位有14个，分别是奥地利专利局、澳大利亚专利局、巴西专利局、加拿大专利局、中国专利局、欧洲专利局、西班牙专利局、芬兰专利局、日本专利局、韩国专利局、俄罗斯专利局、瑞典专利局、美国专利局、北欧专利局。埃及专利局和以色列专利局于2009年9月25日被批准为国际检索单位，但该批准要等到两个国家开始运作后生效。根据PCT及PCT实施细则，国际检索单位的主要职能有：确定发明的单一性；检查发明的名称、摘要；在权利要求书的基础上进行国际检索；作出书面报告等。②检索程序。国际申请受理后，由国际检索单位依据PCT以及其实施细则对国际申请进行检索。③国际检索报告。国际检索单位在完成国际检索后应作出国际检索报告及书面意见，报告及书面意见应该在收到检索本起3个月内或自优先权日起9个月内完成，并应尽快传给申请人和国际局。

（3）国际公布。根据PCT第21条规定，国际申请应该在从该申请的优先权日期算起满18个月后迅速公布。就保护申请人在指定国中的权利来说，国际公布的效力与指定国的国内法对未经审查的国家申请在国内强制公布所规定的效力相同。

（4）国际初步审查。国际初步审查的目的在于对一项国际申请是否具备新颖性、创造性、工业实用性等问题提出初步的、无约束力的意见。根据PCT第二章的规定，国际初步审查程序不是必经的程序，申请人可以自行决定是否进入国际初步审查。

（5）国内程序。申请人在得到国际检索单位的检索报告后，如果决定进入国内阶段，应当在自优先权日期第20个月届满之前向指定国提供国际申请的译文并缴纳费用。值得注意的是，进入国内程序之后，专利的申请即由指定国根据其国内专利法进行审查而最终决定是否授予专利。

综上，PCT就专利国际申请的程序作了统一的规定，在专利取得制度上实现了从趋同到统一的一体化进程。首先，赋予专利申请的国际效力。一项国际申请可以通过本国申请而在公约缔约国中产生效力，即只要使用一种语言在某一成员国提交国际专利申请，就可以产生等同于在各缔约国进行申请的效力，这就在申请程序上打破了地域限制，是具有完全意义上的一体化。其次，统一检索单位和结果。PCT统一了全球的国际检索单位，赋予了国际检索单位的各项职能，使原先由各国专利局承担的检索任务转由国际检索单位承担。国际检索报告和国际初步审查报告虽然不具有效力，但是其提供了一种较为权威的国际示范，实际上缩小了各国检索结果之间的差别，为专利新颖性的判定提供了基本的标准。再次，推动专利申请的一体化进程。PCT以及近年来的改革显示，发达国家深层次目标在于实现目前的检索和初审单位的区域化、取消国家和国际申请的区别、使某些PCT检索单位肯定的结果在缔约国具有约束力等改革，从而导致彻底改变PCT制度。[1]因而PCT制度具备了从程序制度一体化向实体制度一体化发展的趋势。最后，PCT构建了国际申请的一体化程序，简便了申请人的申请手续、节省了申请人大量的人力和物力，方便和减轻了申请人的负担，在实际中有力地促进了各国国际申请的增加。据统计，截至2014年7月，PCT的缔约国已经达148个，仅2013年PCT的国际申请就已经达到205300件。[2]

3. TRIPS协议确定的专利取得制度

TRIPS协议对专利取得制度的规定并不详尽，它在27条中规定了专利取得的事项，实际是规定了专利的客体。需要特别一提的是，该条规定了专利的取得享有不受歧视的原则，即专利的取得不因发明地点、技术领域以及产品是否进口还是本地生产而受到歧视。关于专利取得的程序性规定主要在第29条，该条规定了专利取得过程中的两项程序。第一，发明的披露制度。TRIPS协议规定，成员方应要求专利申请者用足够清晰与完整的方式披露其发明，以便于为熟悉该门技术者所运用，并要求申请者在申请之日指明发明者已知的运用该项发明的最佳方式，若是要求取得优先权，则需在优先权申请之日指明。第二，提供外国申请和授予情况。成员方可要求专利申请者提供关于该申请者在国外相同的申请与授予情况的信息。TRIPS协议中最为特别的是规定了各成员方应提供对撤销或收回专利的决定进行司法审查的机会。这就能应付许多国家在专利撤销和收回中使用行政程序、司法程序不统一的情况，一方面在一定程度上减少了专利取得过程中行政程序的不稳定性，另一方面强化了尊重司法原则。

---

[1] 唐春. 从统一到一体：专利制度国际化进程及其发展趋势研究[J]. 知识产权，2008(5)：82.

[2] 参见WIPO统计数据，(2014-08-02) http://www.wipo.int/pressroom/en/articles/2014/article_0002.htm.

（二）商标权取得制度的一体化

商标权取得制度存在两种模式，一是注册取得模式，另一是使用取得模式。虽然商标权使用取得模式符合商标法传统理论，符合劳动者享有劳动成果的朴实正义观念，然而，不可否认的是，注册取得模式已得到各国立法的承认，即便作为商标权使用取得模式典型代表的英国和美国，也不例外。[1]目前生效的国际条约中对商标取得制度中的一些重要环节作出了规定，其中也主要是以注册取得为基础。

1.《巴黎公约》关于商标权取得制度的规定

在《巴黎公约》中，对商标权的取得制度除了规定如专利权一样的优先权原则外，还作了以下规定。①取得条件由国内法确定。根据《巴黎公约》第6条的规定，商标的申请和注册的条件，由联盟各国的本国法律决定。即对商标的申请和注册可以根据公约中的国民待遇原则进行处理。②独立性原则。独立性原则与专利方面的规定颇为类似。《巴黎公约》规定，在该联盟一个国家正式注册的商标，与在联盟其他国家注册的商标，包括原属国注册的商标在内，应被认为是相互独立的。③按照原样原则。《巴黎公约》第6条之5规定，在原属国家正式注册的每一商标，除应受本条规定的保留条件的约束外，联盟其他国家也应和在原属国注册那样接受申请和给予保护。

可见，《巴黎公约》对商标取得制度的规定还较为笼统，在取得制度的关键环节上基本上均留给各国国内法予以规定，体现了其在商标取得制度上协调力度上的有限性，但是它规定了按照原样的原则，解决了就同一件商标权取得国际注册的问题，是后来商标国际注册制度产生和发展的基础。[2]

2. 商标国际注册的马德里体系

为实现商标注册申请的一体化，国际社会先后于缔结了《商标国际注册马德里协定》（1891年，以下简称《马德里协定》）、《商标国际注册马德里协定有关议定书》（1989年）。根据《马德里协定》，商标国际注册申请的程序为：①申请人的商标在所属国注册。②申请人向所属国的主管部门提交国际注册申请并缴纳相关费用。③所属国审查核实后转呈世界知识产权国际局，由国际局进行形式审查。④如果通过国际局的形式审查，即获国际注册；如果未能通过形式审查，即申请人应在3个月内进行修改，否则将予以驳回。⑤指定国应该在1年内对是否

---

❶ 邓宏光. 我们凭什么取得商标权——商标权取得模式的中间道路[J]. 环球法律评论，2009(5)：57.

❷ 万鄂湘. 国际知识产权法[M]. 武汉：湖北人民出版社，2001：372.

保护该商标作出决定，指定国在1年内未作出拒绝保护声明的，国际注册转变为指定国的国内注册。

马德里议定书是对马德里协定的继承和补充，其与马德里协定的主要区别在于：①国际注册的申请以国家申请为前提，而不是仅仅以国家注册为前提。②指定国注册当局有权在18个月内，而不是1年内提出拒绝保护的声明。③在国际局的商标注册，其有效期不是20年，而是10年。④指定国注册当局可以收取“个别费用”而不是从“标准费用”的总金额中去分摊。⑤在适用主体上，将符合规定的政府间组织纳入其中，而不是只有巴黎公约成员才有资格加入。⑥对“中心打击”原则作了修改，虽然马德里议定书也保留了作为基础“中心打击”原则，即国内注册如果在五年内因某种原因被撤销，其国际注册也要被撤销的，但是，也规定了出现上述情况时可以将国际注册转换为国内注册。❶

因此，马德里体系在商标国际注册的程序上体现了一体化的以下效果：第一，程序统一、简化。商标注册申请人只要使用一种文字（法文）、向一个主管部门递交一份申请、付一次费用即实现国际注册申请。第二，统一各国的申请效力。马德里体系通过国际注册实现了一个国际申请与逐个国内申请的等同效力，实际上是将跨国逐一申请的程序划归一体，以一个国际申请程序替代在各国的申请。第三，马德里体系下的国际注册可被视作多个国内注册，因为同时可在多个国内产生效力。因此，国际注册的后期管理任务，对每一相关指定国家的续展、转让等，将通过世界知识产权组织国际局的单一操作而得以大大简化。❷

3.《商标法条约》(TLT）及《商标法新加坡条约》(STLT)

1994年10月27日在日内瓦签订了《商标法条约》，该条约于1996年8月1日生效，制定了统一的国际标准，以简化和协调商标申请和保护的行政程序，使商标注册体系更加便利当事人，促进成员国间商标权的相互保护。该条约对商标注册程序进行了原则规定，主要有：主管机关不得要求申请人提供商业注册证明，申请人可以在一份申请书上申请多个类别的注册以及变更、转让，注册的有效期统一为10年，不必就每一份申请提交一份代理人委托书，不得对签字要求进行公证、认证、证明、确认。

---

❶ 袁有祥，董巍. 商标国际注册的新领域：“马德里议定书”[J]. 工商行政管理，1995(20)：45-46.

❷ 陶俊英. 商标国际注册马德里协定和马德里议定书的主要特色[J]. 中华商标，2000(8)：10.

《商标法新加坡条约》是在1994年《商标法条约》的基础上制定的，2006年3月28日在由WIPO主办、新加坡政府承办的“通过经修订的《商标法条约》外交大会”上通过。自2006年3月28日至2007年3月27日，《新加坡条约》在WIPO日内瓦总部开放一年供签署，目前已有51个国家和组织签署了该条约。此次修订TLT旨在进一步统一和简化商标申请的行政程序，建立现代的、与电子通信相关的商标管理方法，包括在商标申请和注册过程中使用电子程序，以适应电子技术发展的需要。STLT对TLT的修订主要涉及四个方面：一是扩展了条约的适用范围，使条约不仅适用于含视觉标志的商标，还可适用于由嗅觉及听觉标志构成的商标；二是进一步规范了通过电子方式向商标局提交或传送文件的规则；三是增加了商标申请人、注册持有人或其他利害关系人未遵守期限时的救济措施；四是增加了商标使用许可的备案规则。此外，STLT还确定建立“缔约方大会”机制，邀请缔约国及政府间组织参加会议，并根据实际情况及时、合理地修改条约内容。因此，STLT进一步确立了商标注册和许可程序方面的共同标准，推进了商标注册和许可使用的各项程序一体化的进程。

4. TRIPS协议关于商标权的取得制度

TRIPS协议在商标权取得制度方面明确了以下内容：①商标权取得模式的确认。基于世界上大多数国家采用了商标注册制度，TRIPS协议也不例外地承认了这一商标权取得模式。但是，在规定商标权通过注册获得的同时，TRIPS协议并不排除使用取得的途径。TRIPS协议第3条第3款规定，成员方可以将使用作为给予注册的依据。同时，TRIPS协议又强调，不能将实际使用作为商标注册的条件，也即实际使用可以作为是否给予注册的一个依据，但是实际使用不能作为注册的必备条件。②注册条件的突破。其一是视觉可感知可以作为商标注册的客体；其二商标权既可以在商品上，也可以在服务上取得。注册条件实质上也是对商标权客体的要求，但是从程序上而言，TRIPS协议在此方面的规定则是其主要特色。③公布程序。TRIPS协议第3条第5款规定，各成员方应在每一商标注册之前或之后立即将其公布，并应提供请求撤销注册合理机会。此外，各成员方还可提供对商标的注册提出异议的机会。

当然，TRIPS协议所规定的商标权取得制度与《巴黎公约》所规定的商标权取得制度在性质上均属于国内申请程序所应该遵循的国际标准，其所解决的一体化问题并不是商标权的国际申请问题，也即统一的国际申请问题，而是解决各国国内法在商标权取得制度上的趋同性问题。因此，其一体化与商标国际注册马德里体系以及TLT、STLT所确立的制度一体化存在着区别，两者分属不同程度的一体化，前者属于一体化中的趋同化，后者属于一体化中的统一化。

（三）版权取得制度的一体化

各国关于版权的取得制度的规定并不相同，主要是两种，一是种自动取得制度，另一种是登记取得制度。

世界上绝大多数国家都实行版权自动取得制度，即作品创作完成后即自动取得版权，不需要履行诸如审批、登记等行政手续。《伯尔尼公约》对版权取得制度也做了明确的规定，《伯尔尼公约》第3条第1款规定，作者为本联盟任何成员国国民的，其作品无论是否发表，都应受到保护。该公约第5条第2款规定，享有和行使版权不需要履行任何手续，也不论作品起源国是否存在保护。与专利权、商标权以及其他知识产权相比较而言，版权获得保护的标准较低，只要独立创作完成即可获得保护，加之版权所保护的文学艺术作品范围广、数量大，自动取得制度成为版权取得制度的最佳选择。版权自动取得制度不仅在法律实践中得到大多数国家的承认和采用，国际公约中也明确了自动取得的国际标准，又由于自动取得制度不需要其他任何行政程序和手续，制度设置简单、单一，因此成为版权制度一体化中一体化程度最高的一项制度。

版权的另一取得制度是登记取得制度。版权的登记取得也称注册取得，指的作品创作完成或者出版后还必须向有关登记管理机关办理登记注册才能取得版权的一项制度。版权的登记取得制度的规定源于世界上第一部版权法《安娜女王法》，之后的国际条约《伯尔尼公约》和《世界版权公约》均没有将登记作为版权取得的条件。因此，依据这两个条约的规定，即使登记取得制度的国家，在加入公约后，登记取得制度只能适用于本国国民，而不能适用于其他成员国的国民。可以说，目前采用登记取得版权的国家已经为数不多。值得一提的是，《世界版权公约》第3条规定，作品自首次出版之日起，均应加注C的符号，并注明版权所有者的姓名、首次出版年份等。但从《世界版权公约》以及各国的立法实践看来，版权标记一般不影响版权的取得，特别是美国加入《伯尔尼公约》后，以标记取得版权的做法其影响力已经大大减弱了。尽管如此，加注版权标注具有如证明版权的归属和效力、认定侵权行为的起始时间和赔偿责任等作用，加之在作品上加注版权标记并不需要复杂的程序，因此，加注版权标记的做法却为大多数国家所采用。

（四）其他知识产权取得制度的一体化

除传统的专利权、商标权及版权外，一些新兴的知识产权的取得制度也有所不同。

1. 集成电路布图设计专有权的取得制度

《华盛顿条约》第7条规定了集成电路布图设计专有权的取得方式，TRIPS协议第38条对此予以确认。①普通的商业实施。《华盛顿条约》第7条第1款规定，在布图设计在世界某地已单独地或作为某集成电路的组成部分进入普通商业实施以前，任何缔约方均有不保护该布图设计的自由。可以看出，在布图设计未投入普通的商业实施以前，成员方的法律对此可以不予保护。②登记取得。《华盛顿条约》第7条第2款规定，布图设计成为以正当方式向主管机关提出登记申请的内容或者登记的内容以前，任何缔约方均有不保护该布图设计的自由。对于申请登记的布图设计，可以要求其提交该布图设计的副本或图样，当该集成电路已商业实施时，可以要求其提交该集成电路的样品并附具确定该集成电路旨在执行的电子功能的定义材料。条约同时规定，在需要登记时，任何缔约方均可要求该申请在自权利持有人在世界任何地方首次商业实施集成电路的布图设计之日起一定期限内提出。此期限不应少于普通商业实施之日起2年。此方式也被学界称为有限的使用取得和登记取得相结合的方式。

依据《华盛顿条约》和TRIPS协议的规定，以上两种取得方式各国均可自由选择进行国内法规定。由于《华盛顿条约》主要是由半导体业发达的美国和日本两个国家发起和制定的，所以在专有权取得制度上，条约也体现了这两个国家的特色，美国采取了普通商业实施与登记相结合的取得制度，日本采用了登记取得制度，世界上大多数国家也均采用登记取得制度。

2. 植物品种权的取得制度

根据UPOV，植物品种权的取得制度包括三个方面的重要内容：①申请。UPOV第10条的规定，申请育种者权利的育种者可按自己的意愿选择提交首次申请的缔约方。在受理首次申请的缔约方主管机关尚未批准授予育种者权利之前，育种者有权向其他缔约方的主管机关提交育种者权利的申请。任何缔约方均不得以对同一品种未向其他国家或政府间组织提交保护申请，或这种申请已被拒绝或其保护期已满为由，拒绝授予育种者权利或限制其保护期限。②优先权。UPOV规定第11条规定，凡已正式向缔约方之一提交保护某一品种的申请（“首次申请”）的育种者，出于为获得同一品种育种者权利而向其他缔约方主管机关提交申请（“续后申请”）时，均享有为期12个月的优先权。③审查。基于植物品种的特殊性，条约第12条规定，决定授予育种者权利之前，应就其是否按照新颖性、特异性、一致性及稳定性等进行审查。审查中，受理主管机关可种植该品种或进行其他必要测试，促使该品种进行种植或其他必要的测试，或考虑种植测试结果或其他已进行试种的结果。为进行审查，受理主管机关可以要求育种者提供一切必要的信息、文件或材料。

二、知识产权维持制度的一体化

知识产权维持制度是指权利人在取得知识产权后，维持其专有权的制度。一方面，知识产权是一种垄断权，权利人取得知识产权后，并非当然、永久地享有专有权，而是需要履行一定的程序、符合规定后才能保持专有权的享有。另一方面，知识产权维持制度还包括撤销或宣告已取得知识产权的法律程序，它从另一侧面保障了权利人维持其专有权。对于知识产权维持制度，国际条约既有原则性规定，也根据不同知识产权类型进行的具体规定。

（一）知识产权维持制度的一般规定

《巴黎公约》第5条之2规定，工业产权维持费的缴纳，应给予不少于6个月的宽限期，但是如果本国法律有规定，应缴纳附加费。本联盟各国对因未缴费而终止的专利有权规定予以恢复。因此，可以看出《巴黎公约》在工业产权维持制度上隐含两项规定：一是权利人应缴纳知识产权维持费用，未缴纳维持费用的可以终止其权利；二是对于专利而言，因为缴纳维持费用而被终止，成员国可以规定予以恢复。对于缴纳知识产权维持费用的规定，已为世界各国所采用，成为各国知识产权（工业产权）维持制度中的一项普遍规定。

TRIPS协议第四部分对知识产权维持制度作了集中的、原则的规定，TRIPS协议要求：①各成员方的知识产权维持制度应符合合理程序及符合合理形式。根据TRIPS协议的规定，合理的程序应该指的是“公平合理”的程序，包括民事司法程序。它们不得过于复杂或花费过高、或包含不合理的时效或无保障的拖延。从协议的精神上理解，合理形式则应为国际条约所规定的形式。②有关维持知识产权的程序，以及国内法规定的程序、行政撤销及当事人之间的异议、无效和撤销程序，均应适用协议第41条第2款、第3款所规定的原则。协议第41条第2款的规定即为“公平合理”原则，而协议第41条第3款在知识产权维持方面可理解为：知识产权产权是否维持在程序上至少应该具有书面的判决形式、判决及时送达当事人以及仅依据证据进行判决等三个条件。③行政决定的救济。在知识产权的维持方面，TRIPS协议要求就行政终局决定提供司法救济的途径。

因此，《巴黎公约》和TRIPS协议在知识产权维持制度方面确立了统一的制度框架。较之于《巴黎公约》，TRIPS协议更加注重权利人的保护，特别是规定了无效和撤销知识产权所应遵循的基本原则，强化了知识产权维持的力度，为权利人维持权利、享有专有权提供了可靠的制度保障。

（二）知识产权维持制度的具体规定

1. 专利权的维持制度

在专利的维持方面，各国几乎无不例外地规定了缴纳一定的专利费用以维持专利的有效性。根据TRIPS协议，专利的其他维持制度只要坚持“公平合理”原则就可以认为是符合国际标准。在专利的维持制度中，专利撤销制度曾引起极大的争论。根据学者的研究，专利的撤销制度在《巴黎公约》签订之前普遍存在[1]，而在《巴黎公约》之后被强制许可制度所代替，《巴黎公约》第5条是专利撤销制度向强制许可制度的转变的一个标志。[2]尽管如此，专利撤销制度在各国的立法中并未消失，美国专利法第135条就针对优先权问题规定了专利撤销的条件及程序，即如果关于优先权主张的最后裁决对专利权所有者不利，而该专利权所有者没有或不能或不准提出申诉或要求复查，即构成撤销该专利证书的有关权项。专利的无效制度在各国的立法中则广泛存在，具体的程序在各国的专利制度中有着不同的规定。但是，从目前而言，专利的无效程序根据TRIPS协议的要求，体现了司法裁决的权威性。这一规定引起了发展中国家对专利法的修改。我国就于2000年的专利法修改中增加了这一内容。

2. 商标权的维持制度

首先是商标的续展。商标的续展与商标权保护期限密切相关，是商标权维持制度的一项重要内容。《巴黎公约》第6条的规定多次提到商标的“续展”，但是对于续展程序或续展次数等均未作出规定。TRIPS协议第18条除规定了商标权的保护期限外，还规定了“商标的续展注册应无限续展”。因而，根据这一规定，在理论上商标权可以通过续展程序进行长期维持。其次，商标的使用。TRIPS协议第19条规定，如果注册的保持要求以商标付诸使用为条件，则除非商标所有者提出了此类使用存在障碍的充分理由，否则注册只有在商标至少连续3年以上未予使用的情况下方可撤销。也即在商标获得注册后必须被真实地使用，如果在一定的期限内（连续3年以上）不使用，商标注册就可能被撤销。因此，当商标注册后，使用则成为商标权维持的一个法律手段。对于“使用”的理解，TRIPS

---

[1] 林秀芹. TRIPS体制下的专利强制许可制度研究[M]. 北京：法律出版社，2006：27.

[2] 林秀芹. TRIPS体制下的专利强制许可制度研究[M]. 北京：法律出版社，2006：33.

协议还规定，当商标由其他人的使用是处在该商标所有者的控制之下时，这种使用应按是为保持注册目的之使用而予以承认。可见，根据TRIPS协议，商标所有人本身不使用，但在所有人控制下的非所有人的使用仍然属于“使用”的范畴，商标不能因此被撤销。最后，商标的无效。拒绝注册实际上属于商标权取得制度方面的内容，而注册无效则是属于权利维持方面的内容，关于宣告商标无效的程序性规定是从另一侧面体现商标权的维持制度。根据TRIPS协议，各国的有关国内程序规定均应适用协议第41条第2款、第3款所规定的原则。关于商标权的无效问题，《巴黎公约》第6条之1从商标权国际保护的角度作出了规定：对本联盟国家的国民在本联盟任何国家提出的商标注册申请，不得以未在原属国申请、注册或续展为理由而予以拒绝，也不得使注册无效。这一规定说明，商标权在一国得到维持不以在原属国是否维持为条件。在此，《巴黎公约》实际上强调了商标权维持的独立性。

3. 版权维持制度

版权立法一般未设立无效、撤销的程序，因而从一般意义上而言，版权不存在维持制度。当然，缺乏无效、撤销的程序也是各国版权立法趋同化的一种体现。但严格而言，登记取得制度以及著作权的保护期限可以认为是版权的维持制度。

三、知识产权救济制度的一体化

知识产权制度一体化不仅表现在各国知识产权制度的趋同化和统一化，还表现在解决知识产权国际争端的统一化。因而从广义而言，知识产权救济制度包括三个方面：一是各国国内法对侵犯知识产权的有关救济规定，这是从国内法的角度理解知识产权的救济制度；二是国际社会所提供的救济途径和措施，这是民间的一种私权纠纷的解决方式；三是国际法上的救济制度，即作为知识产权国际条约成员方之间知识产权纠纷的救济制度。前两种类型是私人之间的争端，后一种类型是国家间的争端。

（一）救济制度的国际标准

《巴黎公约》《伯尔尼公约》在知识产权救济方面作了一些规定，但是这些规定非常原则和笼统，知识产权执法实际上是当事国国内法自由决定的事项。因此，传统知识产权国际条约对各国知识产权制度的协调事实上是不完全的。[1]但

[1] 古祖雪. 国际知识产权法[M]. 北京，法律出版社，2002：218.

是，知识产权的救济制度在TRIPS协议中有着非常详细而明确的规定。TRIPS协议第三部分详细地规定了各国国内法在救济制度上应该遵循的要求，包括一般性义务、民事行政救济措施、临时措施、边境措施，特别要求全体成员至少均应对故意以商业规模使用假冒商标或侵犯版权的情况提供刑事程序及刑事惩罚。这些规定具有超国家因素的规定，原因有以下三个方面：第一，它规定了某一成员方保护知识产权的司法程序和行政程序。TRIPS协议第三部分规定了“知识产权的执法”，其中第42条至第61条的内容都是如何制止、保护知识产权的规定，这些规定本应由国内法进行规定，但TRIPS协议跨越了这一界限。第二，TRIPS协议要求成员方认定知识产权是私权，但是又要求成员方对于私权保护采用大量的民事行政救济措施，明显超越私法救济的范围，这从国际法的角度可以理解为是国家权利的一种让渡。第三，直接要求成员方对侵权行为进行刑事立法，并且直接规定了刑事处罚的种类和幅度，事实上是通过国际立法直接规定国内刑法的具体内容。前述三个原因还导致了一个看来颇为奇怪的问题，即成员方作为国际法的主体，它是承担国家义务和权利，还是承担国内民事主体的权利义务？但从TRIPS协议看，已经混淆了这个问题存在的界限，它实际上将国家的权利义务与民事主体的权利义务交错在一起了。正因如此，知识产权的救济程序才成为知识产权制度一体化的一个重要表现。

应该说，在TRIPS协议实施后，各国在知识产权救济制度上或多或少地进行了修订，从而使知识产权的救济制度趋近一致。但是，救济的具体途径和执法的宽严尺度则差别较大。因而不论在发达国家与发展中国家之间，还是在发达国家之间，因为知识产权保护力度的差别而产生的纠纷不断，这也从另一方面说明知识产权制度一体化的局限性。

（二）WIPO仲裁与调解中心及其规则

在讨论知识产权制度一体化的内容时，已经涉及知识产权的实体规范与程序规范的一体化，但具有统一的知识产权救济途径和规则的国际机构显然也应纳入制度一体化的考察范畴之中。成立于1994年的WIPO仲裁与调解中心，专门为涉及知识产权的国际商业纠纷提供解决的场所和途径，WIPO仲裁与调解中心的规则可谓是知识产权救济制度一体化的重要体现。仲裁与调解中心制定了调解、仲裁和快速仲裁的规则和条款。在这些纠纷解决的规则中，它为知识产权纠纷的救济提供了一个国际化的、统一的处理程序和规则。首先，从纠纷解决的意义上看，WIPO仲裁与调解中心是知识产权纠纷方面除法院诉讼外解决纠纷的惟一国际机构，其制定的规则理所当然地是知识产权制度一体化的组成部分。其次，WIPO仲裁与调解中心的仲裁裁决具有终局效力。与当事人通过法院的诉讼不同，提交仲裁的裁决一般情况下是不可上诉的，因而仲裁的终局效力为知识产权救济的效率提供了基本前提。并且，调解和仲裁程序是面向世界各国的当事人开放的，因而无论调解结案还是仲裁结案，具有全球适应性。最后，仲裁裁决的可执行性。根据《联合国关于承认和执行外国仲裁裁决的纽约公约》的规定，WIPO仲裁与调解中心的仲裁裁决，可视为国内法院的裁决而予以执行。因而，可执行的仲裁裁决为WIPO仲裁与调解中心及其规则的适用提供了权威性基础，某种意义上具有“全球”效力。WIPO仲裁与调解中心成立以来的效果还是较为显著的，到目前为止已经受理超过350多个调解和仲裁案件，案件涉及标的从20 000美元至数亿美元不等，内容涉及版权、专利侵权、专利许可、研究和开发协议、技术转让协议、电信有关的协定、商标问题等，其中专利纠纷最多，约占纠纷总数的39%。❶

除此之外，WIPO仲裁与调解中心还制定了《统一域名争议解决政策》(Rules for Uniform Domain Name Dispute Resolution Policy，UDRP)，目的是向全球所有的商标注册人提供一种有效的行政补救办法，以制止侵犯其权利并明显具有恶意的注册和使用域名的行为，WIPO仲裁与调解中心自受理统一域名争议以来，已处理超过20 000件UDRP案件。❷

（三）知识产权国际争端解决机制

知识产权国际争端解决机制作为知识产权的救济制度似乎有些牵强，因为它解决的一般是国际法主体之间的争端，而排除私人之间的争端解决。但是，知识产权国际争端解决机制在知识产权制度一体化中至少起着两个方面的作用：一是保障各国准确理解和适用知识产权保护的国际标准，从而为知识产权制度的一体化提供国际法保障；二是通过争端机制的解决，间接维护私人之间涉及知识产权纠纷的合法权益。因此，从这两个方面的意义而言，知识产权国际争端解决机制也是知识产权救济制度中的一个方面。

《巴黎公约》和《伯尔尼公约》对于联盟成员之间在解释或适用公约方面发生的争端规定可以提交国际法院进行诉讼。但是，迄今为止，因解释或适用《巴黎公约》或《伯尔尼公约》发生争端而将其提交国际法院解决的案例尚无一件。

---

❶ 参见WIPO统计数据，(2014-08-02) http://www.wipo.int/amc/en/center/caseload.html.

❷ 参见WIPO统计数据，(2014-08-02) http://www.wipo.int/amc/en/center/caseload.html.

可以说，《巴黎公约》和《伯尔尼公约》关于争端解决的调控，无论在法律上，还是在实践中，都是“形体虚设”。[1]在WIPO体系，国际争端解决机制的规定还见之于华盛顿条约、罗马条约等条约之中，除此之外，WIPO还着手进行《知识产权国家间争端解决条约》（草案）的谈判，目的在于建立一套知识产权国家间争端的解决机制。由于这一条约草案并未通过，因此，WIPO所想建立的统一的国家间争端解决机制尚未形成。

TRIPS协议第五部分明确了1994GATT第22条和第23条的各项规定适用于TRIPS协议下的争端磋商与解决。在适用WTO争端解决机制之前，TRIPS协议设置了一个前提，即透明度原则。根据透明度原则，各成员方所实施的有关知识产权效力、范围、获得、执法以及防止滥用的法律、条例，普遍适用的终审司法判决和终局行政裁决均应以该成员方官方语言予以公布，以使各成员方和权利人能够知悉。成员方还应就颁布的法律及规章通知TRIPS理事会，以便理事会监督检查TRIPS协议的履行情况。如此一来，在TRIPS协议框架之下，透明度原则便成为监督各国知识产权制度是否与TRIPS协议一致的措施，因而可以说，透明度原则也是促进各国知识产权制度实现一体化的保障条款。除透明度原则之外，根据TRIPS协议的规定，WTO体制下的知识产权争端有两个解决机制，一是适用《关于争端解决规则与程序的谅解》（DUS），二是适用过渡期的特殊解决机制，主要指TRIPS协议第63条第3款的规定，即在自世界贸易组织协定生效之日起的5年之内，1994GATT第23条第1款不应适用于该协议下的争端解决，也就是自1995年1月1日至1999年12月31日起产生的纠纷不适用DUS。按此规定，2000年1月1日之后有关TRIPS协议的纠纷则全部适用DUS。

诚然，发挥真正效力的争端解决机制还是处于WTO体制下的争端解决机制。WTO自1995年以来，截至2014年7月已经受理了482个案件，其中涉及知识产权纠纷的案件有42件。[2]WTO解决第一个涉及TRIPS协议争端的案件是1996年2月9日的美国诉日本有关录音制品保护措施与TRIPS协议第14条要求不符的案件。该案经过磋商，以日本于1996年2月16日颁布修改版权法为结果达成双方和解方案。[3]美国于1996年4月30日诉巴基斯坦违反TRIPS协议第27条、第

---

[1] 古祖雪. 国际知识产权法[M]. 北京，法律出版社，2002：218.

[2] 参见WTO统计数据，（2014-07-08）http://www. wto. org/english/tratop_e/dispu_e/dispu_subjects_index_e. htm#selected_subject.

[3] WTO. Disputes Case: Japan-Measures Concerning Sound Recordings(Complainant: United States of America). 9 February1996. WT/DS28/4.

65条和第70条，其间也是以巴基斯坦颁布符合美国要求的条例而达成和解结局。[1]而走完WTO争端解决机制所有程序的第一个案件则是美国诉印度未履行TRIPS协议第70条第8款和第9款的义务。该案最终裁定美国胜诉，印度最终宣布执行WTO的裁决并修改了专利法。[2]在知识产权救济制度方面，通过争端解决机制要求成员方的国内知识产权救济措施与TRIPS协议相一致的案件也较多，如美国诉丹麦、美国诉瑞典、美国诉欧共体的案件均涉及在知识产权民事法律程序中提供及时和有效的临时措施、补救措施等。

因此，WTO争端解决机制在知识产权救济制度上表现为两个方面的一体化：第一，WTO争端解决机制为知识产权的救济提供了一个稳定的、统一的程序，并由于规定了报复措施，使WTO争端解决机制成为知识产权救济的有效途径，另外，在知识产权的国际保护中，它还通过了成员方的起诉，达到保护国内私人利益的目的；第二，通过WTO争端解决机制的利用，约束各国在制定国内知识产权制度方面保持与TRIPS协议的一致性，实际上进一步加强了各国知识产权制度一体化的步伐，确保各国的知识产权制度统一于TRIPS的标准上。

本章小结

自《巴黎公约》缔结以来，国际社会不断推进知识产权制度一体化的进程，条约方式成为推动制度一体化的重要手段，催促了知识产权制度步入“国际一体化”的时代。因此，知识产权制度一体化的内容表现为两个方面，一是形成了知识产权制度的国际标准，这些标准几乎涉及知识产权制度的所有内容；二是各国的知识产权制度在国际标准的推动下，逐渐趋近统一。除此之外，在知识产权制度取得制度如申请制度方面，全球形成了统一的申请程序，使知识产权制度一体化进入了具有完整意义一体化的时代。

[1] WTO. Disputes Case: Pakistan-Patent Protection for Pharmaceutical and Agricultural Chemical Products (Complainant: United States of America). 30 April 1996. WT/DS36/4.

[2] WTO. Disputes Case: India-patent protection for Pharmaceutical and Agricultural Chemical Products(Complainant: European communities). 28 April 1997. WT/DS79/R.

第四章 知识产权制度一体化的影响

知识产权制度一体化的本质是各国不同知识产权制度之间的相互融合，其融合的结果不仅形成了一个趋同、统一的知识产权保护体系，而且各国都实施了高标准的知识产权保护。一方面，知识产权制度一体化为各国的法律制定、政策选择以及社会创新提供了客观背景和法律依据，产生了积极的影响；另一方面，知识产权制度一体化在全球倡导整齐划一的高水平保护，导致了知识产权制度的功能变异，不仅侵害社会公共利益，而且阻碍了发展中国家的发展。

第一节 知识产权制度一体化的积极影响

一、对知识产权立法的影响

立法影响是知识产权制度一体化最直接的影响，其影响表现在立法重点、立法趋向以及立法后果等几个方面。

（一）立法重点：强化对知识产权人利益的保护

知识产权制度一体化在形式上是使各国知识产权制度之间逐步消除了差异性，而在内容上则是于全球范围内提高了知识产权保护的标准。各国主动或者被动地适应了一体化的要求，在知识产权立法中强化了知识产权所有人的权利，使知识产权得到了充分有效的保护，最终导致了私人利益的扩张。

1. 私人获利范围不断扩大

知识产权制度一体化的结果使各国在知识产权立法中逐步扩大了知识产权客体的范围。在《巴黎公约》产生之前，有的国家只保护发明，但是《巴黎公约》将发明专利、实用新型、外观设计并列为工业产权保护的客体。较之于《巴黎公约》，TRIPS 协议则规定所有技术领域中的任何发明，不论是产品还是方法，只要具有“三性”（新异性、创造性、实用性）则可获专利，除此之外还将集成电路布图设等新型客体纳入知识产权保护的客体范围。各国不断扩大知识产权保护客体的范围，表明私人通过创新获得利益的范围和途径不断扩大，知识产权所有人从中也将获得了更多的利益。

2. 私人获利途径不断简化

知识产权制度一体化的结果产生了全球性的知识产权保护体系。如就专利申请而言，在《巴黎公约》缔结之前，各国对其他国家的专利主要是通过签订双边协议而进行保护的，其保护途径繁琐而又复杂。在《巴黎公约》缔结后，专利获得国际保护的途径则是按照《巴黎公约》直接向某一国家或地区申请，但要获得多个国家保护仍然需要逐一向某一国家申请。《专利合作条约》（PCT）缔结后，成为专利领域的一项国际合作条约，目前已有148个国家加入了此条约。一件专利通过PCT途径向PCT国际申请受理局提出，该专利申请则在PCT的148个成员国均有效，申请人有可能只通过一次申请即在全部PCT缔约国中获得专利权，这大大简化了在多个国家逐一申请专利保护的途径和手续，使专利申请更为有效和经济。又如商标的国际注册，根据《商标国际注册马德里协定》，申请人通过WIPO国际局提交一次申请，在马德里协定和议定书成员国范围内指定商标保护的国家并按国家数缴纳费用，就可以达到在马德里协定的56个成员方中取得商标保护的目的，这就简化了商标国际注册的手续，减少了申请人的重复劳动，节省了人力和物力。

3. 私人垄断利益不断提升

知识产权制度一体化的结果使知识产权的权利内容不断扩张。知识产权权利内容的扩张表现在三个方面：一是创设新的权利形态，如追溯权等。二是延长知识产权的保护期限，如TRIPS协议规定，各国对专利的保护期限至少应在20年以上。三是扩大权利本身的内涵，例如对复制进行扩张解释，使暂存于电脑中的电子数据也成为复制的行为。[1]创设新权利、延长保护期限以及对权利内容进行扩张解释显然提升了知识产权的保护标准，强化了知识产权的垄断性。这种垄断性使知识产权所有人在新的领域享有更多的权利，获得更长时间的保护，从而增加了知识产权所有人的垄断利益。

4. 私人利益保障不断强化

知识产权制度一体化的结果使知识产权所有人权利的行使得到了充分的保障。第一是减少对知识产权权利的限制。如合理使用、强制许可是对知识产权进行限制的措施，但是，知识产权制度一体化的结果则对合理使用规定了更为严格的适用条件，缩小了强制许可的范围，如TRIPS协议第31条的规定，对强制许可进行了严格的限制，使强制许可只能在极少的情况下适用。第二是加强对知识

---

[1] 柳娜. 知识产权权利扩张的反思及制度重构[D]. 武汉：中南财经政法大学，2006：13.

产权侵权的执法保障。如TRIPS协议第41条规定，成员方应保证由本部分所具体规定的实施程序根据国内法是有效的，以便允许对任何对本协议所涉及的知识产权的侵犯行为采取有效行动，包括及时地阻止侵权的补救措施和对进一步侵权构成一种威慑的补救措施。当TRIPS协议规定的义务转化为各成员方国内的知识产权制度时，打击知识产权侵权行为的力度相应地得到加大，知识产权所有人的利益因而得到了充分的保障。

（二）立法趋向：突出国家利益的维护

理论上而言，任何一种私法制度都无法避免对公共利益的考量，在现实中也难以找到纯粹的私法制度。或者说任何一项私法制度都或多或少地牵涉到公法内容。保障知识产权权利人的权利本也是知识产权制度设立的初衷，但知识产权毕竟是一种具有垄断性质的权利，制度的设计需要平衡私人利益与公共利益之间的关系，而在这一平衡关系中各国的需要是不同的。对于创新能力较弱的国家，需要降低知识产权的保护标准，从而扩大公共利益的范围，而对于创新能力较强的国家，需要加强对权利人的保护，从而压缩公共利益的范围。但在知识产权制度一体化之下，各国不仅将知识产权法作为一项保护私权的制度设置，而且将公共利益乃至国家利益的维护作为立法必须考虑的重点。换言之，在知识产权制度一体化进程中，知识产权制度的功能已然发生了变化，即从对私人利益的保护发生了转移，这一转移也不只是在私人利益——公共利益这对平衡中进行内部调整，而是将知识产权制度上升为保护国家利益的工具，纳入各国发展战略的制定范畴。

私人利益与公共利益之间的平衡反映在国家利益上，是绝然不同的需求。因为公共利益是相对于知识产权所有人利益而言的，也即指社会公众利益，而非指国家的整体利益。知识产权利益平衡中所言的公共利益与国家利益不尽相同，在发展中国家中，知识产权利益平衡中的公共利益一般与国家利益是一致的；而在发达国家中，知识产权利益平衡中的公共利益或与国家利益相反，因为强化知识产权的保护才是这些国家所要追求的国家利益。所以，各国所对知识产权保护的需要是各不相同的，知识产权制度一体化在某种程度上可以说是对这些不同需求的协调和统一。

就国内法层面，知识产权制度一体化的结果形成了对知识产权相同、相似或一体化的保护，并且知识产权的保护标准得到不断的提高。知识产权制度突破了对私人保护的狭窄范围，直接或间接地成为实现国家利益的工具和手段，从而满足了私人利益层次以及国家利益层次的不同需求。就国际法层面，知识产权制度的发展并不自动地平衡各国之间的利益关系，而是通过一体化的制度安排调整国家之间的利益关系，因之知识产权制度在一体化的进程中不仅成为私权保护的一项重要法律制度，也成为国家的一项对外政策。正因如此，知识产权制度一体化加剧了国家之间的利益争夺，各国在知识产权制度一体化中更加突出地保护国家利益，因之一体化的结果不仅导致了私人利益的扩张，也导致了国家利益的扩张。

（三）立法后果：破除地域性所引发的障碍

知识产权地域性是智力成果跨国界保护的最大障碍。虽然目前知识产权制度一体化进程还无法消除知识产权的地域性，但是，一体化的后果有效地协调了知识产权地域性与智力成果跨国界保护之间的法律障碍。首先，各国之间日趋统一的知识产权制度为智力成果的跨国界保护提供了国内法基础。知识产权制度一体化的结果已经使各国的知识产权制度存在“你中有我，我中有你”的现象，各国知识产权制度的趋同性为保护外国知识产权提供了类似或者相同的法律依据。其次，知识产权国际条约的签订以及知识产权国际保护标准的形成，为智力成果的跨界保护架设了法律桥梁。国际条约中的国民待遇原则、最低标准原则、最惠国待遇等原则的执行，不仅使智力成果跨国界保护成为现实，而且逐步形成“同等保护”的趋势。最后，全球知识产权制度的统一体系在专利、商标等领域得到一定的实现，专利以及商标的国际申请已经在程序上基本实现了全球的一体化，它为智力成果在全球流动提供了程序性的法律依据。因此，知识产权制度一体化搭建了对不同地域知识产权进行保护的纽带，有效缓解了知识产权地域性所引发的矛盾。

在实践成果方面，通过全球专利申请及授予情况的图表可以说明知识产权制度一体化对解决知识产权跨界保护的矛盾所作的贡献：第一，非本国居民的专利申请量与本国居民的专利申请量之比1985年为44%，2000年为66%，而2007年已经达到76%，可见专利跨国申请的比重随着知识产权制度一体化的推进而不断增长；第二，从专利的授予量看，非本国居民的授予量从1985年的178 079件到2007年已经达335 703件，增长了将近一倍，可见跨国专利授予量也是逐年增长。专利的申请及授予情况充分说明了知识产权制度一体化对知识产权地域性矛盾的有效解决。

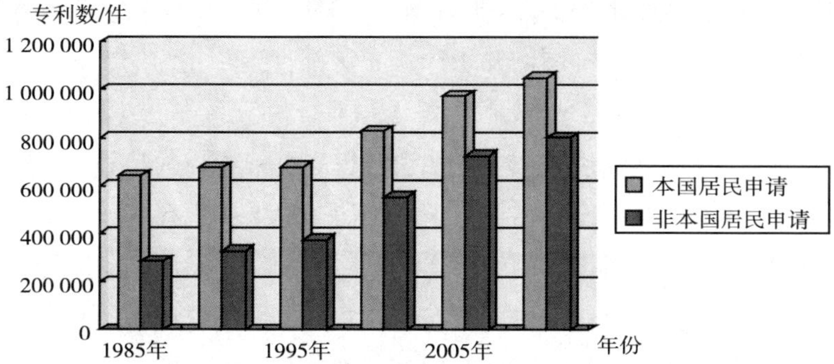

图1　1985年至2007年全球本国居民专利申请与非本国居民专利申请比较图

资料来源：根据WIPO统计数据整理，2009年11月。

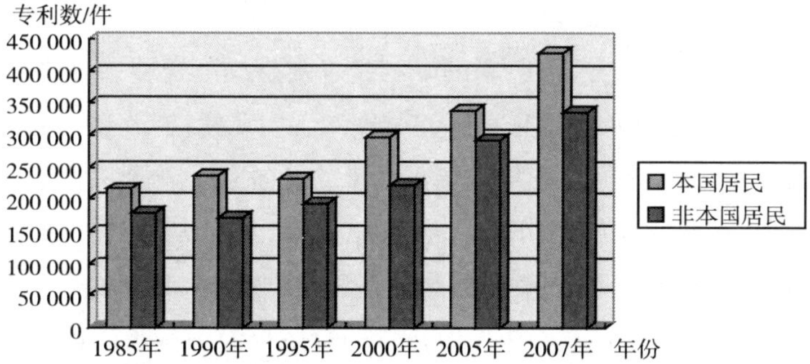

图2　1985年至2007年全球授予本国居民专利与授予非本国居民专利比较图

资料来源：根据WIPO统计数据整理，2009年11月。

二、对国家利益的影响

由发达国家所主导的知识产权制度一体化，是发达国家与发展中国家之间不平衡力量的斗争结果，它们之间所获得的国家利益是截然不同的。

（一）对发达国家利益的影响

1. 制度利益

知识产权制度一体化的结果将各国知识产权制度统一到发达国家的知识产权立法上，适用了发达国家所期盼的知识产权保护标准。条约中的重要规则、保护标准、保护机制几乎都可以从发达国家的国内法中找到影子。例如，《巴黎公约》《伯尔尼公约》充分反映了当时欧洲主导国家的立法意志，TRIPS协议则可谓是美国国内法实现“全球化”的重要成果。根据学者的考证，贸易与知识产权挂钩早在1984年的欧共体指令中已经体现，作为美国国内法的《301条款》已经通过TRIPS协议“全球化”了，WTO的争端解决程序与《301条款》程序十分相似。在实体法方面，美国的国内知识产权立法都直接转化为TRIPS协议的有关规定。[1]因此，知识产权制度一体至少使发达国家在以下几个方面得到利益扩张：一是掌控知识产权的国际造法，主导知识产权制度一体化的趋势，保持知识产权制度一体化继续沿着有利于自己的方向发展。二是维护既存的保护机制，降低立法成本。转化知识产权保护机制的成本也是巨大的，在发展中国家纷纷建立、修改本国知识产权制度之时，发达国家在制度建立方面不仅成本丝毫无损，而且已经谋划了下一个一体化浪潮。三是实现制度利益。一体化的后果在全球范围内实现了高标准的知识产权保护，发达国家维护了竞争优势并有效地遏制了发展中国家的盗版、模仿行为。

2. 经济利益

在经济发展上，作为经济引擎的专利技术则是经济发展的一项重要标志。以TRIPS协议实施后专利申请情况为例，全球专利申请量前十名不仅均由发达国家占据，而且均占全球总量的绝大部分。另外，根据世界银行的估计，在TRIPS缔结之后，美国每年可以从TRIPS中获利190亿美元，从1991年至2001年期间，美国的特许权使用费用（含专利商标、版权等）收入从140亿美元增长到220亿美元。[2]根据WTO的统计，美国在2006年的特许权使用费收入达623亿美元，欧盟2006年的特许权使用费收入达498.5亿美元。[3]毫无疑问，知识产权制度一体化给发达国家带来了巨大的经济利益。

3. 政治利益

从一般意义上理解，国家的平等权是国家应有的基本权利，也是各国应该遵守的基本原则。但是，在国际关系的实践中，绝非所有国家都希望与其他国家享有同等的权利，恰恰相反的是，任何国家都渴望自己的国家处于更加优势的地位，享有更多的权利。知识产权制度本是一项技术性很强的制度措施，但当它与一国的经济实力、竞争优势结合在一起时，即蜕变为一个国家财富、安全、权力的政治源泉。知识产权制度一体化是政治经济的产物，是各国经济实力的博弈结

---

[1] 郑万青. 全球化、技术文明与知识产权法律全球化的进路[C]//冯晓青. 全球化与知识产权保护. 北京：中国政法大学出版社，2008：44.

[2] The British government's Commission on Intellectual Property Rights. Intellectual Property Rights and Development Policy[R]. London: The British government's Commission on Intellectual Property Rights, September 2002.

[3] WTO统计数据，(2009-11-14) http://www.wto.org/english/res_e/statis_e/its2008_e/section3_e/iii30.xls.

果。发达国家推动知识产权制度一体化，制定知识产权战略，实质上也是为政治利益服务的。推动知识产权制度一体化的结果是在全球建立一个知识产权保护的法律秩序，这比谋求任何世界统治的手段更加稳定、更加具有效率。因此，政治利益影响知识产权制度一体化的结果，而知识产权制度一体化的结果反过来也极大地促进政治利益的形成。知识产权制度一体化给发达国家带来的最大政治利益即是维护了发达国家的竞争优势，维护了发达国家主导世界经济、政治秩序的格局。

（二）对发展中国家利益的影响

虽然在知识产权制度一体化过程中，发展中国家一直“跟着发达国家的感觉走”，一体化必然不会给他们带来如发达国家那样明显的积极影响，但是在知识产权制度一体化中，他们也有自己的收获。

1. 知识产权私权理念的普及

知识产权制度一体化在发展中国家中的影响首先表现在知识产权私权理念的普及上。知识产权制度一体化的各个重要历史阶段都是队知识产权保护理念的一次重大变革。后TRIPS时代，知识产权私权理念随着知识产权制度一体化而在发展中国家中广泛传播。基于私权理念，强调知识产权是私人财产权的一种类型，使用别人的发明创造是有价和有偿的，逐步改变了发展中国家对知识产权保护的漠视和冷淡，社会公众知识产权意识比较薄弱的状况，从而在一定程度上增强了尊重他人知识产权、维护自身合法权益的意识和能力。知识产权私权理念的普及为社会民众发挥个性、独立思考、加强自主创新奠定了扎实的思想基础。伴随着对知识产权私权理念的认同，西方发达国家知识产权制度所蕴含的人文基础和精神主张也随之撞击发展中国家的法律文化。可喜的是，发展中国家不再盲从这些人文基础和精神主张，他们在认识并接受知识产权私权理念的同时，也逐渐清晰私权扩张与公共利益之间的平衡和制约关系，逐渐体会到过分突出私权理念给社会带来的负面作用。因而，知识产权制度一体化不仅给发展中国家带来一次知识产权私权理念的普及，也给发展中国家带来了一次深入认识知识产权的难得机遇。发展中国家在知识产权制度一体化中不仅认识到知识产权制度的重要性，而且也学会了更加理性地对待知识产权制度。

2. 参与知识产权制度一体化意识的觉醒

发达国家在推进知识产权制度一体化之时，就大力鼓吹建立完善的知识产权制度能给发展中国家的创新机制提供制度保障。在他们看来，发展中国家要获得发展，必须提高知识产权的保护水平。在主观上，基于对知识产权制度肤浅的认识，起初大多数发展中国家对发达国家的主张是深信不疑的。在客观上，随着经济全球化的深入，发展中国家依靠自身的力量难以推动本国经济的快速发展，资金缺乏和技术落后使他们在发展经济中必须依赖发达国家的技术转移和资金投入，对知识产权不保护或者提供较弱的保护难以获得国外企业的技术引进和外资投入。加入知识产权制度一体化进程中，建立完善的知识产权保护体系，为外国企业以及知识产权人创造良好的法律环境是发展中国家吸引外资和进行技术引进的重要筹码。因此，自20世纪80年代以来，发展中国家或主动或被动地卷入到知识产权制度的一体化之中，这在客观上迫使许多发展中国家建立或完善知识产权保护的有关制度，在制度建设上取得了长足的进步。应该说，在知识产权制度一体化的推动之下，发展中国家的知识产权立法也取得了重大的进展，立法的进展不可否认地对发展中的科学文化发展起着一定的积极推动作用。不仅如此，发展中国家在知识产权制度一体化浪潮中，逐步认识到自己的地位和作用，一些发展中国家“吃一堑长一智”，开始施展外交策略，积极参与国际谈判，有效维护本国利益。如在TRIPS协议中体现了有利于发展中国家的条款，包括设定发展国家适用TRIPS协议的过渡期限、赋予强制许可制度的使用空间等，不加入一体化，发展中国家或许永远也无法争取自己的权益，这也许是发展中国家在知识产权制度一体化中的一个重大收获。

3. 一定经济效益的体现

客观而言，知识产权制度一体化也给发展中国家带来一定的积极效果。首先是知识产权制度之外的收获。比如因改善国内知识产权保护环境而带来的经济发展。又如在加入TRIPS协议之后，农业产品和纺织品的市场准入显然是发展中国家在制度一体化过程中的最大收获，尽管这些收获难以弥补他们因签订TRIPS协议所带来的损失。其次是制度之内的收获。在几个主要发展中国家中，如巴西1996年国内专利申请为2611件，2006年为3810件，10年间增长了46%；墨西哥，1996年国内专利申请为384件，2006年为574件，10年间增长了49%；印度1996年国内专利申请为1545件，2006年为5314，10年间增长了244%。因而，与发展中国家自身相比较，知识产权制度一体化也激发了其本国国内创新的热情和动力。除此之外，发展中国家在特许权使用费方面的收入也有较大的提高。如巴拉圭，2006年的特许权使用费收入已经达2. 36亿美元。[1]最后是发展自身的优势领域。发展中国家在知识产权制度一体化中的经济效益还来自一些传统知识

---

[1] WTO统计数据，(2009-11-14) http://www. wto. org/english/res_e/statis_e/its2008_e/section3_e/iii30. xls.

和遗传资源方面的收益。传统知识和遗传资源的保护虽然目前还不十分完善，但是，发展中国家在维护自身优势方面已经取得一定的成果，随着保护的加强，发展中国家也将在这些方面获得一定的经济效益。

三、对知识创新的影响

总体上，知识产权制度一体化加快了全球知识创新的步伐，以下就发达国家、发展中国家、区域、全球等知识创新情况分别进行分析。

（一）发达国家与发展中国家之间的创新比较（以专利为例）

1. 发达国家的创新情况

表1是专利早请量前十位发达国家（地区）1966年记录专利申请情况。

表1　专利申请量前十位发达国家（地区）占全球总数情况图　　单位：件

时间	1996	1997	1998	1999	2000	2001
全球专利申请量	1 090 926	1 156 104	1 205 571	1 274 081	1 383 557	1 460 536
前十位发达国家（地区）	JP,US,KR,EP,DE,GB,CA,RU,FR,AU	JP,US,KR,EP,DE,GB,CA,RU,FR,AU	JP,US,EP,KR,DE,CA,GB,RU,AU,FR	JP,US,EP,KR,DE,CA,GB,RU,AU,FR	JP,US,EP,KR,DE,CA,CB,RU,AU,FR	JP,US,EP,KR,DE,CA,GB,RU,AU,FR
前十位发达国家（地区）专利申请量	907 801（83.2%）	957 398（82.8%）	976 818（81%）	1 033 270（81.1%）	1 124 342（81.3%）	1 187 559（81.3%）
时间	2002	2003	2004	2005	2006	2007
全球专利申请量	1 448 420	1 491 494	1 570 970	1 701 179	1 788 788	1 854 416
前十位发达国家（地区）	JP,US,EP,KR,DE,CA,RU,GB,AU FR	JP,US,EP,KR,DE,CA,RU,GB,AU,FR	JP,US,KR,EP,DE,CA,RU,GB,AU,FR	JP,US,KR,EP,DE,CA,RU,GB,AU,FR	JP,US,EP,KR,DE,CA,GB,RU,AU,FR	US,JP,KR,EP,DE,CA,GB,RU,AU,FR
前十位的发达国家（地区）专利申请量	1 170 849（80.8%）	1 191 436（79.9%）	1 241 578（79%）	1 308 928（76.9%）	1 345 371（75.2%）	1 375 187（74.2%）

资料来源：WIPO统计数据，2010年6月。

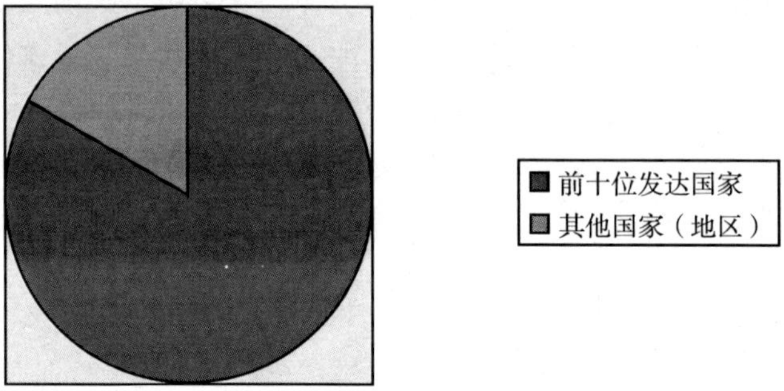

图3　1996年全球前十位发达国家专利申请量与其他国家专利申请量的比较图

资料来源：WIPO统计数据，2010年6月。

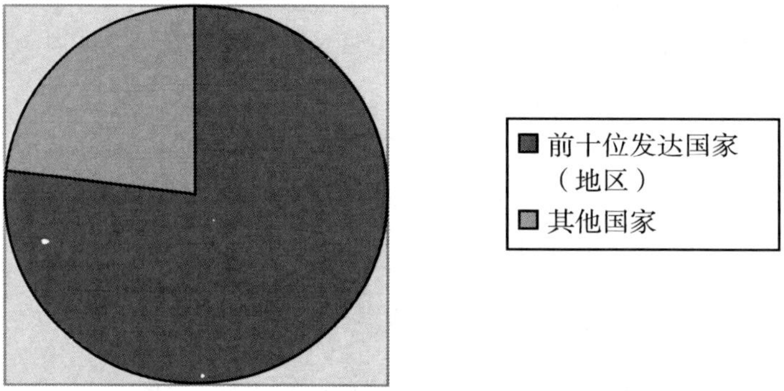

图4　2005年全球前十位发达国家专利申请量与其他国家专利申请量的比较图

资料来源：WIPO统计数据，2010年6月。

表1、图3、图4显示以下特点：

（1）专利申请量前十位的发达国家（地区）自1996年至2007年间没有发生变化，即日本、美国、欧洲专利局、韩国、德国、加拿大、英国、澳大利亚、俄罗斯、法国等仍然占据发达国家（地区）的前十位。

（2）前十位的发达国家（地区）专利申请量从1996年的907 801件增长到2007年的1 375 187件，增长了51.5%。

（3）全球专利申请量中，前十位的发达国家（地区）占绝大部分，最大占有量为83.2%（1996年），最低占有量为74.2%（2007年）。

上述图表给我们的启示是：

第一，知识产权制度一体化激发了发达国家的创新热情，专利申请量基本上逐年增长；

第二，世界前十位的发达国家专利的申请量占全世界申请量的绝大多数，特别是TRIPS协议实施后，发达国家的专利申请量急剧上升。由此证实，对知识产权进行一体化的保护实际上是以对发达国家知识产权的保护为主。

2. 发展中国家的创新情况

表2是三个主要发展中国家1996年以来专利申请的情况。从表中可以看出：巴西、印度以及中国自1996年以来，专利申请量基本上呈上升趋势，三个发展中国家2006年的专利申请量分别是1996年的2.9倍、3.4倍、9.3倍。即使以发展中国家的国内申请为分析对象，这三个发展中国家的创新能力也基本呈现逐年增强的趋势，三个发展中国家2006年的国内专利申请量分别是1996年的1.4倍、3.2倍、10.5倍。

表2　发展中国家专利申请情况　单位:件

项目 / 时间	巴西		印度		中国	
	总量	国内申请	总量	国内申请	总量	国内申请
1996	8057	2611	8562	1661	22 742	11 628
1997	16 235	2756	10 155	1926	24 774	12 672
1998	16 037	2491	8954	2247	47 396	13 751
1999	17 509	2816	4826	2206	50 044	15 626
2000	17 376	3080	8503	2179	51 906	25 346
2001	17 204	3323	10 592	2371	63 450	30 038
2002	16 022	3365	11 465	2693	80 232	39 806
2003	17 704	3689	12 613	3425	105 317	56 769
2004	19 272	3958	17 466	4014	130 384	65 786
2005	20 005	3905	24 505	4521	173 327	93 485
2006	24 074	3810	28 940	5314	210 501	122 318

资料来源：WIPO统计数据，2010年6月。

（二）区域知识产权发展的情况

区域利益主要以欧盟、非洲两个知识产权组织及北美自由贸易区等几个知识产权制度区域一体化的实施效果为分析对象。

1.欧盟主要工业产权的发展

（1）专利。

表3　欧洲专利局专利申请及授予情况表　　单位：件

时间	专利申请量	专利授予量		
		欧盟国家	其他国家	合计
1999	89 359	18 042	17 315	35 357
2000	100 692	13 680	13 842	27 522
2001	110 027	18 466	16 236	34 702
2002	106 243	25 706	21 674	47 380
2003	116 604	32 344	27 645	59 989
2004	123 701	31 661	27 064	58 725
2005	128 713	28 262	24 993	53 255
2006	135 231	32 722	30 055	62 777
2007	140 763	29 288	25 412	54 700

资料来源：EPO统计数据，2009年11月。

表3为欧洲专利局专利申请及授予情况，根据此表可以得出如下启示和结论：

启示之一，自1999年至2007年，欧洲专利申请量持续增长，专利申请量从89 359件增长至140 763件。自1999年至2007年，欧洲专利局共授予专利43万件。

启示之二，面对申请量的持续增长，尽管EPO不断提高工作效率，但是仍未能减轻EPO的工作负荷。为此，EPO还不得不采取了一些新的措施，措施之一就是招聘审查员。截至2008年年底，EPO的人数已经达到6605人。

启示之三，欧洲专利局授予了相当一部分专利给非欧盟国家，非欧盟国家获得欧洲专利局授予专利约占欧洲专利局授予专利总数的45%至50%之间。

结论：欧盟专利制度一体化的结果不仅在欧盟内部促进了专利申请及授予的发展，也吸引了世界其他国家跨域申请专利。简言之，专利制度区域一体化的结果不仅促进了区域内部的创新，也促进了区域之外其他国家的创新，形成了智力成果跨国界进行一体化保护的格局。

（2）商标。

表4　欧洲内部市场协调局1996年以来申请注册商标情况表　　单位：件

时　间	1996	1997	1998	1999	2000	2001
欧盟成员	25 008	16 763	19 887	26 054	36 119	30 514

续表

时 间	1996	1997	1998	1999	2000	2001
非欧盟成员	18 136	10 517	11 746	15 242	21 265	17 834
合 计	43 144	27 280	31 633	41 296	57 384	48 348
时 间	2002	2003	2004	2005	2006	2007
欧盟成员	29 435	40 570	39 877	40 487	48 080	55 202
非欧盟成员	15 669	19 802	18 819	24 484	30 282	33 868
合 计	45 104	60 372	58 696	64 971	78 362	89 070

资料来源：WIPO统计数据，2009年11月。

欧洲内部市场协调局（OHIM）自1996年1月1日开始受理欧盟商标申请。欧盟商标保护期限为10年，可续展，每次续展保护期限为10年。欧盟商标的申请人不限于欧盟成员国的国民，其他WIPO成员国的国民也可以提出申请。表四为欧洲内部市场协调局1996年以来的注册商标申请情况，根据此表，可以得出以下结论。

第一，从1996年至2007年，欧盟注册商标申请量持续增长，注册商标申请量从43 144件增长至89 070件，增长了一倍多。

第二，非欧盟成员向欧洲内部市场协调局申请注册商标的申请量也基本持上升趋势，从1996年的18 136件增长至2007年的33 868件，增长了87%。

第三，知识产权制度区域一体化在欧盟内获得了显著效益。在欧盟商标法一体化的影响下，欧盟初步实现了统一商标注册的目标，这样的一体化后果是其他地区所无法比拟的。

第四，由于欧盟在国际经贸领域业已作为一个实体参与国际交往，因此，欧盟商标法的一体化对商标的国际保护也会产生影响，具有国际意义：[1]首先，不断统一的成员国商标法有利于人们在不同的欧盟成员国中开展商业活动。其次，把成员国国别商标注册、马德里体制下的国际注册和共同体商标注册进行有机结合可以更好地满足人们在欧盟开展商标战略的不同需要。最后，日渐统一和同一的欧盟商标法作为合力将影响全球性商标国际保护的发展。

2. 非洲主要工业产权的发展

非洲知识产权制度区域一体化的显著结果是建立了法语地区的非洲知识产权组织和英语地区的非洲地区工业产权组织。前者以《班吉协定》为基础，后者以

[1] 万鄂湘，邓永杰. 欧洲联盟商标法一体化的进程及现状[J]. 武汉大学学报：社会科学版，2001(1)：16-17.

《卢卡萨协定》为基础。

（1）专利。

表5　非洲两个知识产权组织专利申请情况表　　单位:件

时　间	1996	1997	1998	1999	2000
非洲知识产权组织	75	256	261	65	60
非洲地区工业产权组织	133	261	278	341	297
合　计	208	517	539	406	357

资料来源:WIPO统计数据,2009年11月。

表5为非洲两个知识产权组织专利申请情况，根据表中的数据，可以得出如下结论：由于非洲较大国家如埃及、南非等未加入两个组织，使这两个组织的覆盖面和典型性并不突出，两个组织的专利申请量也未能像欧盟一样逐年上升。当然，也不可以就此断定知识产权制度一体化在非洲未能取得效果。两个组织所覆盖的国家相对比较落后，每年有几百个专利的申请量，基本反映了当地的经济发展水平。

（2）商标。

表6为非洲两个知识产权组织接受商标申请的情况。非洲知识产权组织在1995年至1999年之间每年几乎维持在一千件以上，虽然WIPO的统计数据中没有1997年的数据，但估计1997年的申请量也大约在1500件。非洲地区工业产权组织虽然也有16个成员（另有14个观察员），但显然影响力不大，其商标的申请不甚活跃。

表6　非洲两个知识产权组织商标申请情况表　　单位:件

时间	1995	1996	1997	1998	1999	1999
非洲知识产权组织	1216	1768	没有统计数据	1544	1751	1751
非洲地区工业产权组织	没有统计数据	没有统计数据	101	32	15	没有统计数据

资料来源:WIPO统计数据,2009年11月。

3. 北美自由贸易区知识产权的发展

北美自由贸易区作为典型的区域经济组织，知识产权制度区域一体化主要体现在《北美自由贸易协定》第17章的规定上。《北美自由贸易协定》在TRIPS协议缔结前生效，但所规定的知识产权保护标准并不低于TRIPS协议的保护标准。

（1）专利。

表7　北美自由贸易区专利申请情况表

单位：件

时间	1995	1996	1997	1998	1999	2000
美国	228 142	211 946	220 496	236 979	265 763	295 895
加拿大	26 592	27 570	28 582	33 972	37 250	39 622
墨西哥	5234	6754	3962	3705	12 110	13 061
合计	259 968	246 270	253 040	274 656	315 123	348 578

资料来源：根据WIPO统计数据整理，2009年11月。

表7为北美自由贸易区专利申请情况。从表中可以看出，北美自由贸易区的三个国家在《北美自由贸易协定》签订后专利申请量基本上是逐年增长。除美国、加拿大而外，墨西哥作为发展中国家，其专利申请量的剧增显示了高标准知识产权保护所带来的吸引力。当然，墨西哥的专利申请大部分来自国外，也即知识产权制度区域一体化所带来的影响更多的是激发了外国寻求专利保护的热情。

（2）商标。

表8　北美自由贸易区注册商标申请情况表

单位：件

时间	1995	1996	1997	1998	1999	2000
美国	163 787	183 925	198 953	207 429	229 721	251 220
加拿大	14 938	17 895	18 519	18 189	20 502	22 080
墨西哥	16 152	19 562	21 497	24 669	29 489	36 698
合计	194 877	221 382	238 969	250 287	279 712	309 998

资料来源：根据WIPO统计数据整理，2009年11月。

从表8中可以看出，北美自由贸易区的三个国家在《北美自由贸易协定》签订后注册商标申请量基本上是逐年增长。除美国、加拿大而外，墨西哥作为发展中国家，其注册商标申请量的剧增也显示了知识产权制度一体化在商标领域中的推动力。但由于北美自由贸易区是典型的南北双方为共同发展与繁荣而组建的区域经济一体化组织，南北合作和大国主导是其最显著的特征，因此发展中国家的作用非常有限。

（三）全球知识产权的发展

1. 专利

表九为1985年至2007年全球专利申请量的情况。从表中可以看出，自1985

年以来，全球专利申请量基本上逐年增长，从926008件增长至1854416件，增长了一倍多。可以说明，知识产权制度一体化的发展与专利申请量之间存在正相关系。

在表9、图5中，可以以TRIPS协议的实施为时间界限进行分析，比较TRIPS协议实施前后的全球专利申请量。可以看出，第一，1985年至1995年间，全球专利申请数量高低起伏，未形成逐年增长的趋势，其中，1990年、1991年、1993年、1994年出现负增长。第二，TRIPS实施后（1996年）全球专利申请数量几乎逐年增长（除2002年外）。第三，1996年至2005年的增长量是1986年至1995年增长量的6倍。

综合表9、表10、表11以及图5、图6、图7可以得出这样的结论：知识产权制度一体化的结果对于全球专利申请量产生了巨大的影响。TRIPS协议实施前后的专利申请量的增长变化说明TRIPS协议的实施对全球专利申请量起着重要的促进作用。进而说明，其推进知识产权制度一体化，提高知识产权的全球保护标准，在全球层面上实现了激励创新的目的。

表9　全球专利申请数量情况表　　单位:件

时间	1985	1986	1987	1988	1989	1990
专利申请量	926 008	950 983	997 195	1 013 500	1 017 650	1 006 044
时间	1991	1992	1993	1994	1995	1996
专利申请量	895 680	951 860	951 586	948 316	1 052 677	1 090 926
时间	1997	1998	1999	2000	2001	2002
专利申请量	1 156 104	1 205 571	1 274 081	1 383 557	1 460 536	1 448 420
时间	2003	2004	2005	2006	2007	
专利申请量	1 491 494	1 570 970	1 701 179	1 788 788	1 854 416	

资料来源:根据WIPO统计数据整理,2009年11月。

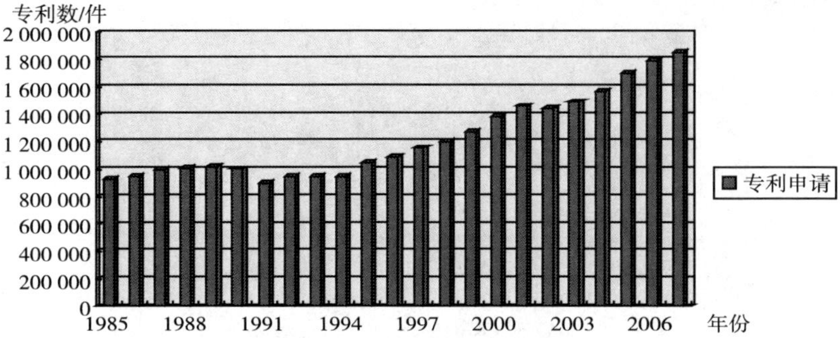

图5　全球专利申请数量示意图

资料来源：根据WIPO统计数据整理，2009年11月。

表10　1985年至1995年全球专利申请情况表　　单位：件

时间	1985	1986	1987	1988	1989	1990
专利申请量	926 008	950 983	997 195	1 013 500	1 017 650	1 006 044
时间	1991	1992	1993	1994	1995	
专利申请量	895 680	951 860	951 586	948 316	1 052 677	

资料来源：根据WIPO统计数据整理，2009年11月。

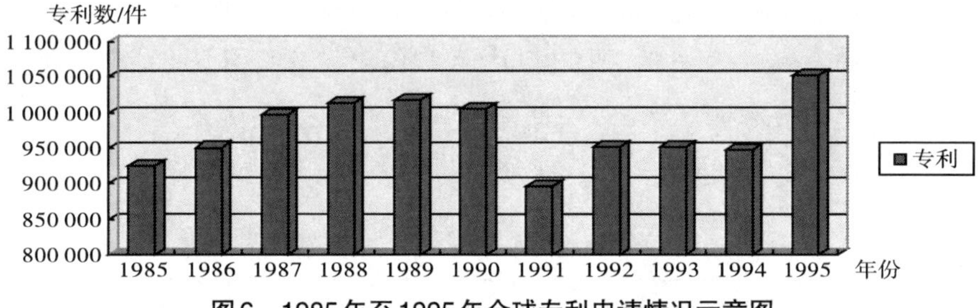

图6　1985年至1995年全球专利申请情况示意图

资料来源：根据WIPO统计数据整理，2009年11月。

表11　1995年至2005年全球专利申请情况表　　单位：件

时间	1996	1997	1998	1999	2000	2001
专利申请量	1 090 926	1 156 104	1 205 571	1 274 081	1 383 557	1 460 536
时间	2002	2003	2004	2005		
专利申请量	1 448 420	1 491 494	1 570 970	1 701 179		

资料来源：根据WIPO统计数据整理，2009年11月。

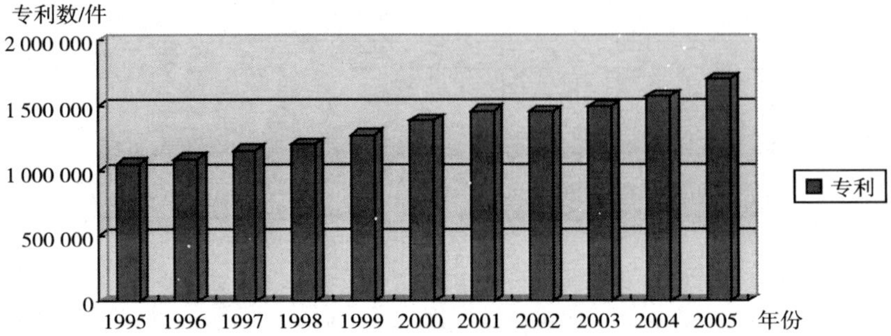

图7　1995年至2005年全球专利申请情况示意图

资料来源:根据WIPO统计数据整理,2009年11月。

(2) 商标

表12、表13揭示了全球商标申请和注册登记的变化情况。2007年全球商标申请量为3 312 360件，是1985年的3.47倍。2007年全球商标获准注册登记2 178 149件，是1985年的4倍。

根据图8、图9，也同样可以说明，知识产权制度一体化的发展与注册商标申请量、商标注册登记数量之间存在正相关关系。

以TRIPS协议的实施为时间界限进行分析，比较TRIPS协议实施前后的全球注册商标的申请量，可以看出，1996年至2005年的增长量是1986年至1995年增长量的1.75倍。商标注册登记量与申请量的也具有相似的增长规律。

综合表11、表12及图8、图9也同样可以得出与专利相似的结论，即知识产权制度一体化的结果对于全球注册商标的申请量产生了巨大的影响，TRIPS协议的实施对全球商标的申请量以及注册登记量起着重要的推动作用。

表12　全球注册商标申请数量情况表　　单位:件

年份	1985	1986	1987	1988	1989	1990
注册商标申请量	953 190	1 010 491	1 087 339	1 135 041	1 190 268	1 343 829
年份	1991	1992	1993	1994	1995	1996
注册商标申请量	1 314 346	1 426 989	1 582 063	1 676 231	1 826 059	1 953 823
年份	1997	1998	1999	2000	2001	2002
注册商标申请量	1 997 247	2 025 830	2 193 986	2 565 782	2 360 632	2 371 446
年份	2003	2004	2005	2006	2007	
注册商标申请量	2 551 049	2 785 335	3 036 682	3 260 454	3 312 360	

资料来源:根据WIPO统计数据整理,2009年11月。

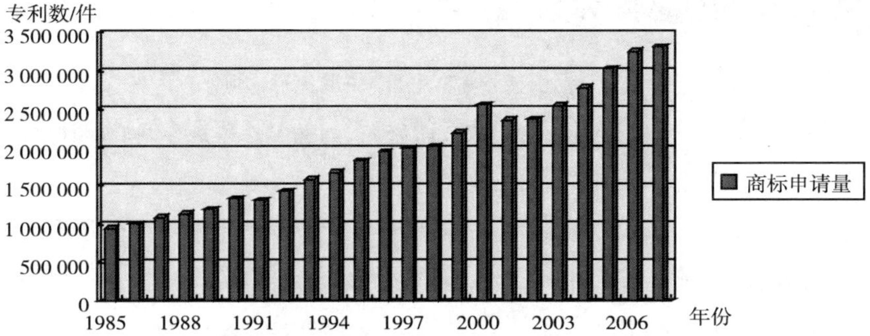

图8　全球注册商标申请数量情况示意图

资料来源：根据WIPO统计数据整理，2009年11月。

表13　全球商标注册登记数量情况表　　单位：件

时间	1985	1986	1987	1988	1989	1990
商标注册登记量	547 969	613 091	671 578	697 539	772 086	833 043
时间	1991	1992	1993	1994	1995	1996
商标注册登记量	833 701	1 069 324	1 082 627	1 144 278	1 199 980	1 414 733
时间	1997	1998	1999	2000	2001	2002
商标注册登记量	1 733 132	1 535 795	1 472 407	1 566 919	1 621 457	1 679 604
时间	2003	2004	2005	2006	2007	
商标注册登记量	1 712 070	1 728 206	1 978 102	2 055 236	2 178 149	

资料来源：根据WIPO统计数据整理，2009年11月。

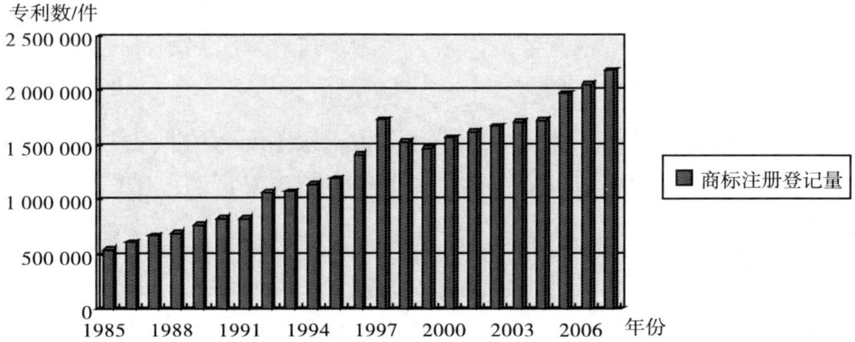

图9　全球商标注册登记数量情况示意图

资料来源：根据WIPO统计数据整理，2009年11月。

四、积极影响的总体评价

知识产权制度一体化对于私人利益与国家利益的影响对于南、北方国家的影响各有不同。在分析从私人利益到国家利益后，再从区域到全球的知识产权发展的考察，至少可以有以下几个方面的结论：

第一，总体上，知识产权制度一体化顺应了经济一体化存在的现实，适应了智力成果跨界流动的需要，推动了各国科学技术文化的交流，特别是激发了社会创新的热情，知识产权获得了巨大的发展。在不考虑各国的差别而是从全球整体的角度出发，知识产权制度一体化给全球经济的快速增长创造了制度条件，在一体化制度框架下的知识产权发展，突出表明了知识经济作为新时期经济动力的重要地位。对于发达国家而言，知识产权制度一体化所带来的利益远远大于其所带来的弊端，因而他们推进知识产权制度一体化的态度毫不犹疑，将来也不可能退缩。对于发展中国家而言，在知识产权制度一体化中，知识产权保护观念的形成以及知识产权制度的建构和改革，也为其日后创新和发展提供了制度基础。当然，值得引起关注的是，知识产权制度一体化积极后果的不均衡现象十分严重，在知识产权制度一体化进程中，发展中国家与发达国家之间的利益鸿沟日益增大。

第二，实践证明，知识产权制度一体化的结果已经使各国的知识产权制度存在“你中有我，我中有你”的现象，即使这种现象目前还是以发达国家的主导为主。蓬勃发展的知识产权为知识产权制度一体化的推进提供了有力的证据，世界各国实际上已经离不开知识产权制度的一体化。全球知识产权制度的统一体系首先在专利、商标等领域得到一定的实现，并且在实践的效果上显示了一体化制度所特有的调整功能，这有利并将加速促进一体化的进程。专利的国际申请以及商标的国际申请虽只是在程序上基本实现了全球的一体化，但是实践中的显著效果充分证明了一体化知识产权制度的内在生命力。这也同时揭示，推动实体性制度的一体化将成为一种必然的趋势。

第三，知识产权制度一体化的结果使知识产权制度的功能发生了变迁，即从私人利益的保护发生了转移，而承担了兼顾国家利益保护的责任。高标准的、一体化的保护对知识产权权利人的利益扩张无疑是一种强有力的制度保障，私人利益的扩张显然是知识产权制度一体化的重要成果。但在知识产权制度一体化的进程中，各国纷纷制定了知识产权战略，知识产权制度成为国家战略的重要组成部分，知识产权制度于是突破了私人利益保护的范围而成为国家利益的维护工具。

知识产权制度一体化的后果使知识产权制度的功能在一定程度上既需满足私人利益的保护，也需满足国家利益的要求。

第四，在一体化进程中，知识产权制度已经不纯粹是一国内部平衡知识产权所有人与公共利益之间的一种制度设计，而是决定一国贸易优势，维持经济竞争力的制度保障。知识产权制度一体化不仅仅是一个制度问题，而是牵涉了政治、经济甚至一国的发展策略和方向。因而，知识产权制度一体化成为国际关系的一种体现，竞争优势的保持、国家安全的维护等政治的、经济的因素被吸纳到知识产权制度的一体化之中。在此过程中，利益的维护与获取成为各国参与知识产权制度一体化的内在动力，各方利益的平衡和协调是知识产权制度一体化顺利推进的关键因素。

第二节　知识产权制度一体化的消极影响

知识产权制度一体化所带来的后果并非一派繁荣景象。在一体化浪潮之下，越来越多的发展中国家、最不发达国家加速了本国知识产权制度向国际标准靠拢的进程，这一超越本国实际情况的一体化已经引发了许多危机。

一、知识产权制度功能的异化

随着知识产权制度一体化的推进，知识产权制度的功能也随之发生变化。知识产权制度功能的变化沿着两种绝然不同的方向发展：功能的变迁与功能的变异。功能变迁使知识产权制度的功能一直沿着正义道路前行，而功能变异则使知识产权制度的功能与正义背道而驰。因此，知识产权制度功能的变迁是指知识产权制度遵循了正当性所赋予的作用，功能得到发展而产生了积极的影响。知识产权制度功能的异化则是指知识产权制度的功能背离了正当性所赋予的作用，功能发生了质变而产生了负面影响。

（一）功能异化的概况

知识产权制度的设立是为了激励创新、造福人类。但在当今知识产权制度一体化的背景之下，知识产权制度在某些地方阻碍了创新、损害了公共利益。学界将知识产权制度所产生的负面影响归结为“知识产权的异化”，且对于它有两种观点：第一，认为知识产权的异化是指知识产权的非理性扩张（包括权利内容的增多、知识产权保护期限的被延长、公共领域被挤占），知识产权的滥用、知识产权发展的非本土化。[1]第二，认为知识产权的异化是从人这个主体分离出的知识产权，不仅与主体本身分离成为主体的异在，并且被作为主体的人利用来束缚、支配乃至压抑同样作为主体的人。[2]第一种观点实质上包含两层意思，一是知识产权本身的异化，即知识产权的非理性扩张，二是知识产权的功能异化，即知识产权的滥用。第二种观点指的是知识产权功能异化的重要表现，其真正的含义是人们被自己所创造出来的知识产权所控制和束缚。

就异化一词的本义，实指主体在一定的发展阶段，分裂出它的对立面，变成了外在的异己的力量。[3]根据此义，将知识产权制度所产生的负面影响归结为“知识产权的异化”的观点非常值得商榷。第一，知识产权的扩张并未改变知识产权本身的特质。知识产权的非理性扩张并不是将知识产权变为一种与知识产权相对立的新的权利，换言之，非理性扩张后的知识产权仍然为知识产权而非其别的其他权利，因而不是知识产权的异化。第二，学界所言的“知识产权的异化”实际上应是知识产权制度功能的异化，只有知识产权制度功能的异化才使知识产权制度从一种具有正面的、积极的作用异化为一种反面的、消极的作用。基于此，我们认为知识产权制度所产生负面作用的直接表现是其功能发生了异化。

（二）功能异化的原因

1. 制度结构的变异

知识产权制度功能的异化源于知识产权制度结构的改变，这符合结构决定性质的自然法则。首先是知识产权制度结构的开放性。知识产权制度的开放性使知识产权制度成为一个开放的体系，不断有新的知识产权、新的保护方式被吸纳其中。这一结构特征决定了知识产权制度功能发展的不确定性。到目前为止，知识产权制度还处于一个快速发展的时期，还难以确定知识产权将止于何种边界。其次是复杂的保护规则。知识产权不过是一种统称，类型化的知识产权具有不同类型的保护规则。从专利、商标、版权等传统知识产权到新兴的知识产权，其适用的保护规则均不尽相同。复杂的保护规则使知识产权制度的内部结构出现了分散化，甚至呈现“混乱”局面。复杂的保护规则为制度功能的异化提供了转变的空间。最后是结构的单向扩张。知识产权制度结构的单向扩张是知识产权制度功能

---

[1] 孙璐. 知识产权的异化及良性回归[J]. 法学杂志，2009（5）：118-119.

[2] 刘铁光. 知识产权在国际环境中的异化[J]. 求索，2008（7）：156.

[3] 辞海编辑委员会. 辞海[M]. 上海：上海辞书出版社，1979：2465.

异化的重要原因。知识产权制度一体化的结果使各国知识产权制度的建构逐步以权利人的权利保障为主要内容，形成了权利人权利极度膨胀的知识产权制度结构。知识产权制度结构的这种单向扩张破坏了私人利益与公共利益之间的平衡，成为知识产权制度功能异化的主要“元凶”。

2. 外在因素的影响

推动知识产权制度功能异化的外在因素很多，其中最重要的两个因素是，第一，市场因素。在利益驱动下，知识产权逐步被市场化，知识产权成为国际贸易的重要内容。经济利益的诱惑导致权利人充分利用知识产权制度本身的缺陷谋取利益，知识产权制度甚至沦为某些知识产权权利人强化垄断、维护竞争优势的工具。并且，知识产权权利人的这一手段随着知识产权制度的一体化在全球蔓延，逐渐使知识产权制度异化为压抑创新、损害公众利益的工具。第二，环境因素。世界各国的经济社会发展不平衡是客观存在的，高标准的知识产权保护制度在发达国家中所起的负面影响显然比较少。较之于发达国家，知识产权制度一体化给发展中国家带来的负面影响更大。归根到底，在于高保护标准的知识产权制度不适合发展中国家（包括最不发达国家）的国情。事实上，就科技文化水平的发展而言，任何一个国家的发展都离不开模仿和学习别国的先进技术文化。知识产权制度一体化在发展中国家（最不发达国家）形成了高标准的知识产权制度，恰恰限制了这些国家的模仿与创新，在发展中国家以及最不发达国家中实施与发达国家同样的知识产权保护标准，无异是对他们科技文化发展的一种扼杀。因此，知识产权制度能否实现本土化问题成为知识产权制度功能是否会发生异化的关键因素。

（三）功能异化的过程

我们知道，知识产权制度一体化的过程是对各国知识产权制度的结构进行了一次重塑和改造的过程。知识产权制度一体化的总体特征是各国知识产权制度趋于相同、形成一体。在知识产权制度的内部结构上体现为知识产权权利客体的拓展、权利内容的扩张、保护期限的延长、保护程序的严格、侵权代价的高昂等。为保证知识产权制度这些变异的结构得到各国的认同和接受，国际社会通过签订条约予以落实。特别是通过确立知识产权国际保护的基本原则促使千差万别的各国知识产权制度得到趋同和统一。因此，在以国民待遇原则、最惠国待遇原则及最低保护标准原则为支撑的知识产权国际保护的法律体系中，变异了的知识产权制度在这三个原则推动下，随着国际条约的生效而在世界各国蔓延。

可以看出，知识产权制度这些结构的改变主要以权利人的利益为轴心，是通过加强权利人的利益保护以达到激励创新目的一种结构变异。这种制度结构的变异不仅使知识产权制度成为知识产权权利人维护自身权利的利器，也使权利人（无论是私人乃至国家）处于中心控制地位，毫无疑问，这对具有知识产权优势的私人或国家极其有利，而对于不具有知识产权优势的私人或者国家显然是一种遏制或掠夺。因而，法律本身需要一种权利和义务的平衡，否则当法律成为一方维护权利的利器之时，或许也正成为刺向另一方权利的长戟。在此，需要明确的是，知识产权制度结构的改变并不必然地使知识产权制度成为一种“恶法”，只不过是知识产权制度结构的改变使知识产权制度的功能具备了走向异化的可能——维护一方的利益可能对另一方的伤害更大。即知识产权制度结构的改变使知识产权制度成为反动工具和武器的可能，当然这仅仅是一种“可能”。法律制度功能异化现象并不少见，孟德斯鸠在其《论法的精神》中就提到这种产生功能异化的法律。如他认为，有一些法律，立法者很少了解到他们是和立法的目的本身背道而驰的。法国有法律规定，一种利益“有两个主张者，而其中一人死亡时，该利益就归未死的主张者”。制定这项法律的人无疑是企图消灭争讼，但是结果适得其反。人们看到僧侣们互相攻击、厮打，就像英国的猛犬一样，一直到死为止。[1]这就是法律制度功能异化的典型例证。

二、南北国家紧张关系的加剧

在知识产权制度一体化进程中，特别是乌拉圭回合谈判之前及期间，发达国家为处于对知识产权制度一知半解的发展中国家描绘了一个极为美好的愿景，并为美好的愿景列举了诸多的依据。[2]第一，高标准的知识产权保护制度为成熟的市场经济提供了重要的基础，并且表明了一个国家对私人财产有了很好的保护——特别是对原先哪些对私人投资和私人财产怀有敌意的国家尤为具有彰显作用。第二，强有力的知识产权保护有利于技术创新。第三，由于没有知识产权的保护，导致了贫困国家未能加大研发的费用，因而经济发展缺乏创新和活力。第四，高标准的知识产权保护可以吸引更多外国的技术转让和投资。总而言之，在发达国家看来，高保护标准的知识产权制度是经济发展和社会福利的重要

---

❶ [法]孟德斯鸠. 论法的精神(下册)[M]. 张雁深译. 北京：商务印书馆，1963：328.

❷ Bilal Mirza. A Dilemma of Intellectual Property Rights for Developing countries? [EB/OL].(2009-11-01) http://www. docstoc. com/docs/14861917/A-Dilemma-of-Intellectual-Property-Rights-for-Developing-Countries.

源泉，发展中国家要获得发展，没有理由不加入知识产权制度一体化的进程。

但是，现实显然不如发达国家所宣称的那样充满鲜花和阳光。根据联合国开发计划署1999年度《人类发展报告》：全世界最富有的1/5人口和最贫穷的1/5人口的人均国民收入之比，1960年为30∶1，1997年达到74∶1；前者占有全世界国内生产总值的86%，出口市场的82%，而后者在这两项中都只占1%。1998年，各行业最大的10家跨国公司占有世界市场的份额分别是：通信86%，杀虫剂85%，计算机70%，药品35%。世界上200名最富有的人所拥有的财富在过去4年间增加了一倍，达到1万亿美元，世界上3位最大的亿万富翁的资产超过共有6亿人口的所有最不发达国家国内生产总值的总和。报告指出，由于科研开发的私有化、市场的自由化和知识产权的严格化，穷人和穷国的利益则有被忽视和遗忘的危险。[1]就通信、杀虫剂、计算机、药品这四个行业而言，也就是知识产权保护最为严格的四个行业，知识产权制度一体化必然成为这一现象的幕后推手之一。因此，知识产权制度一体化的结果并不是全世界各国平分知识创新所带来的财富，财富也不是从富国流向穷国，而是从穷国流向富国，形成富国越来越富、穷国越来越穷的格局。

知识产权制度一体化通过两个途径促使财富倒流，一是知识产权制度一体化限制了发展中国家学习模仿的机会，外国企业、跨国公司可以通过专利保护占领和控制国内市场；二是垄断技术市场，发展中国家几乎均为技术的净进口国，每年都支付大量的技术转让费用。这两方面的因素使穷国在制度一体化的阴影之下，财富滚滚地“从南向北流”，就发展中国家和最不发达国家的现实而言，参与知识产权制度一体化的成本远远大于游离于制度一体化之外。发达国家每年从TRIPS协议中获得大量的利润，而广大发展中国家则几乎是损失的一方。正因为如此，在英国知识产权委员会发表的报告中，非常肯定地认为，全球化的专利制度主要的受益人是专利的持有者，主要是发达国家，而花费最多的则是使用那些受保护的技术和货物的发展中国家。[2]

因此，知识产权制度所产生的负面影响在一体化进程中尤为突出，特别是在后TRIPS时代，知识产权制度一体化所带来的负面效果已经使知识产权制度成为世界上最具争议的制度之一，以至于知识产权制度被认为是一种“富国的粮食和

[1] 联合国开发计划署. 人类发展报告[R],纽约:联合国开发计划署,1999.

[2] The British Government's Commission on Intellectual Property Rights. Intellectual Property Rights and Development Policy[R]. London: The British Government's Commission on Intellectual Property Rights, September, 2002.

穷国的毒药”。[1]知识产权制度一体化的结果给南方国家造成的灾难远远超过其所获得的利益，这引起了南方国家的强烈不满，从而增加了南北国家的对立情绪，加剧了南北国家之间的紧张关系。国际社会也因此逐渐关注知识产权制度一体化所带来的消极影响，知识产权制度一体化与世界发展的关系也逐步成为国际社会关注的热点问题。

三、公共健康危机的诱发

知识产权制度一体化的结果极大地提高了知识产权的保护力度，特别是将发展中国家、最不发达国家从没有知识产权保护或者只对知识产权采取极低保护标准的状态强行纳入到全球统一的保护标准之中。在药品方面，高标准的知识产权保护既鼓励了药品的研究和开发，促进了新药品的生产，同时也成为药品价格上涨的重要因素。由于每年数百万死于传染性疾病的病人中，有很大一部分人是因为买不起药品而死亡的，因此，高标准的知识产权保护成为发展中国家和最不发达国家千夫所指的“毒药”。公共健康问题的突显是知识产权制度一体化最明显的负面影响，公共健康问题也因此成为知识产权制度一体化进程的最大阻力。如果没有公共健康问题的出现，建立一个具有全球统一标准的知识产权制度的速度或许更快。

在TRIPS协议实施以前，发展中国家和最不发达国家大多依靠三种途径生产获取传染病的治疗药品。第一是进口普通药品（generic drugs）。普通药品指专利已经到期或者根本没有专利的药品，或者是因为该药品在专利保护之外被仿制而成的，这些药品十分廉价，因此成为这些国家的最佳选择。第二是通过强制许可生产专利药品。第三是平行进口专利药品。在TRIPS协议实施后，这三个途径受到了极大的限制。首先，TRIPS协议第27条第1款规定，专利的取得和专利权的享受应不分发明地点、技术领域以及产品是进口的还是当地生产的。根据此规定，必须给予医药产品和方法授予专利，这使治疗传染病的药品成为专利药品，形成了药品生产和销售的垄断，推动了药品价格的提高。其次，强制许可制度的实施予以严格的限制。TRIPS协议第31条虽然规定了实施强制许可制度，但设置了许多严格的条件，使发展中国家和不发达国家在出现公共健康危机时实施困难。最后是平行进口的规定模糊不清，给发达国家作严格解释提供了法律依据。

---

[1] Commission on Intellectual Property Right. Integrating Intellectual Property Rights and Development Policy [R]. London: Commission on Intellectual Property Right, September, 2002.

TRIPS协议第6条的规定，本协议中的任何条款均不得用以提出知识产权失效问题。据此，学者认为，政府可以采取平行进口措施来平衡公共健康与专利人的利益，解决对药物的迫切需要。但是对这一涉及社会公共利益至关重要的条款，发达国家却采取狭义的解释，限制采取这些措施的范围。❶

可见，当各国的知识产权制度特别是发展中国家和最不发达国家的知识产权制度统一于TRIPS协议的标准后，高保护标准的知识产权制度封堵了发展中国家和最不发达国家获取廉价药品的途径，造成了这些国家治疗艾滋病等传染疾病的药品价格远远高于TRIPS协议实施前。根据1996年WHO的报告，全球每年有1700万人死于艾滋病、呼吸道传染病、疟疾和结核病等传染性疾病。该报告同时指出，绝大部分的死亡是可防可治的。❷特别是随着新药的问世，越来越多的传染性疾病得到了控制和治疗。以艾滋病为例，在20世纪80年代，艾滋病的死亡主要出现在北美和西欧，到了20世纪90年代中期，非洲艾滋病的死亡率大大上升，而西方艾滋病死亡率则大大减少，这主要的功劳在于抗逆转录酶治疗方法（Antiretroviral medicines，ARV）的问世。抗逆转录酶治疗方法虽不能根除艾滋病病毒，但却意味着艾滋病是可以治疗的。然而问题恰恰在此出现，在可以治疗的情况下却因为专利药品的昂贵而使成千上万的感染者不治身亡。更令人们不解的是，面对人类的生命健康，拥有药品专利的跨国公司毫不理会人们的死活，频频提起专利诉讼，以维护他们的垄断利益。很明显，缺乏道德保证的、统一的专利制度直接或间接地阻止了人们对救命药的获取。❸在此，发展中国家和最不发达国家才幡然醒悟，药品的专利也是“杀人”的真凶之一。

因此，TRIPS协议的实施成为公共健康危机爆发的导火索。TRIPS协议不仅在具体规定上受到质疑，在立法理念上也受到了谴责。国际社会纷纷指责TRIPS协议过分保护知识产权人的利益，忽视公共利益，建造了死亡的地狱。

四、知识传播和发展的遏制

以推进社会福利为光环的知识产权制度理应是技术传播发展的助推器，但事

❶ 李双元、李欢. 公共健康危机与药品可及性问题[C]//查道炯. 中国学者看世界(非传统安全卷6). 北京：新世界出版社，2007：296-297.

❷ WHO. The Word Health Report 1996[EB/OL].(2009-11-28) http://www. who. int/whr/1996/en/whr96_ch. pdf.

❸ Edwin Cameron. Patents and Public Health: Principle, Politics and Paradox[J]. Scripted, December 2004, vol. 1(4):519.

实并非普遍地发挥如此的作用。知识产权制度一体化已经使知识产权的保护无孔不入，在发展中国家和最不发达国家中，知识产权制度一体化所带来的负面影响远远超出人们的想象。特别是高标准的知识产权保护，严重遏制了技术的传播和发展，成为阻碍经济社会发展的重要因素。

首先是导致教育资源更加贫乏。教育资源贫乏与知识产权制度一体化相联系表面看似乎有些风马牛不相及。但只要研究一下发展中国家独立初期的历史，则可发现知识产权制度一体化也是教育教育资源贫乏的重要因素之一。“二战”以后，发展中国家面临着普遍缺乏本国作者和作品以及课本的问题。由于版权制度的实施，发展中国家无力支付进口西方图书的费用，因而无法满足其国民教育的需要。版权不但没有鼓励投资于教育，反而成为殖民地宗主国无形而有效的掠夺财富工具。[1]然而，教育对于消除贫困的作用不言而喻，不仅是过去、现在和未来。1996年，“国际21世纪教育委员会”向UNESCO提交了一份题为“教育：财富蕴藏其中”的报告，报告认为，面对未来的种种挑战，教育看来是使人类朝着和平、自由和社会正义迈进的一张必不可少的王牌。报告着重表明了它的这一信念，即教育在人和社会的持续发展中起着重要作用。教育并不是打开能实现所有上述理想的世界之门的“灵丹妙药”，也不是“芝麻，开门吧”之类的秘诀，但它的确是一种促进更和谐、更可靠的人类发展的一种主要手段，人类可借其减少贫困、排斥、不理解、压迫、战争等现象。[2]监管教育如此重要，但知识产权制度一体化却通过维护权利人的利益，封锁和垄断知识的传播，限制了教育资源的利用，阻碍了这些国家的发展，在发展中国家和最不发达国家中异化为损害教育的帮手，加剧了这些国家的贫困和饥饿。

其次是加大技术鸿沟。对于知识产权制度一体化与技术转移存在何种关系，联合国贸易与发展会议（UNCTAD）与国际贸易和可持续发展中心（ICTSD）曾就知识产权与可持续发展问题委托韩国学者进行研究，韩国学者以韩国的经验提交了一份报告。报告认为，高标准的知识产权保护阻碍而非利于技术转移及本土化学习，只有具备广泛科技基础的国家知识产权才是技术转移和工业生产的重要

---

❶ [澳]彼得·达沃豪斯，约翰·布雷斯韦特. 信息封建主义[M]. 刘雪涛，译. 北京：知识产权出版社，2005：84.

❷ 联合国教科文组织. 教育：财富蕴藏其中(联合国教科文组织五十周年报告) [EB/OL].(2009-11-28) http://www.un.org/chinese/esa/education/lifelonglearning/.

因素。[1]国外学者的研究还表明，对于依靠模仿为主要发展途径的国家，较强的知识产权保护不仅不利于本国的创新，也不利于发达国家向发展中国家的技术转移。[2]因此，在发展中国家中，知识产权制度一体化所展现的高标准知识产权保护未必是发达国家与发展中国家技术鸿沟的桥梁。无数的现实也证明，发达国家在推行高标准的知识产权制度一体化时，并未加大对发展中国家的技术转让和技术援助。相反，发达国家紧紧抓住自身的技术优势，变本加厉地利用技术牢牢地控制发展中国家的技术进步和发展。以专利申请为例，每年专利申请量前十位的发达国家占全球申请量的70%—80%，而广大的发展中国家除中国、印度、巴西及各国家每年略有增长外（实际上这些增长主要还是一些低端的技术），其他国家的发展非常有限。也因为如此，由联合国开发计划署组织编写的《2001年人类发展报告》。该报告以科技促发展为主题，指出发展科学技术，推动经济增长、消除社会贫困、延长人类寿命和提高人民生活质量的光明前景，同时也指出了利用科学技术解决当前各种社会发展问题的复杂性和局限性。基于发达国家与发展中国家技术差距日益扩大的事实，该报告敦促全球采取主动行动，以确保新技术得以用来解决世界上穷人的迫切需求，呼吁加强研究和开发，制定富国和穷国购买药品和其他必需的高科技产品的不同价格，公正执行全球知识产权规则，帮助发展中国家缩小与发达国家的技术鸿沟。自2001年以后，情况也没有得到多大的改善，世界银行在《2008年全球经济展望：发展中国家中的技术传播》的报告中即指出，低收入国家的技术传播相当缓慢，特别是医疗方面的技术，低收入中国家在技术上追赶高收入国家还有一段相当长的路要走。究其原因，报告指出，一方面是低收入缺乏足够的使用技术的成本，另一方面是低收入国家缺乏使用技术必要的知识技能。[3]而这也正是知识产权制度一体化所忽视国家差别所带来不良后果的症结所在。可见，知识产权制度一体化并未充分带来技术的有效传播，而是进一步扩大了发达国家与发展中国家之间的技术鸿沟。

最后，一定程度地遏制了创新的更替速度。知识产权制度一体化遏制了一个国家的创新能力并非危言耸听。以专利为例，一个国家的GDP与专利的申请之

---

[1] LINSU KIM. Technology Transfer & Intellectual Property Right: the Korean experience [R]. Geneva : ICTSD, UNCTAD,2003.

[2] EDWIN L. -C. LAI. International Intellectual Property Rights Protection and the Rate of Product Innovation [J]. Journal of Development Economics, 1998 ,Vol. 55:133~153.

[3] The Word Bank. Global Economic Prospects 2008: Technology Diffusion in the Developing World[R]. Geneva :The Word Bank ,2008.

间所形成的关系可以作为一个国家是否属于创新性型国家的重要指标。一般而言，相同单位的GDP中专利申请量越大，一个国家的创新性就比较高。根据WIPO的统计数据，我们可以发现一个富有启示的事实是：自TRIPS协议实施以来，每单位GDP中专利的申请量除韩国、中国等个别国家外，几乎是停滞不前或是逐年下降（如表13、图10）。这至少可以归结为两个方面的原因：第一，在发达国家中，专利申请的绝对量虽然呈逐年上升趋势，但专利申请量与GDP的增长没有形成正相关系，也即GDP的增长并不必然预示着创新活动的增加，因而可以合理猜测，发达国家的财富来自于原先的技术垄断，而非技术的快速更新。第二，在大多数发展中国家特别是最不发达国家中，GDP的增长与专利的申请量之间没有正相关系，甚至可以说创新对这些国家的GDP几乎没有什么贡献。高标准的保护在发达国家中一定程度地遏制了创新的更替速度，而在不具备创新能力的发展中国家以及最不发达国家中，则造成了技术封锁，阻碍创新。因此，严格的知识产权保护可能在一般意义上激励创新，并不适合所有情况。

表14　部分国家专利申请量与GDP比值图　　单位：个/10亿美元GDP

年份	日本	美国	韩国	英国	巴西	俄国	中国	墨西哥
1995	96.47	13.76	89.20	12.67	2.17	15.13	4.49	0.48
1996	95.51	11.43	96.35	12.04	2.04	16.08	4.75	0.40
1997	96.73	12.20	90.66	11.57	2.09	13.25	4.73	0.41
1998	101.24	13.21	73.12	12.13	1.89	15.24	4.77	0.42
1999	102.28	14.08	73.84	12.85	2.13	17.30	5.04	0.41
2000	105.84	14.98	88.60	12.82	2.23	18.55	7.54	0.37
2001	105.17	15.99	86.32	12.17	2.37	18.77	8.25	0.45
2002	100.06	16.30	83.87	11.52	2.35	17.06	10.03	0.44
2003	96.81	16.29	95.98	11.10	2.54	16.76	12.99	0.39
2004	96.95	15.79	106.74	10.09	2.59	14.37	13.687	0.45
2005	95.08	16.76	118.63	9.19	2.47	13.91	17.61	0.45
2006	87.42	17.46	116.18	8.74	2.32	15.32	20.63	0.42
2007	82.35	18.57	113.89	8.43	/	13.96	22.84	0.45

资料来源：WIPO统计数据，2010年6月。

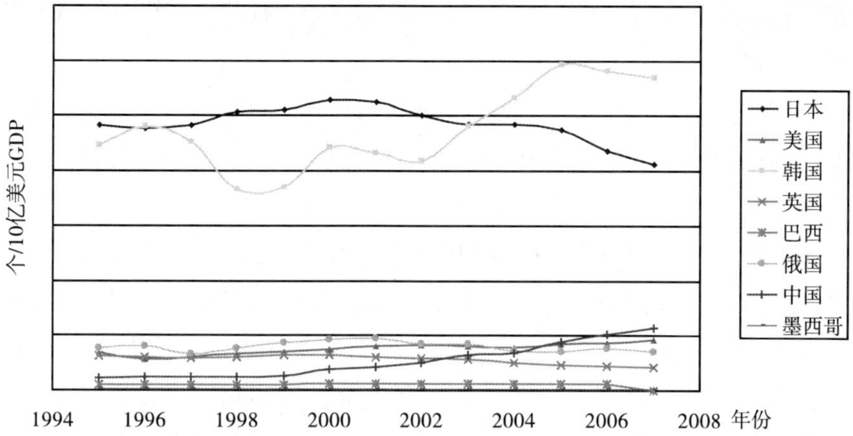

图10　部分国家专利申请量与GDP比值图

资料来源：WIPO统计数据，2010年6月。

第三节　知识产权制度一体化的修正

知识产权制度一体化并不是各国知识产权制度的自动趋同和统一，它需要一个符合法治模式的民主进程，而这恰恰是知识产权制度一体化进程中所缺乏的。基于知识产权制度一体化所带来的负面影响，国际社会着手对知识产权制度一体化进行修正。尽管法治缺陷的解决还需假以时日，但目前在立法理念和造法技术上已经有所推进。

一、知识产权制度一体化中的法治缺陷

综观知识产权制度一体化的历史，利益的天平总是倾向发达国家，以至于知识产权制度一体化的结果是财富从穷国流向富国，形成“劫贫济富”的局面。虽然从理论上而言没有绝对的公平，但是知识产权制度一体化的消极影响几乎都由发展中国家和最不发达国家承受，这就不是理论与现实的差距问题，而是知识产权制度一体化的公平性和合法性问题，也即法治缺失的问题。

（一）知识产权制度一体化中的不公平问题

首先，发展中国家受到不公平的待遇。对于创新的保护，并非自古有之。在发展中国家看来，它们在历史的长河之中也曾创造出无比灿烂的文明，但是这些文明成果在知识产权制度产生之前是无偿地被当今的许多发达国家所使用。在没

有知识产权制度的年代，所有的创新均被“合法地偷窃”。历史学家认为，不管是时间上的概念，还是空间上的概念，西方都剽窃了东方。[1]因而在当今看来完全符合知识产权保护标准的、无数的发明、著作均被西方无偿地使用。况且，当今的发达国家也曾有不保护外国知识产权的历史。如果说在没有知识产权制度的年代，进行“合法地偷窃”还情有可原的话，那么在知识产权制度发展到一定阶段，特别是到了19世纪末以后，知识产权制度一体化进入国际协调阶段，侵犯别国知识产权的行为似乎不该。但是，“当今发达国家处于赶超阶段的时候，都保护幼稚产业，猎取技术工人，从更发达的国家走私机器，从事工业谍报活动，还故意侵犯专利及商标权”。[2]到了1875年，大多数当今发达国已经制定了专利法（值得注意的是瑞士和荷兰没有制定），但专利法质量很差，对外国知识产权的保护尤为不利。比如美国尽管大力支持国际专利体系，还是拒不承认外国人的版权，许多德国公司也忙于仿冒英国货。[3]因此，在各国的发展过程中，仿制被认为是一个加速发展的重要手段，没有一个国家敢于宣称其从不侵犯别国的知识产权。当发展中国家在它们技术领先之时，无偿地将它们的成果公之于世，它们因之失去主宰知识产权制度一体化格局的历史机会。而发达国家主宰知识产权制度一体化的话语权时，如何保护以及怎样保护知识产权牢牢握在自己手里并且毫不手软地过河拆桥或踢开发展中国家发展的梯子。因此，知识产权制度一体化在发达国家的裹挟之下犹如发展中国家头上的“紧箍咒”，他们时时有可能因知识产权保护不力而受到来自发达国家的制裁。

其次，发达国家从“偷猎者”变为“狩猎者”。对于发展中国家而言，“合法地偷窃”的时代已然远去，主张不保护知识产权或者放任侵犯知识产权的行为是违反国际法的行为。然而，从“合法地偷窃”到“制裁偷窃”仅为一步之遥。当现今的发达国家掌握了先进科学文化时，摇身一变从“偷猎者”变为“狩猎者”，它们推行了全球一体化的知识产权制度，加强知识产权保护，提高知识产权保护标准。在发展中国家看来，“合法地偷窃”的历史迅速化为乌有，取而代之的是高标准的知识产权保护，使他们体会着从无偿的付出到最后被勒脖子“制裁”的过程，这不只是民族感情的创伤，在发展中国家的眼中这更是割裂历史积

---

[1] [英]杰克·古迪. 偷窃历史[M]. 张正萍译. 杭州：浙江大学出版社，2009：4-11.

[2] [英]张夏准. 富国陷阱：发达国家为何踢开梯子[M]. 肖炼，倪延硕，等，译. 北京：社会科学文献出版社，2009：74.

[3] [英]张夏准. 富国陷阱：发达国家为何踢开梯子[M]. 肖炼，倪延硕，等，译. 北京：社会科学文献出版社，2009：126.

累的表现，也是发达国家为维护自身利益所推行的强盗逻辑。“等它们一旦跻身最发达国家的行列，便开始倡导自由贸易，阻止技工和技术外流，并且大力保护专利和商标。”[1]这实际上是发达国家在国际关系中一贯而为的策略，发达国家的这些行为不仅表现在知识产权保护领域，即使是在目前最受关注的哥本哈根气候变化峰会上，发达国家仍然采取类似的策略，它们不仅不承担历史的责任而且将历史的责任进行分摊并强烈指责发展中国家的不是。因而，面对日渐强化的知识产权保护，发展中国家认为这无异于强盗掠夺之后的护食，是不公平的出发点，违反了正义的最基本要求。

最后，新的不公平持续出现。实际上，发展中国家也同样看清了这样的事实：对知识产权进行保护已经是一种无法扭转的客观现实。因而，在知识产权制度一体化中，关键的问题不在于是否对知识产权进行保护，而是在何种范围以及何种程度进行保护。发展中国家难以容忍的是发达国家主导了知识产权制度一体化的基本趋势和格局，造成了新的不公平。新的不公平体现在两个方面：一方面，在知识产权制度一体化中，发达国家的目标是按照自己的标准建立知识产权保护的国际体系。这些标准不管是否适合发展中国家，或者发展中国家是否有能力实施这些标准，都在发达国家的压力下成为一体化的内容。即使在TRIPS协议中发达国家所妥协的条款，如过渡期、强制许可等在一系列FTA中改头换面以“TRIPS-plus”出现。而对于发展中国家的优势领域，发达国家则主张不保护或者弱保护，并上演一系列诸如“生物盗窃”的好戏。另一方面，发达国家对发展中国家的承诺未能实现。当发展中国家加入到种种高保护标准的知识产权国际条约后，发达国家对发展中国家所作的援助承诺未能兑现，发展中国家那些不切实际地得到发达国家帮助的幻想也逐一破灭。因而，发展中国家所见的是，知识产权制度一体化是霸权主义下的制度一体化，发展中国家在知识产权制度一体化中只能被动适应发达国家的知识产权保护要求，成为任人宰割的“羔羊”。

因此，富国是如何真正变富的答案，在于发达国家控制了知识产权制度一体化的方向和内容，而不在于共建一个和谐共赢的知识产权保护体系，简言之，推动知识产权制度一体化是发达国家从发展中国家谋取利益的动机之一。随着知识产权制度一体化的深入，不公平不断产生并且持久延续，本来作为促进和激励社会创新的“良方”的知识产权制度，在某些发展中国家中成为名副其实的“毒药”。

---

[1] [英]张夏准. 富国陷阱：发达国家为何踢开梯子[M]. 肖炼，倪延硕，等，译. 北京：社会科学文献出版社，2009：74.

（二）知识产权制度一体化中的“民主赤字”问题

全球化之中的“民主赤字”宽泛地指全球化所引发的民主种种问题。这些问题可以从国家民主的萎缩和国际民主的欠缺两个层面加以总结。[1]就国际民主欠缺方面，现有的机制普遍缺乏民主的合法性。因此，有学者认为，发展中国家日益贫困与边缘化、南北差距进一步扩大，以及环保、生态、劳工、消费者保护等问题，与国际规则的制定以及国际组织的决策程序中存在严重的“民主赤字”紧密相关。[2]起源于欧共体的“民主赤字”的争辩已经殃及其他体制特别是WTO和国际金融机构，并且成为反对全球化的重要组成部分[3]。实际上，我们审视知识产权制度一体化的进程，也难以看到民主的迹象，“民主赤字”的现象也十分严重。

1. 知识产权制度一体化中的“胁迫”

在知识产权制度一体化中，“胁迫”主要表现在两个方面：一是发展中国家被动移植发达国家的知识产权制度。在TRIPS协议实施之前，发达国家通过政治、经济的压力，迫使发展中国家采取发达国家的保护标准。发达国家例如美国，动不动就以经济制裁为手段，迫使发展中国家就范。二是发展中国家被动地加入知识产权保护的国际条约。对知识产权保护全球性的规则制定和缔结，从来就不是各国自愿的、协商一致的过程。例如在《伯尔尼公约》中，直接规定了可以适用于缔约国的殖民地。在乌拉圭回合的谈判中，韩国、巴西、印度、墨西哥、沙特阿拉伯、泰国、中国等都先后被列入了“特殊301条款”所述的“观察名单”。美国对巴西的制裁终于迫使巴西在短时间内颁布符合美国要求的知识产权制度并在乌拉圭回合的谈判中妥协。此外，在TRIPS协议的签订之前，许多国家并不明了TRIPS协议将给他们带来怎样的影响，也很少有发展中国家参与条约的谈判。因此，知识产权制度一体化进程是一个缺乏民主沟通的进程，它不是通过制度的客观融合、民主自由的谈判而成，基本上是发达国家需要什么样的一体化制度即创造出符合发达国家需要的制度体系。知识产权制度一体化在很大程度上表现为发达国家操纵的一体化，体现了发达国家的意志，维护了发达国家的利益，简而言之，知识产权制度一体化依赖于霸权主义和强权政治。于是发展中国家在知识产权制度一体化中总是处于被动的地位，面对发达国家的政治、经济压

---

[1] 陶文昭. 全球民主赤字的成因及治理[J]. 理论与改革，2005(4)：27.

[2] 刘志云. 论全球化进程中“民主赤字”的消除[J]. 社会科学，2006(1)：81.

[3] Eril Stein. International Integration and Democracy: No Love at First Sight[J]. American Journal of International Law, July, 2001(95): 489.

力而不得不被动地参与了制度的一体化。发展中国家在参与知识产权制度一体化中缺乏最起码的平等自由，它们的意见得不到尊重、建议得不到倾听、要求得不到满足。因而，知识产权制度一体化进程中的程序正义受到极大的怀疑，这种民主化的缺乏也直接导致了一体化程序正义的毁损。或因如此，TRIPS协议被一些国家认为是一个不平等的条约。

2. 知识产权制度一体化中的“欺诈”

知识产权制度一体化沿着国内法（发达国家国内法）—国际法（条约）—国内法（各国的国内法）的路径进发，在此其中，发达国家极力鼓吹高标准的知识产权保护制度，千方百计地将世界各国的知识产权制度统一到适合自己的标准中来。发达国家的这一做法并不顾及发展中国家的利益。英国学者张夏准精辟地指出：“发达国家向发展中国家推销所谓的好制度，其实他们自己并没有使用过。”❶“按当今发展中国家被要求达到的标准，当今发达国家（在它们自己还是发展中国家的时候）的知识产权制度曾经是多么不完善。”❷知识产权制度一体化即是其中典型的例子，现今的发达国家在它们的发展初期都没有采用高标准的知识产权制度，美国还因为其迟迟不加入《伯尔尼公约》而成为负面典型。因此，发达国家向发展中国家兜售、鼓吹建立高标准的知识产权保护制度，要求发展中国家尽快将本国的知识产权制度纳入国际一体化进程，确实具有“欺诈”之嫌。因为它们在以往没有使用过这些制度的经验，它们凭什么鼓吹适合当今的发展中国家？所以，发达国家极力要求发展中国家提高知识产权保护标准如果不是“居心叵测”的话，那至少也是极不负责任的。

3. 知识产权制度一体化中的“显失公平”

“显失公平”在知识产权制度一体化中普遍存在。首先，知识产权制度对于许多国家，特别是发展中国家和最不发达国家而言，是一个新颖的制度，它们对于如何利用知识产权制度实际上在很长的一段时间内是没有具体的、清晰的、准确的策略，在参与知识产权制度一体化进程中，更多的是基于模糊的认识或一知半解。其次，发达国家利用其强大的政治经济优势，通过允诺开放市场、支持发展中国家的经济发展等条件的引诱，将事实上并不懂得利用知识产权制度的国家拉到谈判桌前，并利用其娴熟的谈判技巧和国际交往经验，在诸如TRIPS协议达

---

❶ [英]张夏准. 富国陷阱：发达国家为何踢开梯子[M]. 肖炼，倪延硕，等，译. 北京：社会科学文献出版社，2009.

❷ [英]张夏准. 富国陷阱：发达国家为何踢开梯子[M]. 肖炼，倪延硕，等，译. 北京：社会科学文献出版社，2009：97.

成所谓的“普遍一致”。最后，在结果上，发达国家获得了前所未有的胜利，强化了对知识产权所有人的保护力度，维护了自己的竞争优势；而发展中国家陷入发达国家高标准知识产权保护的漩涡之中，在模仿创新上受到遏制，公共利益受到了严重的侵害。

综上，民主问题关系知识产权制度一体化正义的实现，是否贯彻民主是程序正义是否得以实现的基本保障。在知识产权制度一体化中，正义未能得到很好的遵循，最大的症结在于一体化进程缺乏应有的民主。知识产权制度一体化的背后，是发达国家在其中的“胁迫”“欺诈”行为，以及缔约过程中所制造的“显失公平”。知识产权制度一体化的“民主赤字”充分暴露了知识产权制度一体化在高速推进过程中违反国际法基本原则的一面。由于“民主赤字”还在不断上升，知识产权制度一体化还仍沿着高保护标准的方向推进，因而这已经严重威胁知识产权制度一体化的合法性存在，也严重威胁了现行知识产权制度国际保护体制的权威性。“民主赤字”的存在也促使发展中国家在TRIPS协议实施之后，发起对知识产权制度一体化正义的追求，迫切希望维护知识产权制度一体化的公平正义，使其形成可持续发展的良好趋势。

二、知识产权制度一体化的校正

知识产权制度一体化中法治秩序的缺陷催促国际社会对一体化的价值进行重新评估，从而对知识产权制度一体化作出必要的修正和改革。虽然目前的校正还未能彻底解决一体化中的公平问题和民主问题，但已经有了明显的改善。

（一）以人本精神为要旨的制度改革

知识产权制度一体化不仅是一种历史进程，也是一种制度理想。由发达国家所主导的一体化为知识产权制度描绘了理想的蓝图，但是制度理想与现实实践产生了巨大的差距，而这种差距还因为作为知识产权制度一体化代表的TRIPS协议的实施显得更加突出。TRIPS协议于是成为知识产权制度功能异化的典型代表，人本精神的缺失以及制度结构的缺陷，使知识产权制度一体化成为一种不公平的国际造法运动。特别是公共健康危机出现后，知识产权制度一体化究竟是增进社会福利，还是以损害人类基本人权成为国际社会需要深刻反思的严峻问题。为改变这一现状，也因为发展中国家的努力，国际社会因此就知识产权制度一体化的问题特别是各国知识产权制度与TRIPS协议相一致的问题进行了一系列的磋商和改进，力图使知识产权制度一体化从偏差的道路上纠正过来、从异化的功能中转化过来。

1.《TRIPS协议与公共健康多哈宣言》

2001年11月14日在卡塔尔首都召开了WTO第四届部长会议，通过了《TRIPS协议与公共健康多哈宣言》（以下简称《多哈宣言》），以解决发展中国家、最不发达国家的发展问题。《多哈宣言》共有七个部分（或七段），主要的内容有：①承认公共健康给发展中国家和最不发达国家所带来的痛苦，认识到知识产权保护对新药的重要性以及知识产权保护对药品价格的影响。②认为TRIPS协议不能够也不应该妨碍各成员方采取措施以维护公共健康。在重申对TRIPS协定承诺的同时，认为该协议能够也应该在解释和执行方面支持WTO成员方维护公共健康的权利，特别是促进获得药品的权利。承认WTO成员具有使用TRIPS协议中弹性条款的权利。③认识到最不发达国家即使实施强制许可措施也不具备医药产业生产能力的情况，要求TRIPS理事会在2002年年底之前找出解决的办法。④重申了根据TRIPS第66条第2款，发达国家应兑现促进和鼓励其企业和机构向最不发达国家转让技术的承诺，并对TRIPS第66条第1款的最不发达国家的适用TRIPS的过渡期给予承诺。

2.《关于实施多哈宣言第6条款的理事会决议》

根据《多哈宣言》，TRIPS委员会必须在2002年年底之前找到一个解决没有足够的或不具有药品生产能力的国家使用强制许可问题的方案，但是WTO各成员并没有在规定期限内完成此项工作。2003年TRIPS委员会继续讨论TRIPS与公共健康多哈宣言第6段的问题，但直至2003年8月30日，WTO总理事会才通过了《关于实施多哈宣言第6条款的理事会决议》（以下简称《总理事会决议》）。《总理事会决议》的主要内容有：①对于缺乏药品生产能力或药品生产能力不足的国家，可以进口其他成员方通过强制许可而生产的药品。②对药品的进口方和出口方进行条件设定。符合条件的进口成员方指任何最不发达国家成员方，以及任何向TRIPS理事会发出通知，表明其希望使用此制度作为进口方意愿的成员方。出口成员方指使用本决议中确定的制度生产医药产品并将其出口到“符合条件的进口成员方”的成员方。③就实施强制许可进行了严苛的限制。

3.《修改〈与贸易有关的知识产权协定〉议定书》

2005年12月6日，世界贸易组织（WTO）总理事会通过了《修改〈与贸易有关的知识产权协定〉议定书》（以下简称《议定书》）。《议定书》的主要内容有：①在《TRIPS协定》第31条后增加第31条之二，主要内容是允许在符合有关条件的前提下，各成员可以授予其企业生产并出口特定专利药品的强制许可。明确在出口成员和进口成员对同一产品授予强制许可的情况下，专利许可费应由出口成员支付，进口成员不再承担支付费用。②在第73条后加入附件。附件主要是对一些概念、术语进行了界定，大多是《总理事会决议》的内容。

4. 制度改革的评价

《多哈宣言》充分认识到知识产权制度一体化的消极影响，积极意义是明显的。首先是明确知识产权制度一体化对公共健康的负面影响，强调知识产权制度一体化不能阻碍成员方维护公共健康的权利。其次是明确知识产权制度一体化中差别待遇存在的必要性，重申发展中国家和最不发达国家利用弹性条款的权利，以及实施不同的过渡期。最后是强调技术援助的重要性。当然，《多哈宣言》也有局限，有学者认为：①《多哈宣言》（以下简称《宣言》）只有澄清性质，除了对发展中国家受到公共健康紧急情势困扰予以政治承认以外，《宣言》并未改变TRIPS协议所确定的权利和义务。②只有最不发达国家可从《宣言》第7条所延长的过渡期中受益。③通用药品的生产和出口问题仍未得到解决。前述三个缺陷主要是从公共健康与知识产权保护特别是专利保护的合理性出发进行探讨的。诚然，公共健康问题是知识产权制度一体化中显现的突出问题，但绝非是唯一问题。《宣言》并未就发展中国家和最不发达国家的发展问题与知识产权制度一体化的关系进行全面的评估，因而《宣言》充其量只是“头痛医头，脚痛医脚”的结果。

《总理事会决议》的形成是知识产权保护与公共健康问题从政治层面落实到具体的法律操作层面的结果，实际为知识产权制度功能的一次良性回归。《总理事会决议》是对《多哈宣言》的一个重大发展，为平衡公共健康安全权利与知识产权的保护奠定了法律基础。如果说《多哈宣言》的政治意义远远大于其法律含义，那么《总理事会决议》则更多地从法律操作层面上界定了最不发达国家和发展中国家进口仿制药品维护公共健康安全的权利。[1]当然，《总理事会决议》只不过是对TRIPS协议的一种“立法解释”，其对整体问题的解决必然有限，仍然限定在健康问题上。

至于《议定书》，实际上是将《多哈宣言》和《总理事会决议》的基本精神和基本内容纳入TRIPS协议之中，是政治意义和法律意义的双重体现。其政治意义在于从重视公共健康问题出发，保障知识产权制度一体化不至于阻碍发展中国家、最不发达国家的经济社会的发展；其法律意义在于通过国际的立法修改，纠正和改变知识产权制度一体化的负面影响。

从《多哈宣言》到《总理事会决议》到《议定书》是人本主义精神的一次重

---

[1] 贺小勇. 论公共健康安全与国际知识产权保护的协调——WTO《多哈宣言》“第6条款问题”评析[J]. 政法论坛，2004(6)：110-115.

大胜利。它说明知识产权制度一体化不能为一体化而一体化，制度的一体化必须以人本主义为基础。人本主义是法的根本价值取向，是衡量法的合理性的根本标准。❶一体化的知识产权制度必须顾及人的生命权、健康权的保护，必须遵循以人为本的法律精神，才能实现其造福人类的制度功能。TRIPS协议的修改虽然局限于公共健康领域，但是其意义远远超越于健康领域。它至少给知识产权制度一体化这样的启示：人本精神是知识产权制度一体化的终极理念，背离这一理念的一体化是片面的一体化、非正义的一体化。平衡私人利益与公共利益之间的关系仍是保障制度功能正常发挥的主要调控手段，无论在国际立法上，还是在国内立法上，都是必不可少的。

（二）以差别待遇为基础的制度设计

在缓和知识产权制度一体化与公共健康危机的矛盾之后，国际社会特别是发展中国家开始反思加入一体化的教训和经验。即使是发达国家也开始正确评估知识产权制度一体化的得失问题，并开始寻找解决问题的方法。特殊和差别待遇就是晚近知识产权国际立法中屡屡被提及的一项重要原则，它被作为解决问题的基础。所谓的特殊和差别待遇（Special and Differential Treatment，简称SDT），是指发展中国家成员在市场准入、义务承担、规则实施等诸多方面所享有的较之发达成员更多的优惠待遇。❷SDT原本在WTO法律体系中已经成为一项重要的原则，在GATT、TRIPS中均有涉及SDT条款的规定。当然，在发达国家看来，WTO法律体系中SDT条款不过是发达国家的自愿承诺，说到底是给发展中国家的一种“施舍”，不具法律约束力，也不具有普遍性。尽管发达国家与发展中国家对于SDT条款效力有不同的理解和争议，但是，在知识产权制度一体化中，SDT的内涵已被扩充，应用途径也被延伸。在内涵上，知识产权制度一体化中的SDT已经不是发达国家给发展中国家优惠措施，而是发展中国家在签订知识产权国际条约中理应享有的一种权利。在具体的应用方面，优惠和特殊差别待遇也不仅仅限制在WTO体系之中，而是延伸到WIPO。

基于知识产权制度一体化所带来的弊端，发展中国家积极谋求制度一体化之外的体制适用，在这其中影响较大的发展中国家是阿根廷和巴西。阿根廷和巴西于2004年8月26日向WIPO提交了一份《关于制定WIPO发展议程的提案》（以

---

❶ 古祖雪. 后TRIPS时代的国际知识产权制度变革与国际关系的演变——以WTO多哈回合谈判为中心[J]. 中国社会科学，2007(2)：144.

❷ 穆忠和. WTO特殊与差别待遇的法律效力辨析[J]. 国际贸易，2009(5)：59.

下简称《提案》)。《提案》的主要内容如下:[1]第一，保护知识产权的目的是为了促进技术创新，促进技术的转让和技术的传播。知识产权保护本身不是目的，统一各国知识产权制度，以期各国有更高的保护标准而致其发展水平于不顾也不是目的。根据知识产权的作用及其对发展产生的影响进行认真的评估，必须将发展问题纳入知识产权保护的决策之中。第二，WIPO必须全面以联合国尤其在《千年发展目标》中为自身所确定的广泛发展目标为指导，WIPO的作用不应只限于知识产权保护，而是应当全面地将令人关注的发展问题纳入WIPO的所有活动之中。第三，WIPO技术委员会在制定知识产权准则时应注重公共利益，不能超出TRIPS协议的标准。必须兼顾各方利益，而且要明确对消费者和广大公众的利益加以考虑，保证各成员国国内立法中的现有例外与限制。第四，在处理发展问题与知识产权执法时，要从更广泛的社会利益以及发展有关的问题入手，必须确保执法程序的公正、公平，有力制止权利人滥用权利。不能光从权利人的角度来处理执法问题，也不能狭隘地偏重于遏制知识产权侵权行为。第五，促进“面向发展”的技术援助和合作。

《提案》并不属于国际立法的内容，只是一种动议，在法律效力上与《多哈宣言》《总理事会决议》《议定书》等具有本质的差异，但却是迄今为止较为系统阐述知识产权保护与发展问题的一份提案文件。《提案》以发展问题为立足点，目的在于强调发展中国家和最不发达国家科技文化发展水平较低的事实。它向国际社会传达了这样的信息，发达国家的知识产权保护制度不适合发展中国家和最不发达国家的具体实际，发展中国家和最不发达国家真正需要的不是高标准的知识产权保护，而是一个有利于这些国家模仿、复制的制度保障。与此同时，《提案》也从另一侧面批评国际社会特别是WIPO在国际立法中提高知识产权保护标准的倾向，指责发达国家在推进知识产权制度一体化中违背了《联合国千年宣言》的基本精神。应该说，《提案》代表了广大发展中国家的基本利益，其核心的意见是，要从促进发展中国家以及最不发达国家的发展出发，在知识产权制度一体化中保留差别待遇，也即在知识产权制度一体化中要充分考虑发展中国家和最不发达国家的实际情况，在国际立法中将差别待遇纳入其中。

在对知识产权制度一体化负面影响的反思中，知识产权保护越严越好的观念受到了质疑，发展中国家加入知识产权制度一体化进程可以增加外国的直接投资

---

[1] 世界知识产权组织. 阿根廷和巴西关于制定WIPO发展议程的提案. 2004年9月27日至10月5日. WO/GA/31/11.

和促进技术转移的观点也颇遭非议。英国知识产权委员会于2002年就知识产权制度的发展发布了一份题为《知识产权与发展政策一体化》报告。[1]报告的基本观点是，在某一发展阶段，对知识产权进行弱保护远比强保护更加能够促进经济的发展和消除贫困，在知识产权所涉及的相关领域，过严的保护对发展中国家一定是不利于其发展的。由于发展中国家之间在科技能力和经济结构差别非常之大，因此发展中国家应该根据实际情况选择符合自己实际的知识产权制度。在制度建构方面，报告给出了一些建议，包括建立有效的强制许可制度以解决对药品可及性问题、对基因及植物多样性进行保护而不应对动植物专利进行保护等。《知识产权与发展政策一体化》虽然是发达国家发表的报告，但其基本立场却是站在发展中国家一边，在国际社会上引起了较大的反响。报告通过翔实的资料，充分的证据戳破了知识产权保护越严越好的谎言。它准确地认识到这样的现实，即在现阶段，提高知识产权保护标准，加快知识产权制度一体化进程是发达国家的迫切希望，而降低知识产权保护标准，拖缓知识产权制度一体化进程却是发展中国家的追求目标。因此，报告在发达国家一片高标准保护的氛围中发出了不同的声音，有利于纠正不公平的知识产权保护的舆论导向和知识产权国际造法运动的方向。报告的基本基调是反对目前高标准保护知识产权的制度一体化，其所主张的对发展中国家实施差别待遇的观点将是今后发展中国家知识产权保护的重要参考。

本章小结

知识产权制度一体化的利弊共存，对世界各国的影响不一，对各个区域的影响也大不一样。知识产权制度一体化或许带来了积极的影响，但知识产权制度一体化并不能使全球普遍受惠，一些发展中国家、最不发达国家反而因知识产权制度的一体化而陷入了水深火热之中。因此，尽管在知识产权制度一体化的进程中全球范围内科学技术的发展日新月异，但贫富之间的差距却未缩小，专利与公共健康的矛盾仍十分突出、全球的技术合作成为发达国家控制发展中国家的新手段。知识产权制度一体化所带来的不利影响促使了国际社会对此进行改革和校正，但目前的努力显然还不能遏制和减少负面影响的产生，知识产权制度一体化中的不公平问题以及“民主赤字”均未得到有效解决。

---

[1] The British Government's Commission on Intellectual Property Rights. Integrating Intellectual Property Rights and Development Policy[R]. London: The British Government's Commission on Intellectual Property Rights, September, 2002.

第五章　知识产权制度一体化的限度

在前述的各章中，主要是对知识产权制度一体化的论证，强调一体化是知识产权制度发展的一种趋势和特征，是当今知识产权制度的总体发展方向。但是，知识产权制度的一体化进程既无法突破内在的约束，也无法阻止外在的分化。在空间上，知识产权的本质特性决定了知识产权制度一体化无法消除知识产权地域性的存在；在结构上，民族国家科技文化水平的不平衡性决定了知识产权制度一体化无法在制度的各种利益主体、保护主题等方面达到统一；在发展上，知识产权制度在其一体化过程中不断面临着新的挑战，分散化及本土化一直伴随其中。因此从历史的某一时刻看，一体化是各国知识产权制度的一种趋同状态而非完全等同状态；从历史的发展看，只要民族国家的存在，各国知识产权制度也就不可能达到完全统一的程度。简而言之，知识产权制度一体化是相对的、有限度的。

第一节　空间限度:知识产权地域性的分析

知识产权制度一体化的空间限度是指知识产权制度一体化所能突破的地域界限。它可以从两方面进行描述：一方面，知识产权制度一体化是否涵盖全球所有的国家和地区。答案显然是不可能，因为目前还有一些国家没有建立知识产权制度，况且也不是所有的国家都参加了知识产权保护的国际条约，因而知识产权制度一体化在此方面的空间限度是显而易见的。另一方面，知识产权制度一体化是否解决了知识产权的地域性问题。一般认为，地域性是知识产权独有的特性。因此知识产权制度一体化是否突破了知识产权的地域性是解释知识产权制度一体化空间限度的核心问题。我们知道，在知识产权制度一体化的推动之下，某些领域，如专利、商标领域已经在全球建立了统一的申请程序；某些区域，如非洲法语国家、欧盟等已经建立了部分统一的知识产权制度。这些都说明，知识产权制度一体化已经突破了主权国家的界限，逐步在区域乃至全球形成知识产权国际一体保护的体系，作为知识产权专有特性的地域性已然受到巨大的挑战。但是，就当前而言，某些统一的知识产权制度虽然直接消除了知识产权的地域性，但其进程受到严格的限制，并且不具有普遍性。总体上，知识产权制度一体化并未消除知识产权的地域性，知识产权的地域性仍然是知识产权制度一体化未能攻克的障碍，仍然是知识产权制度一体化空间限度的基本表现。

一、知识产权制度一体化与知识产权地域性的关系

知识产权的地域性是指知识产权的取得和维护、知识产权的效力和期限、知识产权的使用和实施、知识产权的救济和保护等都由一国国内法确定，依一国法律所产生的知识产权但在其他国家得不到承认的情况。知识产权地域性的存在使得知识产权一旦离开其所依赖的国内法即丧失其效力。从理论上说，知识产权制度一体化的终极目标是形成统一的知识产权法律制度，从而产生一个“国际一体”有效的知识产权。因此知识产权制度一体化企图突破知识产权地域性的“篱笆”，而知识产权地域性却形成了制度一体化的阻隔，知识产权地域性与知识产权制度一体化之间形成了一对矛盾。可以作这样的假设：如果知识产权制度一体化突破了知识产权的地域性，那么一体化也就完成了自己的使命，知识产权即实现了在世界范围内得到统一保护的理想。但是，目前知识产权制度一体化还存在着局限性。第一，知识产权制度一体化尚未建立统一的知识产权制度、尚未存在统一保护的知识产权。事实上，知识产权制度一体化的进程远远没有达到这个程度，当前的一体化体系仍然受限于地域性，仍然顾及各国科学技术、文化水平发展水平的不同，并给各国知识产权的立法留下差异的空间。即使依据《班吉协定》、《欧洲专利公约》所产生的知识产权，离开其所产生的法域也不被直接承认。第二，知识产权地域性的存在使得即使具有相同知识产权制度的两个国家，也可能存在不承认依据对方法律所产生的知识产权的情况。

然而，知识产权地域性与知识产权制度一体化之间也不是一个不可调和的矛盾。有两种方式可以达到在保存知识产权地域性的前提下使在国外获得的知识产权获得国内的保护：一种方式是通过国内立法，承认外国的知识产权；另一种方式是通过缔结国际条约使依据一国法律而获得的知识产权在他国得到保护。在国内法中制定互认制度保护外国知识产权的立法例比较少见，而通过缔结国际条约进而促使知识产权获得“一体化保护”则成为近现代以来调和知识产权地域性与知识产权跨国保护之间矛盾的主要方法。就此层面，地域性与一体化之间具有统一的一面，统一性表现在：知识产权制度的一体化在知识产权地域性与知识产权的国外保护之间可以搭起一座桥梁，通过这个桥梁知识产权可以“跨地域”得到承认和保护。

因此，由于知识产权地域性的存在，至少使知识产权制度一体化存在着以下的空间局限：第一，目前不存在统一的、国际一体有效的知识产权，知识产权依据一国国内法而产生的基本格局没有改变；第二，知识产权制度一体化的空间限度取决于国家主权的让渡程度，只要主权国家存在，各国知识产权制度就不可能发展成为纯粹的、统一的法律制度，一体化仍然以主权国家的地域（或者法域）为基本限度；第三，知识产权的地域性是知识产权制度一体化的最大障碍，是目前知识产权制度一体化难以逾越的鸿沟。

二、空间限度的现实性：知识产权地域性强化或弱化的讨论

在知识产权制度一体化进程中，“不少学者根据国际条约推导出知识产权已经突破或者改变了其严格的地域性特点的结论。”[1]事实上，无论是知识产权的国际立法，还是各国的司法实践，都未能突破知识产权地域性的界限，有些甚至强化了知识产权的地域性。

（一）条约方式充分体现了知识产权的地域性

在以条约为主要推进方式的知识产权制度一体化进程中，条约方式的一体化并未消除知识产权的地域性，相反，充分地体现了知识产权的地域性。

一方面，条约方式的一体化以知识产权的地域性为基础。正是承认知识产权的地域性，才得以利用条约方式解决智力成果跨界流动与知识产权地域性之间的矛盾。条约方式的一体化是协调各国知识产权制度的差异性而不是消除知识产权的地域性，国际条约只是为充满地域色彩的知识产权搭建互相保护的桥梁，知识产权的地域性并没有消除。可以说，目前条约方式的知识产权制度一体化只解决因知识产权地域性所带来的冲突问题，而非解决知识产权的地域性问题，解决的是“流”的问题，而非“源”的问题。

另一方面，知识产权国际条约并不改变知识产权的地域性。郑成思先生认为，知识产权的国际保护属于国际公法问题，即国家之间通过国际公约、双边条约等对国家间知识产权保护的立法、执法等方面的最低标准作出规定。[2]由于知识产权的国际保护属于国际公法问题，因此知识产权保护的国际条约并不对民事主体发生效力，有关知识产权国际保护的双边、多边条约均是以国家为主体的法

---

❶ 王春燕. 论知识产权地域性与知识产权国际保护[J]. 中国人民大学学报,1996(3):61.

❷ 郑成思. 知识产权的国际保护与涉外保护[J]. 中国社会科学院研究生院学报,1997(2):54.

律文件，缔约方不是一般的民事主体。对一般民事主体发生法律效力，必须将国际条约的内容转化为国内法才能实现。国际条约如《巴黎公约》《伯尔尼公约》以及TRIPS协议主要通过国际条约对缔约方施加知识产权保护的义务，是缔约方作为权利义务的主体，而非将一般的民事主体作为权利义务的主体。据此，民事主体不能根据知识产权国际条约的规定产生一个在各缔约方均受保护的知识产权，知识产权的保护问题归根到底还是一国国内法的管辖问题。

（二）国际条约中的独立性原则维护并强化了知识产权的地域性

《巴黎公约》第4条规定，“在不同国家就同一发明取得的专利是相互独立的”，“本联盟国家的国民向本联盟各国申请的专利，与在其他国家，不论是否本联盟的成员国，就同一发明所取得的专利是相互独立的”。第6条规定，“在本联盟一个国家正式注册的商标，与在联盟其他国家注册的商标，包括在原属国注册的商标在内，应认为是相互独立的”。从《巴黎公约》对专利权与商标权独立原则的规定可以看出，《巴黎公约》并不否认知识产权地域性的存在，相反，通过公约中的独立性原则进一步澄清和强调知识产权地域性的存在。

《伯尔尼公约》也规定了独立保护原则，如第5条规定：作者在作品起源国以外的本同盟成员国中享有各该国法律现在给予和今后可能给予其国民的权利。这就说明，缔约国对某一作品的保护，不受作品起源国保护情况的限制，而是依据作品在其所要求保护的缔约国的法律规定。因此，作品在起源国的保护状况与在其他缔约国的保护状况是相互独立的，可以各不相同，这是维持知识产权地域性的体现。值得一提的是，《伯尔尼公约》规定保护独立性原则的同时也规定了自动保护原则，如公约第3条规定，“作者为本同盟任何成员国的国民者，其作品无论是否已经出版，都受到保护”。第5条规定，“享有和行使这些权利不需要履行任何手续，也不论作品起源国是否存在保护”。根据自动保护原则，作品完成即自动享有版权，无须登记注册、无须交存样本，也无须在作品加注标记。版权的取得以作品完成为权利形成的要件，而不需要如其他知识产权一样通过行政机关的确认，表面上看，版权的自动保护原则跨越了“地域性”的界限。但是否真的打破了知识产权的地域性，郑成思教授认为，“虽然伯尔尼公约实行‘自动保护原则’，但并没有因此就突破了版权的地域性特点。”[1]吴汉东教授认为，“公约虽然规定了自动保护原则，但承认各国保护水平的差异。因此，自动保护原则

---

[1] 郑成思. 两个主要版权公约与版权国际的保护[J]. 国际贸易，1992(5)：43.

并没有打破版权的地域性限制。”[1]这些学者认为自动保护原则未打破知识产权的地域性，但未阐明具体的原因。其实，仔细分析可以发现，有两个因素使得自动保护原则未能真正跨越知识产权的地域性。第一是条约本身的因素，条约既规定了独立保护原则，又规定了自动保护原则，这本身就是一对矛盾。而在对待知识产权的特性方面，传统的严格地域主义显然占了上风，承认各国知识产权保护水平存在差异的观点更加广泛，因此，独立保护原则显然比起自动保护原则更加具有优势，这就决定了自动保护原则无法突破以差异性为基础的独立保护原则。第二是版权本身的特性。因为版权的客体是无形的，其权利的保护必须通过法律的具体确认。条约虽然规定了自动保护原则，但只承认某一作品的“版权”，而不具体确定版权的保护范围、期限等，这样的著作权在实践中根本无法保护。所以，自动保护原则只是简化了版权在登记确认方面的手续和程序，也即是对版权取得制度的简化和统一，对地域性的突破目前看来至多只是一种宣示性的方式，并未真正解决地域性问题。

TRIPS协议是知识产权制度一体化最重要的结晶，但它仍然是缔约方权利义务的体现，而非突破了知识产权的地域性。一是TRIPS协议重申了《巴黎公约》、《伯尔尼公约》等的基本原则和保护方式，独立性原则顺理成章地被TRIPS协议所承认，因而延续了以往条约对知识产权地域性的确定。二是最惠国待遇原则也从另一侧面强化了知识产权的地域性。最惠国待遇原则是TRIPS协议的特有原则，主要目的是解决知识产权国际保护中的“外外有别”问题，在各国知识产权制度朝一体化方向发展发挥着重要作用，但这一原则的适用仍然是以各国知识产权制度的差异性为基础，是在承认知识产权地域性的前提下，协调解决在保护外国人知识产权方面的差别问题。三是贸易争端解决机制也未突破知识产权地域性。TRIPS协议中的贸易争端解决机制为知识产权制度一体化提供了强有力的保障，但其交叉报复的机制是针对缔约方而言，而不是直接针对一般的自然人、法人等民事主体，因此，也未突破知识产权的地域性。

（三）司法实践的挑战并未否定知识产权的地域性

司法实践中对知识产权地域性是否突破的争论主要集中在对知识产权侵权案件的管辖是否遵循严格的地域管辖原则。对于涉外知识产权纠纷，长久以来国际私法惯例和各国立法认同的是由权利要求地法院专属管辖。[2]有学者对此作了进

[1] 吴汉东. 知识产权法[M]. 北京：法律出版社，2004：322.

[2] 刘家瑞. 论知识产权地域性在国际保护中的新发展[J]. 政法论丛，1998(5)：37.

一步的表述，认为对于知识产权的侵权诉讼，一般指应有知识产权的侵权行为发生在注册地、授予地或执行法律所在地的法院，才能行使管辖权。[1]这就是所谓的知识产权纠纷的严格地域性管辖。坚持严格地域性管辖原则是坚持知识产权地域性的充分体现，然而这一传统观点受到了挑战。一些发达国家主张突破知识产权纠纷案件的严格地域性管辖原则，以维护本国的经济利益。如美国学者认为，美国法院对域外知识产权具有管辖权，理由如下：①美国公司越来越多的业务在国外。②美国知识产权法比其他国家的知识产权法提供了更有力的保护。③知识产权的经济价值在各个公司业务中的比重日益上升。④由于技术的发展，知识产权的传播和复制已经遍布世界各地。

从具体的司法实践看，知识产权地域性受到挑战的典型案例源自荷兰。荷兰最高法院1989年在一起知识产权侵权案件中的裁决被认为是开创了知识产权案件域外管辖的先河。在此案件中，荷兰一家名为Interlas的公司从美国进口了柴油机机车的焊接元件，Interlas公司将这些元件改装后在欧洲销售。这些元件贴有商标“Lincoln”，其商标所有权为美国、法国、荷兰等不同的公司。在荷兰的商标所有人以商标侵权为由在荷兰起诉Interlas公司。根据原告的诉求，荷兰初审法院签署了禁令，不仅在荷兰本土，也在比利时、卢森堡制止商标侵权的行为。Interlas公司提起上诉，认为法院签署的禁令超出管辖范围，发生了域外效力，荷兰最高法院驳回了Interlas公司的上诉。荷兰最高法院在此案中特别强调，荷兰法院有权实施在荷兰之外的知识产权执行问题，坚持这一做法是因为避免发生受侵害一方逐一到各个国家进行起诉情况。Interlas公司一案裁决后，荷兰初审法院在其他案件特别是专利侵权案件中，先后签署了涉及德国、芬兰、匈牙利、奥地利、丹麦、瑞典等国家的禁令。[2]之后，英国、美国的司法实践中也出现过对知识产权侵权案件跨国管辖的实例。

传统知识产权地域性一般包含四个方面的含义：①在每一个国家的知识产权效力由该国法律决定。② 知识产权仅影响在其被授予地域内的活动。③该权利仅能由被授予国国民或通过法律赋予相似地位的其他人予以主张。④该权利仅可在被授予国法院予以主张或提出异议。[3]当类似荷兰Interlas公司案件中的知识产

---

❶ 罗艺方. 跨国知识产权侵权管辖原则的新发展——对传统地域管辖原则的突破[J]. 政法学刊，2003(3)：23.

❷ Gretchen Ann Bender. Clash of the Titans: The Territoriality of Patent Law Vs. The European Union[J]. The Journal of Law and Technology，2000(40)：49.

❸ 徐祥. 论知识产权的地域性[J]. 武汉大学学报（哲学社会科学版），2005(5)：601.

权在权利授予国之外得到主张的司法实践出现后，一些学者对知识产权地域性传统含义的认识产生了动摇，于是对知识产权地域性进行了重新定义：①各国属地立法管辖权。②知识产权的空间效力范围原则上在权利成立国，在特殊情况下可以扩及权利成立国以外。[1]在何种情况下，知识产权案件可以突破严格的地域管辖呢？有学者通过对前述案例的研究，认为通常是通过认定国外第三人的行为与本国的连带性实现的。也即如果发生在国外的侵权行为与国内法院管辖的案件有充分的联系，这种联系是连带的或是代理的，那么，国内法院所管辖的知识产权案件，可以基于这种联系连带管辖涉及国外的第三人。[2]

连带性联系并非法院的凭空想象，而是具有法理依据。一是国际条约的依据。如前述Interlas公司的案件，根据《欧洲专利公约》第2条规定，如果欧洲专利申请人在其中一个缔约国内有居所或主营业所所在地，任一缔约国法院都有权管辖对其所提起的诉讼。任一缔约国所管辖的案件，对其他缔约国有约束力，因此荷兰法院的裁决具有了国际法依据。二是方便诉讼的原则。方便诉讼是国际民事诉讼的一项基本原则。根据这一原则，具有密切联系的因素可能成为法院管辖案件的法理依据。三是解决知识产权有效性先决问题的需要。知识产权侵权纠纷的先决问题是知识产权的有效性问题，只有解决有效性问题才能解决侵权问题，于是赋予对知识产权有效性的具有专属管辖权的法院额外的侵权行为管辖权成为法院解决纠纷的必要前提。

司法实践对传统知识产权地域性的挑战是显而易见的，但是是否突破了知识产权地域性则需要深入分析。首先，在理解知识产权地域性时，应该以法域为主要界限。知识产权地域性中的“地域” 有其特定的意义，它不等同于一国的地域范围，它实际上是与“法域” 联系在一起的。[3]一般情况下，一个国家只存在一个法域，但是某些特殊的情况下，也可能存在一个国家具有不同法域或者多个国家同一法域的情况。基于欧洲一体化的特殊情况，其在知识产权制度方面的一体化已经出现超国家因素，在区域条约的背景下，法院对知识产权侵权纠纷作出的“域外”管辖仍然在某一法域之内，不能认为是对知识产权地域性的一种具有实质性的突破。其次，在司法实践中对知识产权案件进行跨域管辖极具技巧性，案件在定性方面一般不否定知识产权地域性，而是以方便当事人的诉讼、节省诉

---

[1] 徐详.论知识产权的地域性[J].武汉大学学报(哲学社会科学版),2005(5):603.

[2] 罗艺方. 跨国知识产权侵权管辖原则的新发展——对传统地域管辖原则的突破[J]. 政法学刊,2003(3):25.

[3] 王春燕. 论知识产权地域性与知识产权国际保护[J]. 中国人民大学学报,1996(3):63.

讼资源为出发点，通过密切联系因素进行灵活变通，其实质并未对知识产权地域性作否定性评价。最后，目前知识产权侵权案件突破地域管辖在司法实践中不是一个普遍现象。通过法律或事实迂回曲折的联系而实施域外管辖，在知识产权侵权纠纷案件中有蔓延之势，但并不是主流。即使欧美等国也是以严格的地域管辖为一般原则，域外管辖只作为特殊和例外。实际上，各国法院主要是依靠推动国家之间知识产权保护水平的一致性作为解决知识产权侵权纠纷的法律手段，而不是依靠直接否认知识产权地域性来加强对知识产权的保护。

三、空间限度存在的必然性：知识产权地域性的成因分析

（一）知识产权的起源：地域性存在的历史依据

有学者认为，封建社会被资本主义社会及后来的社会主义社会代替后，知识产权的性质起了根本的变化（它们不再是君主给的“特权”，成为依法产生的民事权利，或称“法权”），但其“地域性”特点仍旧保留了下来。[1]还有学者认为，随着近代资产阶级法的发展，知识产权才最终脱离了封建特权的形式，成为一种法定的精神产权。但是资本主义国家依照其国家主权原则，只对以本国法取得的知识产权加以保护，因此，地域性作为知识产权的特点继续保留下来。[2]诚然，知识产权的前身是封建特权，是封建帝王通过榜文、敕令等形式而授予的一种特权，这种特权是显而易见的公权，具有强烈的地域色彩，因而只在封建国家的地域内发生效力。知识产权在其进入资本主义时期虽然获得脱胎换骨的发展，但仍遗留着公权的某些成分，地域性因此而继续存在。现代知识产权制度所继承的这种知识产权的地域性，我们甚至可以从现代知识产权的公权色彩中找到其地域性存在的种种例证：国家对知识产权的干预是客观存在的，在专利的申请、商标的注册、一些国家的版权登记等方面都体现了公权力的“确定”作用，知识产权中的公权成分不能忽略。正是基于如此的解释，从封建特权中“继承”下来的地域性往往被认为是知识产权地域性之所以至今依然存在的主要原因。

从封建特权到资本主义财产权的发展变化中，固然可以从封建特当中寻找到现代知识产权至今仍然存在地域性的历史联系。但是，单凭从知识产权中捕获公权因素而确定知识产权地域性的历史继承的说法还难以令人信服，因为这种历史

---

❶ 郑成思. 知识产权论[M]. 北京：法律出版社，2003：72.

❷ 吴汉东. 知识产权法[M]. 北京：法律出版社，2004：13.

的联系不是唯一的，或许还有其他的历史原因。我们可以从18世纪英国所发生的关于文学财产的争论得到一些启示。18世纪之前，在英国，对图书的管制是通过对印刷机和所出版的作品种类实施控制的。这种体制意在阻止传播煽动性、宗教异端的、淫秽和亵渎上帝的材料，而出版社公会根据该制度取得了对印刷业和印制特定图书的一般垄断。18世纪下半叶，出版社公会由于其在图书出版上的权利和控制受到了破坏，因此主张作者对其创作的东西享有永久的权利。[1]于是，是否给予文学财产进行保护产生了极大的争论。争论从是否对智力劳动的成果进行保护开始，经历了保护什么、该不该保护及如何保护等十分激烈的多个阶段。争论的结果是：文学财产应该给予保护。在这个认识前提之下，才建造法律框架予以保护。起先对文学财产保护的讨论被认为是一群盲人在讨论颜色问题[2]，之后无体物被看作一种行为[3]，直至最后以创造性作为显著的特点加以保护，这说明给予文学财产以保护的过程是一种“挖空心思”的创造法律的过程。

英国对文学财产的保护过程无非说明了一个事实：18世纪下半叶，在英国所发生的关于文学财产的争论，充分地展现了法律是用何种方法授予无体物以财产地位的，换言之，是法律拟制了知识产权。因此，法律对无形财产保护是一个逐渐适应现实的过程，体现了法律的适应性。在此过程中，法律是一种技术，它通过自身的不断修正以达到保护无形财产的目的，甚至可以理解为，知识产权法的产生受制于立法者的主观愿——需要对无体财产怎样的保护就创造怎样的法律。因而形成了对知识产权认识的复杂化和理解的多重标准，造就了这种法律拟制的历史。通过“法律拟制”的方法而产生的知识产权，其信任度必然只限于其产生的领域，它必然排斥一国承认他国法律所产生的知识产权。这也是知识产权地域性存在的另一历史原因。

（二）知识产权客体的无形性：地域性存在的客观基础

知识产权地域性的存在固然有其历史的原因，但不仅仅在于现代知识产权对传统知识产权的“继承”，如若说知识产权的地域性仅来自历史的继承，那么，

---

[1] [澳]布拉德·谢尔曼，[英]莱昂内尔·本特利. 现代知识产权法的演进——英国的历程（1760-1911）[M]. 金海军，译. 北京：北京大学出版社，2006：9.

[2] [澳]布拉德·谢尔曼，[英]莱昂内尔·本特利. 现代知识产权法的演进——英国的历程（1760-1911）[M]. 金海军，译. 北京：北京大学出版社，2006：9.

[3] [澳]布拉德·谢尔曼，[英]莱昂内尔·本特利. 现代知识产权法的演进——英国的历程（1760-1911）[M]. 金海军，译. 北京：北京大学出版社，2006：57.

为什么在封建社会几乎所有的民事权利都因封建时代的闭塞而体现出强烈的地域性，唯独知识产权地域性至今仍成为知识产权的基本特性?

事实上，这与知识产权本身的特点有关。知识产权本身的特点决定了其存在必须以地域为必要基础，而这一特点即是知识产权客体的无形性。基于知识产权客体无形性的特征，对知识产权的保护是通过赋予所有人一定期限的垄断权利而实现的，权利所有人无法直接对其进行控制。知识产权客体的无形性，也使得侵犯知识产权的行为比侵犯其他权利的行为更加容易，“因为它透过窗户就可以被人偷走”，[1]权利所有人对知识产权客体的占有并不能排除其他人的认识和使用。正因为如此，人们在寻求对知识产权保护时，不能通过所有人的占有推定知识产权的主体，而需依据法律的确认才能明确知识产权所有人。也即，知识产权客体的无形性决定了知识产权的获得和保护必须依靠法律予以界定，权利所有人无法依靠自身对知识产权客体的占有来获得权利并保护权利。知识产权实质上是法律拟制的一种权利，知识产权的产生和存在必须以法律的确认为基础，失去这一基础，知识产权也将不复存在。从此层面上而言，知识产权对法律的依赖是如此强烈以致不能独立存在，它不能脱离某一国家的法律依据而得到承认和保护。而物权可以脱离某一国家的法律依据得到承认和保护，也就是在没有相反证据的情况下可以利用对物权客体的占有来推定权利的所有人。另外，知识产权毕竟是对智力成果进行法律保护，具有明显的创造性是知识产权保护的核心内容，而这些均由法律确认，这与可以触摸的有形财产相比较，显得抽象而又模棱两可，依据此产生的知识产权要获得域外效力显然也具有天生的缺陷。

（三）知识产权的效益驱动：地域性存在的主观条件

论及知识产权的存在必须以法律的确认为基础时，通常的观点是每一法律制度只在其所属的国家内有效，这就是法律的空间效力问题。以法律的空间效力解释知识产权地域性的说服力不强，因为法律的地域性是一个普遍性问题，而非知识产权领域的个性问题。当然，知识产权地域性与知识产权法的地域性是一个既有联系又有区别的两个概念，要将知识产权地域性与法律制度的地域性加以区分是十分困难的，因为法律拟制的权利与法律之间具有无法切除的联系。但问题的关键是，在承认物权的域外效力时，谁也不会认为某一国家的物权法律制度具有域外效力。换另一角度而言，承认物权的域外效力并未否认法律的地域性，也未

---

[1] [澳]布拉德·谢尔曼，[英]莱昂内尔·本特利. 现代知识产权法的演进——英国的历程(1976—1911)[M]. 金海军，译. 北京：北京大学出版社，2006：47.

否认一国的立法主权。因而问题也由此而生：知识产权地域性的存在除了前面所述的客观基础外，是否还有主观因素？

当然，此问题并非新的问题，已经有许多学者对此进行了探讨。有学者认为，知识产权地域性不是知识产权本身不可缺少的属性，是人为的，是人的意志在起作用，是人们不允许或不承认知识产权及其立法具有域外效力，而不是它们本身所不能具有域外效力。只要各个国家愿意和需要，它们完全可以放弃对知识产权地域性的固执而承认知识产权及其立法的域外效力。[1]学者的这些观点无疑是关于知识产权地域性主观因素的解读。诚然，作为一种法律拟制的权利，知识产权本身就是主观意志对客观现实的一种反映，人们不允许或不承认知识产权地域性也是现实存在的现象。因而从理论上而言，只要人们克服了知识产权客体无形性的障碍而创造了一种新的立法技术，知识产权或许也可能具有域外效力。

就目前而言，之所以固守知识产权地域性，来自知识产权的效益驱动。知识产权是一种垄断性权利，最大限度地维护这一垄断利益，是每一个具有科技文化优势国家的基本选择，在国际经济文化交流日益增强的现今更为如此。而科技文化欠发达的国家，则希望对知识产品进行廉价复制以减少开发的成本。由于坚持知识产权地域性与否关乎国家的经济利益，所以，从知识产权制度创立直至今日的历史看，握有技术或文化优势的国家总是在其优势领域中减弱知识产权地域性，希望其知识产权得到外国的承认和保护，而在其弱势领域，则强调知识产权的地域性，主张不予承认或保护。这些矛盾不仅发生在发达国家与发展中国家（包括最不发达国家）之间，也发生在发达国家之间或发展中国家（最不发达国家）之间。就弱势领域而言，如果彻底抛弃知识产权的地域性，则意味着发展中国家完全放弃了知识产权保护上的自主权，这将导致发展中国家在科学技术上依附于发达国家，众多的外国知识产权主导着本国的技术市场，而发展中国家不得不支付昂贵的使用费，这对于经济技术贫国来说，无疑是发展中的沉重包袱。[2]因此知识产权的地域性是这种利益冲突不可调和的体现，也是各个国家无法放弃知识产权地域性的主观动因。可以说，各国突破知识产权地域性的“主观不愿”甚于“客观不能”。

---

[1] 吕岩峰. 知识产权之冲突法评论[J]. 法制与社会发展，1996(6)：56.

[2] 冯术杰，于延晓. 知识产权地域性的成因及其发展[J]. 长白学刊，2004(6)：37.

第二节 结构限度：知识产权制度的分散化

学者指出，不应该把全球化视为预示着一个和谐的全球社会的到来，也不应该把它看成一个普遍的全球一体化的进程，各种文化和文明都将日益趋同。全球化的不均衡性使得它远不像整个星球都体会到的那样是一个日趋一致的过程。[1]同样，知识产权制度一体化也是深刻分化并充满激烈斗争的过程。分散化一直伴随着一体化的产生而产生，知识产权制度的发展是一体化和分散化之间不断博弈的结果。分散化的存在使一体化的体系结构不断受到冲击，是对一体化体系结构的一种破坏。以下以国际条约为主线，从条约的分散化、保护主体的分散化及利益主体的分散化三个不同侧面对知识产权制度一体化的结构限度进行分析。

一、条约的分散化：以“TRIPS-plus”为例

条约方式既是知识产权制度一体化的主要方式，同时也是知识产权制度分散化的主要方式。在以条约为主要特征的知识产权制度一体化中，条约的分散化集中表现于允许各国知识产权制度之间差异性的存在或者制造各国知识产权制度的差异性。

（一）条约形式的分散化

在多边条约形成之前，双边条约、区域条约的缔结有力地促进了知识产权制度一体化的进程，但在多边体制形成之后，大量双边条约、区域性条约的缔结虽然是某一时期的一体化起点，但不可避免地减损和破坏着既存的一体化。例如，TRIPS协议实施后，为执行TRIPS协议所达成的标准，各国特别是发展中国家不断修改国内法律，使各国知识产权制度逐步与TRIPS的要求相一致，维护了多边体制的权威，强化了一体化的进程。但这一趋势在后TRIPS时代发生了变化，发达国家为达到实现提高知识产权保护的目的，推动了“TRIPS-plus”的产生，并使之迅速扩张而成为条约分散化的一种典型形式。虽然在TRIPS体系下也存在关

[1] [英]戴维·赫尔德，安东尼·麦克格鲁. 全球化与反全球化[M]. 陈志刚，译. 北京：社会科学文献出版社，2004：1.

于新的知识产权客体的讨论、知识产权保护标准的分歧，但是目前还没有一种形式如“TRIPS-plus”一样公然侵蚀、分化和冲击着TRIPS多边体制的存在，“TRIPS-plus”实际上已成为知识产权制度一体化进程的最大威胁。

学界对“TRIPS-plus”目前还没有统一的界定，有学者认为“TRIPS-plus”是指削弱发展中国家保护公共利益能力的双边的、三边的、区域性的及（或者）国内的知识产权立法或实践；[1]有的学者认为，“TRIPS-plus”包含两个方面的内容，即要求缔约方执行比TRIPS协议更广泛的标准，或者取消缔约方在TRIPS协议标准中的选择权。[2]前一种界定是狭义的“TRIPS-plus”，后一种界定是广义的“TRIPS-plus”。“TRIPS-plus”主要存在于发达国家与发展中国家（或者最不发达国家）签订的FTA中，并且主要以提高发展中国家的知识产权保护标准为目的，因此，一般情况下所言的“TRIPS-plus”属于狭义的“TRIPS-plus”。目前，“TRIPS-plus”以自由贸易区协定（FTA）为主要表现形式。据WTO的统计[3]，截至2014年6月15日，实际生效的FTA（含RTAs）已达379个，其中大部分是2000年以后诞生的。事实上，签订的FTA远远不止这个数目，除生效的以外，向WTO通知的约还有585个FTA，全世界大部分国家都加入一个或一个以上的FTA。在新近签订的FTA中，其内容已不仅仅限于货物贸易的自由化，而是包含服务、投资、知识产权等内容，其中知识产权居于突出地位。如近年来，美国与约旦（2000年10月）、智利（2004年1月）、澳大利亚（2004年5月18日）、摩洛哥（2004年6月）、巴林（2004年9月）、秘鲁（2006年4月12日）等国家签订的FTA，其内容均涉及知识产权的有关问题。欧盟与发展中国家签订的FTA，如欧盟与摩洛哥签订的FTA，也将提高知识产权的保护标准列入重要的内容。因此，在TRIPS协议达成后，纯粹知识产权内容的“TRIPS-plus”条约并不多，“TRIPS-plus”主要体现在发达国家与发展中国家（或不发达国家）签订的FTA中，并随着FTA的推行而逐步蔓延。

后TRIPS时代，知识产权制度的分散化之所以以FTA为表现形式，原因在于FTA具有TRIPS协议所没有的优点。首先，在缔结方面，FTA涉及的国家较少、国家之间的互补性较强，相对于多边贸易体制而言具有谈判迅速、缔结方便的特

---

[1] Sisule F. Musungu ,Graham Dutfield. Multilateral Agreements and a “TRIPS-plus” World: The World Intellectual Property[EB/OL].(2008-05-01) http://www. iprsonline. org/ictsd/docs/WIPO_Musungu_Dutfield. pdf.

[2] Peter Drahos. Bilateralism in Intellectual Property[EB/OL]. (2009-09-07) http://www. maketradefair. com/assets/english/bilateralism. pdf.

[3] 参见WTO统计资料,（2014-08-02）http://www. wto. org/english/tratop_e/region_e/region_e. htm.

点。因此将“TRIPS-plus”融入FTA中，TRIPS协议执行难的问题有望随着FTA的缔结而得到迅速的解决。其次，在执行效果上，FTA的优势有两个方面，一是表现在“贸易创造效应”和“贸易转移效应”方面，区域内交易成本下降给区域内进出口双方带来更多的贸易机会和经济利益。另一是FTA对区域成员吸收跨境直接投资也会产生直接影响。[1]降低交易成本、追求经济利益显然是发达国家所要追求的主要效果，而吸收直接投资、获得市场准入则是发展中国家追求的主要目标。基于这样的效果，发展中国家与发达国家之间就比较容易形成“共识”。最后，FTA是最惠国待遇原则的例外。FTA为多边体制下的一种特殊形式，是WTO多边贸易体制中最惠国待遇原则的一种例外，根据这一例外，在一国给予另一国知识产权保护方面的优惠并不自动多边化，而只是适用于FTA的缔约方。因此，以FTA提高知识产权的保护标准一方面可以消除缔约方特别是发展中国家适用最惠待遇原则的疑虑，这种以提高知识产权保护标准的制度分散化，实际上利用了GATT第24条与TRIPS协议第4条之间的不协调，从而大张旗鼓地进行。

（二）条约内容的分散化

条约内容的分散化指的是条约中含有允许各国存在知识产权制度差异的规定。如《巴黎公约》第2条、《伯尔尼公约》第5条中所规定的国民待遇原则则是为各国保留知识产权制度的差异性而存在。在TRIPS协议中存在着大量的弹性条款，弹性条款根据其重要性可分为两类，即基础性的弹性条款及派生性弹性条款。一是基础性条款，TRIPS协议第1条第1款规定“成员均应使本协议的规定生效。成员可在其域内法中规定宽于本协议要求的保护，只要其不违反本协议，但成员亦无义务非作这类规定不可。成员有自由确定以其域内法律制度及实践实施本协议的恰当方式”。在此，TRIPS协议提供了知识产权保护的“最低标准”，并为各成员方的制度差异提供了充分的空间。二是派生性弹性条款。除TRIPS协议第1条第1款的基础性弹性条款外，TRIPS协议中还含有其他大量的派生性弹性条款，这些派生性弹性条款既包括TRIPS协议第13条、第17条、第26条和第30条，分别就版权、专利、商标、工业品外观设计所进行的灵活性规定，也包括协议对成员方执行协议的过渡期规定。大量弹性条款的存在无疑成为各国知识产权制度存在差异性的法律基础。

条约内容分散化的理论意义大于实践意义，现实中条约内容的分散化仍然掌

---

[1] 赵晋平. 缘何FTA盛行于今[J]. 瞭望,2007(50):55.

握在发达国家手中。由于在发达国家的经济发展中，与知识产权有关的产业在各类产业中居于产业的龙头，知识产权是经济发展最大的刺激因素，知识产权的保护和国家的利益直接相关。如根据统计，2007年美、日、德三国的PCT申请量占所有PCT总数的65%左右，这足以证明发达国家主宰知识产权的能力和优势。因此，为维护这些技术优势和经济主导地位，发达国家对知识产权的保护十分重视，对于他们来说，提高知识产权的保护标准是毋庸置疑的。发达国家早在东京回合的谈判中就要求提高知识产权的保护标准，当时没有实现这一目标。TRIPS协议达成之后，发达国家显然还不满意TRIPS协议中各种给予发展中国家优惠的条款，利用各种机会要求发展中国家以及最不发达国家提高知识产权的保护标准。对于发展中国家和最不发达国家而言，他们一方面难以割舍自由地进行技术模仿和技术复制所带来的便利，另一方面又急于发展国内的经济。由于获取发达国家的直接投资，改善国内的经济状况似乎是更为迫切的问题，也是更快捷的途径，因此发展中国家以及最不发达国家为了经济的发展，宁愿放弃TRIPS中对其有利的弹性条款，而与发达国家达成了具有“TRIPS-plus”条款的协议。所以，后TRIPS时代，知识产权制度分散化仍然未能摆脱发达国家胁迫。

知识产权制度分散化的内容也十分广泛，既有实体制度方面的分散化，也有程序方面的分散化。在以“TRIPS-plus”为主要形式的分散化中，主要在以下内容上对知识产权制度一体化进行分化。①知识产权保护客体的分化。“TRIPS-plus”在扩大知识产权客体方面有两个途径，一方面，限制缔约方（一般是发展中国家）对TRIPS协议中可知识产权客体的选择权，如对动、植物生产方法的专利保护。美国与约旦于2000年10月签订的《美国与约旦建立自由贸易区协定》第4章第17、第18条的规定即排除了约旦在TRIPS协议第27条3（b）中的选择权[1]，要求约旦增加可专利的客体，扩大了约旦所应承担TRIPS协议的义务。同样的规定也见之于美国与巴林、美国与摩洛哥签订的FTA中。另一方面，“TRIPS-plus”也在TRIPS协议之外增加知识产权的保护客体，如在FTA中增加对因特网域名的保护。②改变知识产权的保护期限。这主要体现在两个方面：一是超越TRIPS规定的延长某一知识产权的保护期限，如《美国与摩洛哥自由贸易区协定》[2]就将著作权的保护年限从TRIPS协议中规定的“作者生前及死后五十

---

❶ Agreement Between The United States of America and The Hashemite Kingdom of Jordan on the Establishment Of A Free Trade Area.

❷ EFTA-Morocco, signed 19 June 1999, Annex 5, Article 3(1).

年”延长为“作者生前及死后七十年”。[1]《欧盟与摩洛哥的自由贸易区协定》将TRIPS协议中规定的工业设计的保护期限从最低十年延长至十五年。另一是缩短发展中国家适用TRIPS标准的过渡期，如《美国与约旦建立自由贸易区协定》则缩短了约旦对专利保护的过渡期。③强化知识产权的保护措施。强化知识产权的保护措施时，主要通过加大行政惩罚以及实施刑事处罚的手段以遏制盗版侵权等行为。如在《美国与约旦建立自由贸易区协定》中，要求缔约方对侵犯知识产权的行为给予足够的罚款以及在没有权利人提出诉求的情况下给予刑事制裁。这显然也是对TRIPS的一种分化。④限制使用强制许可以及平行进口。TRIPS协议中的强制许可以及平行进口的规定是涉及发展中国家的弹性条款，是发展中国家经过艰难的谈判而争取的一项重要权利。但在“TRIPS-plus”中，强制许可和平行进口的条件成为发达国家重新解释、赋予不同含义的对象，并由发达国家将符合利益的解释和理解强加于FTA中，使发展中国家及不发达国家在强制许可和平行进口方面受制于发达国家。

TRIPS协议本是知识产权制度一体化的最新代表，但之所以这么快就产生分化现象，与TRIPS协议本身的缺陷有关。首先，由于TRIPS协议建立的是一个最低的知识产权保护标准，它不禁止成员建立超出此标准的知识产权保护。这就为制度分散化的产生提供了法律基础，也给发达国家推行新的知识产权保护标准留下了“可乘之机”。其次，TRIPS协议作为多边体制的缺陷。由于多边体制下的成员众多，且各成员存在较大的利益差异，对某一问题进行统一协商都十分困难，更不用说达成协议。对于发达国家而言，他们清楚地意识到在多边体制之下的TRIPS协议难以达到他们的利益要求，因而寻求另一种方式的知识产权保护成为发达国家的最佳选择。最后，TRIPS协议执行的缺陷。TRIPS协议是一个延迟适用的条约，它赋予最不发达国家、发展中国家一个适用协议的过渡期限。但在2000年，随着大部分国家5年的过渡期限的逼近，加上来自发展中国家国内的反对，条约的全面执行在发达国家看来是一件十分困难的事情。因此，美国和欧盟将无法执行TRIPS协议的状况作为制度分散化的借口，不断对发展中国家施加压力，将TRIPS协议出现的问题增加到所签订的双边条约或区域条约中，制造新的分散化现象。

---

[1] U. S-Morocco FTA, Article 15. 5. 3(a) and U. S. -Bahrain FTA. Article 14. 4(4)(a).

（三）条约分散化的实质

后TRIPS时代，在如何提高知识产权的保护标准方面，发达国家仍然依据自己的强大政治经济优势，延续了TRIPS协议的做法。即他们继续将知识产权捆绑在贸易机制中，以投资或者市场准入为交换条件，创造出各种不同的“TRIPS-plus”内容。FTA不仅是世界目前区域经济一体化的主要形式，也是各国应对经济全球一体化的一个策略。发达国家改变了以往FTA以货物贸易为主要内容的做法，将知识产权纳入FTA的内容。在此，提高知识产权保护标准的“TRIPS-plus”自然成为发达国家与发展中国家之间缔结FTA的重要砝码。因此，这是发达国家通过FTA的贸易机制改变TRIPS协议多边体制的重要手段，其结果是TRIPS构建的多边一体化又被人为地分割成若干制度区域，形成新的制度分化。

一般而言，技术创新优势明显的国家主张采用高标准的知识产权保护，而技术创新比较薄弱的国家则坚持采用低标准的知识产权保护。发达国家之间的知识产权保护标准差别不大，虽然在发达国家之间也同样签订了FTA，也同样涉及知识产权方面的内容，但是发达国家之间的FTA与发达国家与发展中国家在知识产权的保护上是截然不同的。如美国与澳大利亚签订的FTA，涉及知识产权方面只是对知识产权的范围作了一些澄清式的规定，对于双方目前执行的知识产权保护标准来说，总体上并未超出TRIPS规定的。[1]如从理论的角度，发达国家之间也可能存在签订超出TRIPS保护标准的“TRIPS-plus”，但事实上，在发达国家之间的FTA中，我们也难以见到“TRIPS-plus”的内容。而对于发展中国家（包括不发达国家），这些FTA中的“TRIPS-plus”的条款不仅涉及面广，而且十分严苛。因此，从目前“TRIPS-plus”的扩张趋势看，发展中国家（包括个别不发达国家）是其主要的扩张对象。

揭开知识产权制度分散化的面纱，尽管发展中国家的声音越来越受到重视，但在分散化背后，发展中国家的力量仍然十分微弱，发达国家强势地位的基本格局并没有发生大的改变。我们甚至可以得出以下的结论：分散化也犹如知识产权制度一体化，也是由发达国家起主导作用、发展中国家被动接受安排的一种结果。因此，无论实施产权制度一体化还是分散化均由发达国家说了算数，无论是知识产权制度的一体化还是分散化，发达国家的优势与主导地位均未出现根本性的改变。

[1] 美国与澳大利亚、美国与新加坡签订的FTA在强制许可方面作了一些限制，但这些限制对于发达国家来说，并未超出TRIPS的标准。

（四）条约分散化的后果

“TRIPS-plus”的分散化后果体现在三个层面上，即造法机制层面、执行效果层面以及国际协调层面。

1. 从造法机制看，“TRIPS-plus”分化和减损了TRIPS的协议多边体制

TRIPS协议第4条规定：“在知识产权保护方面，某一成员给予另一成员国民的任何利益优惠、特权或豁免，均应立即无条件地适用于全体其他成员的国民。”当然，在TRIPS协议中也同时规定了最惠国原则的例外。这些例外包括：①由一般性司法协助及法律实施的国际协定引申出且并非专为保护知识产权的优惠、特权或豁免。②《伯尔尼公约》1971年文本或罗马公约所允许的不按国民待遇，而按互惠原则提供的优惠、特权或豁免。③知识产权协议未加规定的表演、录音制品制作者及广播组织权利方面的优惠、特权或豁免。④《世界贸易组织协定》生效的知识产权保护国际协定所产生的优惠、特权或豁免。⑤由世界知识产权组织主持缔结的有关获得及维持知识产权的多边协议中所规定的利益、优惠、特权或豁免。无论是“TRIPS-plus”的缔结形式还是其具体的内容，“TRIPS-plus”均不符合前述最惠国原则的例外规定，似乎可以认为“TRIPS-plus”通过最惠国待遇原则可以“自动多边化”。但是，根据GATT1994第24条的规定，WTO成员可以建立自由贸易区，只要自由贸易区不形成并也不增加GATT缔约方的贸易壁垒。允许自由贸易区作为最惠国待遇原则的例外而存在，也就等于规定自由贸易区之间的优惠并不当然地根据最惠国待遇原则而“自动多边化”。由于“TRIPS-plus”的载体是FTA，那么它应该适用GATT1994第24条，如此看来，FTA在知识产权保护方面的“优惠”不会自动扩展到WTO成员方。

由于在适用最惠国待遇原则方面存在法律冲突，“TRIPS-plus”的签订事实上是以TRIPS协议为基础的“选择性”造法，也就是说，对于发达国家来说，TRIPS协议对其有利的仍然适用，而对其不利的，则通过“TRIPS-plus”对TRIPS协议进行肢解和超越。对于发展中国家而言，似乎也可以消除将“优惠”自动扩展至所有WTO成员方的巨大压力，从而放心与发达国家签订含有“TRIPS-plus”的FTA。因此，“TRIPS-plus”将TRIPS协议所建构的知识产权保护的多边格局分化成各种双边或者区域的保护标准。TRIPS协议所提供的知识产权保护一体化标准逐渐被“TRIPS-plus”的新标准所代替。从造法机制的层面，“TRIPS-plus”是TRIPS协议多边体制的一种例外，它正侵蚀、分化和冲击着TRIPS多边体制的存在。

2. 从执行效果看，“TRIPS-plus” 在发展中国家中显现负面的作用

由于“TRIPS-plus”的执行，发展中国家（包括最不发达国家），在还来不及适应TRIPS协议标准的情况下，不得不超出本国的实际情况转而适用“TRIPS-plus”的标准。“TRIPS-plus”造成了发展中国家因违背本国发展现实采取过高保护标准而带来诸多负面影响，药品和农业方面尤为突出。由于给发展中国家带来了负面影响，“TRIPS-plus”遭到发展中国家和NGO的强烈反对。在欧洲自由贸易联盟（EFTA）与南部非洲关税联盟（SACU）之间FTA的谈判进程中，一些组织就发表公开信反对在FTA中加入“TRIPS-plus”条款，并且认为“TRIPS-plus”中关于药品专利的规定违反了《多哈宣言》的基本精神。❶MSF（医生无国界）在2003年8月针对当时即将召开的坎昆会议发表了简报，号召其成员反对任何形式的“TRIPS-plus”条款，并声称应将《多哈宣言》作为抵制任何双边、区域性自由贸易协定的武器。❷在2004年5月27日，有近百个NGO联名向美国贸易代表处写信，认为美国利用双边或地区贸易协定推行“TRIPS-plus”，提高了治疗艾滋病等疾病药品的价格，阻碍了发展中国家和最不发达国家采取强制许可措施，严重危害了公共健康。❸发展中国家除在药品和农业方面发表反对意见、呼吁在“TRIPS-plus”谈判中进行抵制外，他们还利用各种国际场合宣传自己的主张，甚至向WIPO施加压力，要求WIPO反对“TRIPS-plus”。如2004年8月，阿根廷和巴西的共同《提案》就指出，WIPO的技术委员会正在制定的一些规则超出了TRIPS的标准，认为WIPO的执法咨询委员会对执法问题不能采用“TRIPS-plus”的标准，执法咨询委员会今后开展任何工作，均应以知识产权执法问题要兼顾各方利益这一方针。❹

3. 从国际协调看，引发国际组织对TRIPS协议以及“TRIPS-plus”的重视

鉴于“TRIPS-plus”对发展中国家和最不发达国家造成的不良后果，发展中国家及非政府组织极力反对“TRIPS-plus”的扩张，尽管反对“TRIPS-plus”的声音越来越大，但是目前的现状并没有得到太多的改善。以美国、欧盟为首的发达国家对推行超于TRIPS协议保护标准的策略和行动并没有实质上的改变。被寄

---

❶ Open Letter to the Trade and Foreign Ministers of EFTA's States Regarding the Negotiations with SACU (2004-11-04) [EB/OL].(2008-07-18) http://www. bilaterals. org/.

❷ One Step Forward, Two Step Back? [EB/OL]. http://www. evb. ch/cm_data/Open_letter_EFTA. pdf, 2008-07-18.

❸ NGOs to USTR: No “TRIPS-plus”-Access to Medicines Project [EB/OL].(2008-07-18) http://www. essentialaction. org/access/index. php?/archives/23-NGOs-to-USTR-No-“TRIPS-plus”. html.

❹ 世界知识产权组织. 阿根廷和巴西关于制定WIPO发展议程的提案. 2004年10月5日. WO/GA/31/11.

予厚望的2001年《多哈宣言》，本应是发展中国家遏制“TRIPS-plus”扩张的有力武器，但是实践证明此举并没有奏效。美国、欧盟仍然通过签订FTA来完成他们所想要的知识产权保护标准。2006年7月1日，欧洲自由贸易区（EFTA）与南部非洲关税联盟（SACU）在日内瓦正式签署自由贸易协议（FTA）。EFTA包括冰岛、瑞士、挪威和列支敦士登，SACU包括博茨瓦纳、莱索托、纳米比亚、南非和斯威士兰。此次FTA的签署，形成数个“第一”，它是EFTA对外签署的第一个贸易联盟间FTA，是第一个与非洲次撒哈拉地区国家签署的FTA，是EFTA第一次与最不发达国家（莱索托）签署FTA。《多哈宣言》后，美国与中美洲国家等进行的谈判并签订含有“TRIPS-plus”的FTA，“TRIPS-plus”又随着FTA的蔓延得到了进一步的扩张。

尽管欧盟以及美国的这些做法被认为是背弃《多哈宣言》的，违反了他们在《多哈宣言》中的承诺。但含有“TRIPS-plus”内容的FTA谈判及签订风潮愈演愈烈恰恰说明了反对“TRIPS-plus”并没有取得实质上的效果。然而，发展中国家和NGOS在此期间所起的作用却也不可忽视，他们通过发表声明，公布调查报告，在各种场合以游说等方式反对“TRIPS-plus”。这些行为虽还不足以改变“TRIPS-plus”的实质进程，但也不断地影响和改变国际社会对TRIPS的重新认识，以及唤起国际社会对“TRIPS-plus”的关注。

第一，促使WTO重新认识TRIPS协议。与当初达成之时的乐观展望相比，TRIPS协议的执行效果并未出现执行高标准的知识产权保护所预期的态势。现今FTA风靡于世，寓于FTA的“TRIPS-plus”当然引起了批评和指责，被认为是关于发展中国家公共健康危机问题上雪上加霜的举措。在发展中国家和一些非政府组织的呼吁和努力之下，发达国家也逐渐认识到高标准的知识产权保护对公共健康所带来的负面影响。“由于发展中国家（包括最不发达国家）的联合行动，促使了《多哈健康宣言》的诞生，包括之后2003年8月的《关于实施多哈宣言第六段的决议》、2005年12月的《关于修正TRIPS的决议》，WTO通过澄清和修改TRIPS的相关条款，为缓解发展中国家，特别是最不发达国家的公共健康危机提供了法律便利。”❶“TRIPS-plus”是以TRIPS协议为基础而发展形成的，因而从法律效力而言，WTO的这些法律文件是抑制“TRIPS-plus”进一步扩张的法律基础。因此，WTO重新认识TRIPS协议无疑有利于对“TRIPS-plus”的扩张合法性

❶古祖雪. 后TRIPS时代的国际知识产权制度变革与国际关系的演变——以WTO多哈回合谈判为中心[J]. 中国社会科学，2007(2)：144.

和合理性进行审查，有利于干预和阻止那些违反TRIPS精神的“TRIPS-plus”产生。

第二，促使WHO等国际组织对“TRIPS-plus”的关注。自1996年以来，WHO已经严密监视TRIPS协议的执行，建议WHO成员国充分使用TRIPS中“安全措施”的弹性条款（平衡知识产权的保护和公共健康目标的关系）以达到国内的公共健康目的。之后，巴西、南非、津巴布韦以及其他非政府组织如MSF、OXFAM等加剧了WHO对TRIPS协议的批评。WHO在1998出版了一份公共健康指南。这一指南建议成员方充分使用TRIPS协议的灵活规定——包括过渡期、平行进口规则、强制许可，以减少药品专利对主要药品有效性的影响。[1]这些建议恰恰是针对“TRIPS-plus”的具体内容。2001年3月WHO在发表的报告中解释了WHO政策内涵，该报告认为专利为新药品的发展创造了激励机制，但在药品专利方面，则强调主要药品不同于其他物品，提倡利用TRIPS协议的弹性条款争取降低药品的价格并提高药品的实用性。最后该报告还建议，抵制执行“TRIPS-plus”的知识产权保护标准或者那些比TRIPS协议更严格的标准。[2]除此之外，联合国贸发会议一年一度发表的《贸易和发展报告》《世界投资报告》和《最不发达国家报告》对“TRIPS-plus”的适用效果也进行了评估。

第三，促使WIPO保持中立立场。基于推广和鼓励建立知识产权保护制度的基本策略，WIPO在制定一些技术规则的时候，或多或少地提高了知识产权的保护标准，这些也明显具有“TRIPS-plus”的嫌疑，理所当然地遭到发展中国家的强烈反对。正因为如此，“TRIPS-plus”扩张与反“TRIPS-plus”之间产生了一场新的较量。这场较量在发展中国家的努力之下，WIPO适当地照顾发展中国家的要求，在政策的推行上，虽然一些倡议以发达国家的利益为先，但是在促成条约谈判及软法倡议中还是为发展中国家保留着相当大的空间。一方面，WIPO既不明显地讨好发达国家也不明显地讨好发展中国家，其努力成果开始在WTO中产生一个标准化的反馈循环，影响TRIPS协议的纠纷解决机制和成员国修改、补充TRIPS的建议。[3]另一方面，WIPO为知识产权保护标准的问题提供了讨论的场

---

❶ Laurence R. Helfer. Regime Shifting: The TRIPS Agreement and New Dynamics of International Intellectual Property Lawmaking[J]. The Yale Journal of International Law,2004,Vol. 29(1):42.

❷ WHO. Globalization ,TRIPS and Access to Pharmaceuticals-WHO Policy Perspective on Medicine,March 2001. Geneva. WHO/EDM/2001. 2.

❸ Laurence R. Helfer. Regime Shifting: The TRIPS Agreement and New Dynamics of International Intellectual Property Lawmaking[J]. The Yale Journal of International Law,2004,Vol. 29(1):12.

合，发展中国家涉及反对“TRIPS-plus”内容的提案能列入WIPO大会讨论的议程，体现了其一定的中立立场。

二、保护主题的分散化

TRIPS协议缔结之前，知识产权制度一体化以WIPO为中心，在TRIPS协议生效后，知识产权制度一体化形成了WIPO与WTO共存的知识产权制度一体化的中心，相对于原先以WIPO为唯一中心，这是一种分散化的表现。除WIPO与WTO之外，还产生了新的条约体系。例如，近年来围绕遗传资源、生物多样性等主题的知识产权制度的发展，开辟了在WIPO、WTO之外促进知识产权制度一体化的新的国际场合，实际上也削弱了WIPO、WTO所维持的一体化中心状态，从而削弱了以WIPO、WTO为中心的一体化趋势。目前有些主题的知识产权保护已经自成体系，开始了各自的一体化进程。因此，条约体系的分散化是知识产权制度一体化中多元化的一种表现，它揭示着知识产权制度一体化并不是沿着单一主题方向进行，一体化体系的内外均存在分散化，这种分散化甚至预示着另辟或者重构新的制度一体化体系的可能。

（一）遗传资源保护主题

1. 遗传资源主题的国际公约

在遗传资源主题方面涉及三个公约，即《保护植物新品种国际公约》（*International Convention for the Protection of New Varieties of Plants*，UPOV公约）、《生物多样性公约》（*Convention on Biological Diversity*，CBD）、《粮食和农业植物遗传资源国际条约》（*International Treaty on Plant Genetic Resources for Food and Agriculture*，ITPGR）。UPOV公约于1961年在法国巴黎签订，1968年生效，并于1972年、1978年、1991年进行了三次修改，现在大多数国家加入的是1991年的文本。制定《保护植物新品种国际公约》的初衷或主要目的，是要对植物新品种提供一种不同于专利制度的保护方式。[1]1991年的文本要求对所有的植物属和种授予品种权进行保护，并对品种权的条件、内容、保护期限等作出了规定。CBD是一项保护地球生物资源的国际性公约，于1992年6月1日由联合国环境规划署发起的政府间谈判委员会第七次会议在内罗毕通过，1992年6月5日，由签约国在

[1] 李明德. TRIPS协议与《生物多样性公约》、传统知识和民间文学的关系[J]. 贵州师范大学学报(社会科学版),2005(1):21.

巴西里约热内卢举行的联合国环境与发展大会上签署，于1993年12月29日正式生效。它就遗传资源的获取、生物技术的获取与转让、利益分享等作出规定。2001年6月25日至30日，粮食和农业遗传资源委员会在罗马举行的第6次特别会议上，完成了《粮食和农业植物遗传资源国际条约》的修订，该《条约》取代了运作18年的联合国粮农组织（FAO）制订的《植物遗传资源国际承诺》(IU)，以使其同《生物多样性公约》保持一致。

2. CBD及其引领的知识产权制度分散化趋势

比较UPOV公约与CBD，UPOV公约所确定的植物新品种权实际上还是一种知识产权，因而其保护方式仍属于知识产权的保护方式。但是对于CBD而言，似乎与传统的知识产权保护内容、保护方式差别较大，充其量只能说其所确定保护生物样性的机制与既存的知识产权保护体系相关，这种相关可能是相衔接也可能是相冲突。CBD与现行知识产权保护体系密切相关的机制无非是国家主权原则和遗传资源的利益分享原则，通过这两个原则将生物多样性与知识产权保护联系起来，这虽不像知识产权保护与贸易相结合那样的有效，但至少是同样具有创意的思路。事实上，随着CBD决策机构COP（缔约方大会）的运作，在WIPO、WTO框架之下的知识产权制度一体化格局已经发生了某些微妙的变化。首先，生物多样性主题下的组织结构完善，活动活跃。CBD目前缔约方已达190多个，CBD决策机构行动积极，成立研究小组对CBD与TRIPS协议的冲突问题进行研究，起草准则和建议等。其次，除CBD外，在2002年4月的第六届缔约方大会上通过了《波恩准则》。《波恩准则》最重要的建议在于鼓励申请授予知识产权时披露遗传资源或传统知识的来源国，这实际上已经将知识产权保护与利益分享机制结合起来。再次，在2002年第六届缔约方大会中，在一份COP与其他国际组织关系的决议中，直截了当地宣称不愿将与生物多样性有关的知识产权问题的管辖权转让给WIPO、WTO，并且要求COP秘书处制定一份与WIPO的谅解备忘录、申请与TRIPS理事会类似的观察员地位。[1]因而，COP作为独立于WIPO、WTO之外的讨论知识产权问题场合的意图已经十分明显。最后，为适应知识产权新的保护标准而强化了知识产权保护的两个发展方向，即对与传统知识有关的生物多样性给予特殊的知识产权保护、修改知识产权应用规则（如专利法）来推

[1] CBD-COP. Cooperation with other Organizations, Initiatives and Conventions, April 2002. COP 6 Decision VI/20.

动遵守使用生物资源和利用分享原则。[1]这无疑将为生物多样性主题的制度一体化提供一套新的统一标准。如此看来，CBD引领的知识产权制度变革不仅在知识产权制度一体化范围上进行了新的探索，也存在抛弃现存知识产权制度一体化体系的企图和趋势，因而是对现存知识产权制度一体化的分散化。

3. ITPGR及其引领的知识产权制度分散化趋势

在遗传资源主题下存在着两个极为矛盾的问题。一是为新品种提供遗传资源原材料的国家（或农民）一无所获，而依靠别国提供原材料而培育出新品种的国家（或商业者）却因受到知识产权保护而享受巨大利益。二是既然遗传资源是人类的共同财产，遗传资源上的财产权利特别是知识产权是值得质疑的。UPOV公约是发达国家用来保护植物育种者权利所创设的多边条约，而发达国家恰恰大多是遗传资源不是很丰富的国家，因而免费获得遗传资源原材料并且加强对植物新品种的保护成为UPOV公约所希望达到的实际目的。为了生物物种资源保护问题同时也为了协调以上两个矛盾的需要，经过7年的艰难谈判，2001年11月3日，由世界粮农组织180个国家参加的大会通过了ITPGR，从而取代了运作18年的FAO制订的《植物遗传资源国际承诺》（IU）。ITPGR显然是为打破这一局面而出现的法律形式，旨在可持续地利用粮食和农业植物遗传资源以及公平合理地分享利用这些资源而产生的利益。在该条约中融合了与知识产权保护有关的几项规则：一是规定了农民的权利，尽管对于何为农民的权利未予明确定义；二是国家主权，即一国对位于其境内的粮食和农业的遗传资源享有主权；三是对国际基因库中的遗传资源不给予知识产权保护。

（二）传统知识保护的主题

在既有的WIPO和WTO法律框架之下，对传统知识的保护并没有形成统一的制度体系。客观存在的现实是：与西方国家发达的现代科技文化不同，发展中国家的传统知识被排斥在知识产权制度一体化之外。但是，传统知识保护却在两个不同的国际场合中分别获得进展。

1. 联合国在保护传统知识方面的努力

联合国人权委员会及其附属委员会在20世纪90年代就已考虑利用法律机制来保护土著民族的传统知识产权，先后起草了《联合国土著民主权利宣言草案》和《保护土著民族文化遗产的原则和准则》，前者承认了土著民族享有文化和知

[1] Laurence R. Helfer. Regime Shifting: The Trips Agreement and New Dynamics of International Intellectual Property Lawmaking[J]. The Yale Journal of International Law, 2004, Vol. 29 (1):52.

识的所有权、控制权和保护权，后者则强调应该在国内法中制定有效措施以防止他人未获授权而获取他们的文化遗产。联合国人权委员会及其附属委员会还于2000年创立了一个关于土著问题的永久性论坛，并且该论坛还授予土著民族及其代表与国家代表具有同等地位。值得一提的是，2007年9月13日，第61届联合国大会通过投票，以决议的形式通过了《土著人民权利宣言》，其中就强调了加强土著人民保护文化和传统。当然，联大决议对成员国不具有强制约束力，但对传统知识的一体化保护具有道德影响和制度示范意义。

2. WIPO在保护传统知识方面的努力

2000年8月，WIPO批准成立“知识产权与遗传资源及传统知识和民间文学政府间委员会”（简称WIPO-IGC），事实上已经开始就传统知识保护制度的一体化问题进行探索。自2000年以来，WIPO发表了许多的研究报告，如《传统知识及其适度知识产权保护的需求》《传统知识与知识产权》等。WIPO在保护传统知识方面的最重要成果是《传统知识保护的政策目标及核心原则（草案）》的形成，该草案就传统知识保护提供了基本框架和原则，包括政策目标、一般指导原则和实体专门原则三个部分。政策目标包含承认价值、满足传统知识持有人的实际需要、遏制不正当和不公平利用、杜绝向未经认可主体的不当知识产权授权等16项内容。一般指导原则包括权利承认原则、保护的有效性和可及性原则、公平和利益共享原则等11项内容；实体专门原则包含对抗不当利用的保护、保护的法律形式、保护的资格等14项内容。《传统知识保护的政策目标及核心原则（草案）》历经多次讨论修改，在草案中已经建立起了保护传统知识较为完备的法律构架，尽管目前还不具备法律效力，但因其在一定程度上反映了各成员国对传统知识保护相关问题的观点和意见，对现在及今后传统知识保护方面的制度一体化无疑具有权威的指导作用。

（三）健康权保护的主题

健康权保护严格来说不是知识产权保护的主题，而是限制知识产权保护的主题，但是与健康权挂钩的知识产权保护发生了一系列一体化制度的发展和修正，显然健康权主题成为知识产权保护的一种新的立法趋势。

TRIPS协议实施后，由于知识产权制度一体化标准较高，超越了发展中国家自身的经济社会的发展水平，导致了在公共健康领域出现了危机。专利药品的昂贵价格使成千上万的患者丧失其生命，健康权和生命权作为人权的基本内容在

TRIPS协议之下消失殆尽。因此，从法律层面，国际社会需要解决两个问题：❶一是对TRIPS协议所规定的弹性条款加以解释和澄清，以确保发展中国家能将这些条款用于公共健康的目的，免受发达国家的法律、外交和贸易制裁的威胁；二是变革国际知识产权保护制度，使之在保护知识产权所有人私人利益的同时，能真正服务于发展中国家和最不发达国家的发展目标。解决这两个问题的实际成果显现于《多哈宣言》《总理事会决议》及《议定书》之中。事实上，在此之前，公共健康问题一直是南北国家争论的焦点，国际社会也难以达成共识。然而，在人权主题下，TRIPS协议最终得以澄清和修改，这至少说明了两个问题：一是对人权理念的认同，也即各种文化对尊重人的生命权、健康权的人本主义理念的认同，架起了达成南北共识的桥梁；❷二是权利位阶的高低问题，即在基本人权之下，知识产权在人权体系中的位阶显然低于健康权、生命权，两者发生冲突时应让位于基本人权。而这两个问题，也恰恰是知识产权制度一体化中所必须遵循的基本理念和规则。因此，人权之所以被纳入国际法的管辖范围，不仅是因为一国的人权状况可能溢出边界，影响国际和平与秩序，更是因为人权作为法律的终极理念，是国内法与国际法所共同追求的普遍价值。❸

三、利益主体的分散化

在知识产权制度一体化进程中，国家显然是推动一体化的主要角色，除此之外，政府组织、非政府组织等也在知识产权制度一体化中扮演着重要角色。但这些一体化进程中的重要角色并非一致地促使一体化的产生，而是代表各方利益，各有主张和策略。

（一）南北国家之间的矛盾

一般认为，发展中国家与发达国家的关系即南北关系，两者之间的矛盾即南北矛盾。知识产权制度一体化趋势是由发达国家主导、发展中国家（不发达国家）被动接受的结果。但是TRIPS协议生效后，是否以TRIPS协议为一体化标准受到了发展中国家（不发达国家）的强烈反对，南北国家之间的矛盾不仅没有消除，对抗反而更加激烈。一方面，发达国家要求提高知识产权的保护标准，而发

❶ 冯洁涵. 全球公共健康危机、知识产权国际保护与WTO多哈宣言[J]. 法学评论，2003（2）：11-13.

❷ 古祖雪. 后TRIPS时代的国际知识产权制度变革与国际关系的演变——以WTO多哈回合谈判为中心[J]. 中国社会科学，2007(2)：144.

❸ 古祖雪. 论国际法的理念[J]. 法学评论，2005(1)：45.

展中国家（不发达国家）则要求根据自己国家的实际情况适用TRIPS协议，尽力降低知识产权保护的标准。另一方面，发展中国家（不发达国家）不断寻求新的场合创制有利于本国优势发展的知识产权保护体系，诸如传统知识以及遗传资源等，而发达国家对自己不具有优势的知识产权则主张不予保护或是消极拖延制度的出台。随着南方国家对知识产权的日益重视、联盟力量的壮大，南方国家一味屈服北方国家的制度一体化模式受到前所未有的挑战。可以说，南北国家在保护知识产权方面的分歧正日益增大，目前所形成的一体化体系并不是南方国家真实的意思表示，它仍存在分化的危险。

（二）政府间国际组织的摩擦

自巴黎公约联盟和伯尔尼公约联盟建立以来，政府间国际组织即承担了促进知识产权制度一体化的主要任务。WIPO和WTO是目前世界上在知识产权领域最有影响力的政府间国际组织，与这两个政府间国际组织同一层次的还有联合国教科文组织（UNESCO）、国际劳工组织（ILO）等。政府间国际组织在知识产权保护方面既有相互协调补充的一面，也存在着摩擦和分歧的一面。例如，WIPO是发展中国家讨论制定知识产权国际规则的主要场合，是“穷人的舞台”，而WTO则是发达国家讨论制定知识产权国际规则的主要场合，是“富人的俱乐部”。又如生物多样性公约联盟（CBD），已经明显作为游离于WIPO和WTO之外的管理知识产权条约的国际组织出现，在生物多样性方面独显权威。除此之外，因为知识产权涉及贸易、竞争、发展等诸多领域，知识产权领域的国际组织还必须与其他国际组织之间进行合作。因此，诸如经济合作发展组织（OECD）、国际标准化组织（ISO）、联合国国际贸易法委员会（UNCITRAL）、联合国贸发会议（UNCTAD）等均对知识产权制度的分散化产生深远的影响。

（三）非政府组织的反TRIPS运动

后TRIPS时代，TRIPS协议受到了批评和指责，这些批评和指责甚至形成了一个反TRIPS浪潮。在此浪潮中，NGO的表现尤为突出，他们对TRIPS协议的担忧集中表现在两个方面的问题：一是药品问题，二是农业问题。在药品方面，NGOS主要认为TRIPS强加于发展中国家和最不发达国家的过多义务，使这些国家的公共健康危机四伏。在农业方面，NGO认为TRIPS协议对发展中国家和最不发达国家的农业将产生负面影响。因此，TRIPS协议的执行过程并没有出现预期的良好效果，TRIPS协议所制定的知识产权保护标准也未随着时间的推移得到广泛的认同。相反，在许多发展中国家、非政府组织中还孕育着一个逐渐增长的理念，那就是TRIPS是一个强迫性协议，必须反抗而不是遵从。[1]非政府组织正与国家、医药企业一起，共同成为影响全球知识产权政策的三种主要力量，而且非政府组织的地位和作用日益突出，是发展中国家参与国际知识产权规则制定的强有力的合作伙伴。[2]

四、一体化与分散化的辩证统一

知识产权制度分散化呈现了知识产权制度发展过程中矛盾的一面，在此过程中，不仅可以看到一体化格局被破坏和分化的现实，甚至可以看到凭发达国家的主观意志即可操纵知识产权制度发展的一体化或分散化。因而，在分散化的冲击下，知识产权制度一体化的局限性暴露无遗。分散化的存在，恰恰说明一体化的过程是复杂和曲折的，是客观的发展规律与主观发展愿望的矛盾统一体；恰恰说明知识产权制度一体化不是一帆风顺地驶向“一体”的彼岸，而是充满变数和异质化的历史过程。通过对分散化的分析，可以对知识产权制度一体化的发展限度有一个清晰的认识，从而否定一个“纯粹的一体化”的存在。

但是，知识产权制度的一体化与分散化之间是辩证统一的关系。首先，分散化对知识产权制度一体化进行了遏制和阻碍。分散化不断创造新的矛盾，使各国知识产权制度之间的差异性不断扩大。不同的知识产权造法论坛（WTO、WIPO等体制之外的机构、组织就如何保护知识产权开辟不同的论坛，并在各种论坛中创设或形成新的知识产权国际保护规则）的创设，新的可知识产权客体的产生，以及双边条约、区域条约对知识产权保护多边体制的分割，使知识产权制度的发展历程充满冲突和斗争。基于各国发展的实际，知识产权制度的一体化只是相对而言，建立一个全世界都适用的知识产权保护标准是难以实现的。其次，分散化的存在又促进了知识产权制度一体化的发展。分散化现象的存在既促使各国之间相互借鉴和移植，又促使国际力量加强国际协调。各国之间相互借鉴以及国际协调的成果反过来又成为知识产权制度一体化的新起点，并将一体化推向更高的层次。例如，当乌拉圭回合在谈判讨论知识产权保护问题时，可谓是对WIPO既有体系的一种分散化，而当TRIPS协议达成之后，却出现了新的、相似程度更高的一体化。这充分说明，分散化是可以转化的。另外，随着时间的推移，原先的分

---

[1] Laurence R. Helfer. Regime Shifting: The Trips Agreement and New Dynamics of International Intellectual Property Lawmaking[J]. The Yale Journal of International Law, 2004, Vol. 29 (1): 52.

[2] 冯洁菡. 国际组织与知识产权的国际保护[J]. 法学评论，2007(3)：63.

散化又可以成为一体化的新起点。因此，一体化与分散化贯穿于知识产权制度的发展过程。最后，分散化也并非完全反对一体化。值得注意的是，一些反对一体化的发展中国家并不是绝对地反对一体化，而是反对以发达国家知识产权制度为标准的一体化，因而从本质上说他们也是赞同一体化的。

因此，在知识产权制度的发展中，一体化是主要方面，它主导着知识产权制度发展的主要方向和趋势，分散化居于次要方面，它不断对一体化提出新挑战，一体化离不开分散化，分散化也离不开一体化，知识产权制度的发展是一体化和分散化共同作用的结果。

第三节　发展限度：民族国家及其法律本土化

在全球化浪潮之下，民族国家是否形成历史的终结成为理论界极为关注的问题。知识产权制度一体化作为全球化的一种特殊形态，其进程必然与民族国家的存在密切相关，民族国家存在的历史显然是对知识产权制度一体化发展限度的最好诠释。法律本土化是民族国家阻碍制度一体化的具体方式，民族国家的存在意味着法律本土化的存在，民族国家存在的长期性决定了法律本土化存在的长期性，也决定了一体化发展的局限性。

一、全球化背景下的民族国家

关于全球化有三种观点。第一种是极端全球化论。这种理论认为经济全球化已经迎来了新的历史时期，包括民族国家在内的各种旧的制度在经济全球化面前或者完全过时或者正在失去存在的基础。第二种是全球化变革论，它肯定了全球化作为现象的存在，同时强调了全球化的动态性和渐进性。第三种是全球化怀疑论。他们否定了极端全球化论的基本观点，认为现在的全球化只是国际化，国家仍然是经济的主要范围和管理者。极端全球化论宣扬的国家终结的观点不但夸大了事实，而且带有强烈的意识形态偏见。[1]这三种理论实际上是以是否弱化民族国家为中心内容进行阐释。第一种理论明确否认了民族国家存在的必要性并认为民族国家正在逐步失去应有的基础，因此，按照这一理论民族国家在可见的未来将消亡。第二种理论是走中间路线，既承认全球化又强调全球化的是一个历史的过程，依据这一理论，民族国家将长期存在。第三种理论否认了全球化的存在，

[1] 程光泉. 全球化理论谱系[M]. 长沙：湖南人民出版社，2002：16-18.

因而民族国家的主权、地位丝毫未能动摇。尽管三种理论各有特点和主张，但是，不可否认的是，全球化对民族国家的影响是客观存在的。

民族国家，也称“民族—国家”，即其内容“既有民族之义，亦有国家之义。”[1]它是指由居住在一定疆域内的某一民族所组成的统一的政治共同体，它最重要的特征是实现“民族”与“国家”的重合，“民族—国家”成为本民族成员热爱和忠诚的最高对象。[2]根据学者的研究，全球化对民族国家的冲击主要体现在以下几个方面。

第一，“疆界毁坏”。“疆界毁坏”表现在三个层面：一是民族国家越来越难在种族的纯粹上，在政治、经济、文化上固守其疆土；二是与“民族国家疆界毁坏”相伴随的是各种跨国势力的兴起，而各种跨国势力的快速成长，使民族国家的相对实力降低；三是当经济、文化事件甚至对于生态的破坏，都已跨国进行时，民族国家对这些跨国事件，不但无法规范，还必须承担其负面后果。[3]

第二，“民族国家弱化”。弱化的依据为：一是资本主义正在“重构”，其全球性、跨国性、后工业性、信息性和消费主义、新自由主义特征变得更加明显，而国家的宏观经济计划、公共福利政策、公民的集体认同感及对社会生活的一般控制则遭到了严重的损害；二是新的“全球制约”，尤其是环境和人口的威胁，可能造成新的“风险社会”，民族国家无法单独应对；三是“认同政治”和“新社会运动”的兴起，损害了传统民族认同和阶级认同，凸显出了形形色色的地方和跨国认同；四是后核威慑时代削弱了国家主权和“刚性地缘政治”。[4]

在全球化的冲击下，民族国家固然在某些方面受到了弱化和挑战，但另一方面，民族国家在某些方面却得到了巩固和强化。英国学者安东尼·吉登认为，全球化是一个三维图像，全球化消解了国家的力量，全球市场的发展以及其他全球现象的发展的确削弱了一些国家以前拥有而现在缺失的权力；全球化在抽离国家力量的同时，还进一步使事物本土化。全球化为地方自治和新型地方主义创造了需求，地方身份认同开始变得备受关注，并赋予大城市以前所未有的力量；全球化同时还挤压（squeeze side）出一个新的领域，即民族主义势力的勃兴。[5]在这

---

[1] 孙治本. 全球化与民族国家——挑战与回应[M]. 台北：巨流图书有限公司，2005：5.

[2] 张勇. 历史视野中的“全球化”与“民族-国家”[J]. 世界民族，2007(2)：13.

[3] 孙治本. 全球化与民族国家——挑战与回应[M]. 台北：巨流图书有限公司，2005：26.

[4] 俞可平等. 全球化与国家主权[M]. 北京：社会科学文献出版社，2004：274.

[5] [英]安东尼·吉登斯. 全球时代的民族国家[J]. 郭忠华，何莉君，译. 中山大学学报(社会科学版)，2008(1)：4.

一三维图像中，我们甚至在某些方面可以看到全球化对民族国家的强化力量大于对民族国家的弱化。正因为如此，全球化下民族国家历史终结的观点受到了质疑和批判，甚至可认为是西方进行经济、政治、文化侵略的最大借口。“一些西方国家在政治领域鼓吹的全球化，却完全是发达国家按照自己的意愿改变世界面貌的一种企图，不仅极力输出自己的文化观念，并且很自然地将自己的利益等同于全人类的利益。”[1]“把全球化对民族国家的影响说成是某种普遍划一的进程，在每个经济部门和每个民族国家都以同样的形式出现，这就非常容易产生误导。”[2]

事实上，全球化与民族国家之间是一对矛盾。全球化要求无国界、无地方保护，全球统一、一致，强调和追求本民族利益的最大化，而民族国家化则相反，要求有国界、有自我保护，创造民族特色或民族优势。[3]全球化企图突破民族国家的界限，削弱和淡化民族国家的主权，而民族国家则固守自己的利益。在全球化进程中，西方经济模式、法律制度、文化观念对发展中国家的侵蚀引起了更为激烈的反抗，民族主义因此空前高涨，创造民族特色和发展民族优势成为发展中国家对抗全球化的基本策略。民族国家依然是各个国家人民经济福利最基本的核算单位，任何试图抛弃民族国家，直接谋取本民族利益的想法，都是不现实的。[4]所以，全球化的席卷使民族国家的主权受到削弱，但是并未使民族国家出现消亡的迹象，民族国家即将消亡的论调逐步被民族主义兴起的现实所攻破。

二、知识产权制度一体化中的民族主义

20世纪80年代以来，世界经济开始了由传统经济向知识经济的转型，发达国家纷纷加强了知识创新和技术创新，加大了科技与知识的投入，科技与知识的产出在发达国家的经济中占有绝大多数的比重。拥有先进技术以及高科技产业使发达国家在与发展中国家之间的经济竞争中取得了绝对性的胜利。发展中国家也逐渐明白了一个道理，知识的占有和先进技术的发明与应用是一个国家在激烈竞争的国家市场环境中生存和发展的关键，也是一国政治实力的基本保障。知识产权作为与先进技术、高科技产业密切相关的财产权利，其垄断性是维护市场竞争的有效手段。乌拉圭回合将知识产权的谈判纳入其中，充分体现了发达国家维护其政治经济优势的野心。而之后以TRIPS协议为代表的知识产权制度一体化，出

---

[1] 陈晓律. 全球化进程中的民族主义[J]. 世界历史，2001(4)：5.

[2] [澳]罗·霍尔顿. 全球化与民族国家[M]. 倪峰，译. 北京：世界知识出版社，2006：81.

[3] 郭水兰. 全球化与民族-国家化矛盾运动探讨[J]. 广西社会科学，2002(2)：39.

[4] [澳]罗·霍尔顿. 全球化与民族国家[M]. 倪峰，译. 北京：世界知识出版社，2006：81.

现了贫穷国家的财富流向富裕国家的倾向，这使发展中国家有着上当受骗的感觉，从而进一步推动了知识产权制度一体化中民族主义的盛行。

民族主义的核心就是一个具有共同血缘和区域生活传统的人们对自己的利益有着共识，这种共识意味着只有共同利益的人们才会结合在一起并为这种共同的利益而奋斗。[1]有的学者认为，世界经济的发展使各国人们更加紧密地联系在一起，但依然不能使这些地区的人民共同分享经济全球化的利益。由于世界经济发展的不平衡性，各地的经济利益自然会有很大的差别，因此，即便按照亚当·斯密的经济自由主义原则，本地区的人也是本地利益的最好评判者，这就使民族主义仍然拥有坚实的基础。到目前为止，全球化过程中的发展还是以民族国家为基本单位的发展，不是以全人类为基本单位的发展，而且在可以预见的未来也是如此。在这个基础没有改变的前提下，目前国际政治运作的基本原则——即尽可能地利用本民族的国家政权来捍卫本民族的利益——就不会改变，尽管形式上也许会发生某些变化。[2]在知识产权制度一体化中，反TRIPS行动、突出民族利益和民族特色等一系列行动也最大限度地反映了民族国家在维护本国利益中的努力。可以清楚看到，知识产权制度一体化进程中并没有消灭民族主义，相反，利益分配的不均衡却助长了民族主义。

三、民族主义的表现方式——知识产权制度的本土化

有学者精辟地指出，以多边国际条约为主导的知识产权法的全球化，虽然已经势不可挡，但其全球化应当是有限度的，这种限度来自于世界政治经济发展的不平衡。[3]知识产权制度一体化是以美国为首的西方发达国家知识产权制度在全球的一体化，目前主要是通过国际条约在全球范围内强行推行发达国家知识产权保护标准的一体化。知识产权制度一体化是“西化”的一体化，在当代甚至是“美国化”的一体化，是法律殖民主义的一种新形式。然而，民族国家的客观存在，使这种“西化”的或“美国化”的知识产权制度一体化不得不考虑各国自身的经济、科学文化发展水平。因而不仅发展中国家具有本土化的需要，发达国家也同样具有如此需要。另外，知识产权制度本土化并不是一个新问题，虽然当今以美国为首的西方国家雄心勃勃地推进知识产权制度的一体化进程，反观历史，

❶ 陈晓律. 全球化进程中的民族主义[J]. 世界历史，2001(4)：11.

❷ 陈晓律. 全球化进程中的民族主义[J]. 世界历史，2001(4)：11.

❸ 陶鑫良，袁真富. 知识产权法总论[M]. 北京：知识产权出版社，2005：440.

他们也同样地躲避着不利于自己的一体化而实施本土化。展望未来，知识产权制度本土化也不是一个短期的问题，它不会轻易消失。可以说，自知识产权制度步入一体化之中，即显现知识产权制度的本土化问题，知识产权制度的本土化问题是每个国家知识产权制度建构必经的途径，也是各国特别是发展中国家在参与知识产权制度一体化过程中将为之不断努力的方向。

（一）法律本土化的含义

法律本土化意指在法律移植时应让受移植法律经过合理的处理与嫁接使其能渗入移植国的血液当中，进而得到有机整合，本土化就是法律移植本土化运动的过程。[1]本土化的过程既涉及对外来文化进行过滤、吸收和选择的过程，更涵盖对本土资源进行优化、改造和创新的过程，它是最能体现移植国在制度引进和实施中的能动性和创造性的阶段。[2]前述定义是从微观上对法律本土化进行阐述，而就法律一体化的宏观层面看，法律本土化主要集中在对国际性规范和全球性规范的移植和接纳，从而使一国的法律制度与国际性规范和全球性规范逐步趋于一体。在此，法律本土化的体现是，各国在接纳和遵守这些普遍的国际性或全球性规范的时候，也始终会在很大程度上捍卫其本国的文化、法律和政治认同标准，进而将这些国际性或全球性规范与本国的文化、法律和政治传统结合起来，逐渐使得那些国际性或全球性得到本土化。更为重要的是，在参与全球化进程中，每个国家都可能经由构建并提供自己关于世界的理想图景而实质性地参与全球化进程及其方向的选择和决策，并在这个意义上使之“本土化”。[3]因此，法律的本土化实际上包含两层意思：一是在本国进行法律移植（移植国际法或者移植别国法律）时的本土化；二是在制定国际法律规范时的本土化。前者反映的是国际法对国内法、国内法对国内法的影响，后者反映的是国内法对国际法的影响。

在知识产权领域，法律本土化的问题更加突出，这是由于知识产权保护标准的高低与国家的经济利益之间复杂的关系。对于优势领域而言，提高知识产权的保护标准，既增加垄断利益又促进创新，并且维护了竞争优势和技术垄断，国家

---

❶ 肖光辉. 法律移植及其本土化现象的关联考察——兼论我国法的本土化问题[C]//何勤华. 法的移植与法的本土化. 北京：法律出版社，2001：115.

❷ 刘华. 知识产权制度本土化之路[J]. 中国发明与专利，2008（2）：36.

❸ 邓正来. 谁之全球化？何种哲学？——开放性全球化与中国法律哲学建构论纲[M]. 北京：商务印书馆，2009：142.

的经济利益可以源源不断。对于弱势领域，提高知识产权的保护标准势必限制学习和模仿，增加学习和借鉴的费用，并且可能处处受到牵制和要挟，国家的经济利益甚至政治利益都难以保障。于是，寻求适合于本国科技、经济与文化发展水平的知识产权保护制度是各国必然的选择。在此，知识产权制度本土化的关键在于不盲目追求知识产权保护的国际标准，而在于使知识产权保护标准不超越本国现阶段科技、经济和社会发展的整体水平，并适合法律本土资源的环境。因此，在知识产权制度一体化的浪潮来临之际，各个国家都趋利避害，力求使知识产权制度本土化，不仅发展中国家如此，发达国家亦然。

（二）发达国家知识产权制度的本土化

整体而言，发达国家知识产权制度本土化有两种方式：一是在优势领域提高知识产权的保护标准；二是在弱势领域降低保护标准或者不予保护。

在优势领域提高知识产权的保护标准不仅仅限于国内法。发达国家在此方面的本土化，其目的是将本国的知识产权保护标准加入国际条约中，使国际标准“本土化”，再将这“本土化了”的国际标准推向全球。因此，这一本土化模式是从本土化向一体化进发的模式，这就充分体现了国内法对国际法的影响。基于国际社会的强势地位，发达国家的这种本土化——一体化模式往往能获得成功。《巴黎公约》《伯尔尼公约》的缔结即是欧洲知识产权制度实现本土化——一体化模式的典型例证。而TRIPS协议的达成，加强了计算机软件、驰名商标、商业秘密的保护，也可以寻找到相应发达国家知识产权保护的印记。

在弱势领域降低保护标准或者不予保护的方式才是发达国家真正意义上的本土化。美国因国内的文化出版业不如欧洲，因而曾长期拒绝参加《伯尔尼公约》。欧盟虽已有较完善的知识产权制度，但仍力图促使知识产权制度本土化，如在世界贸易组织有关知识产权问题的谈判中，以法国为代表的欧盟国家极力主张扩大地理标志的范围，目的就是为了保护其拥有的传统优势产品（如葡萄酒、奶酪、香水等），而在其不具有优势地位的计算机软件的保护上，则强调授予专利权的方案必须具有技术属性，不同意美国所持的与计算机程序有关的商业方法可纳入受专利保护范围的主张。[1]TRIPS协议在加强对发达国家优势知识产权保护的同时，将其弱势领域如生物多样性、传统知识、民间文学艺术、遗传资源等排除在协议之外，这也是发达国家本土化的结果。

---

[1] 万霞. 论知识产权法律制度的本土化与国际化——以中欧知识产权问题为视角[J]. 外交评论，2007(6)：97.

（三）发展中国家知识产权制度的本土化

理论上发展中国家知识产权制度本土化也存在着在优势领域提高保护标准和在弱势领域降低保护标准两种方式，但是与发达国家相比，目前发展中国家还难以获得知识产权国际规则制定的话语权，无法实现在知识产权国际规则中体现发展中国家的本土化。对发展中国家而言，似乎只有一种选择，即在既存一体化结果的框架下进行本土化，因而其本土化是以知识产权国际条约为主要参照体系而进行的本土化，其本土化的空间十分有限。具体而言有以下几种措施。

1. 利用WTO中的特殊与差别待遇进行本土化

特殊和差别待遇（SDT）是世界贸易组织各协定给予发展中成员方的优惠待遇。这一优惠待遇在TRIPS中主要体现在三个方面：一是TRIPS协议执行的过渡期。如TRIPS协议第65条、第70条是关于发展中国家、不发达国家执行TRIPS协议的过渡期规定。二是技术和基金援助。如TRIPS协议第67条。三是技术转移，如TRIPS协议第66条。从目前来看，在TRIPS协议的框架下，只有第一种特殊与差别待遇是真正意义的优惠措施，技术援助与技术转移实际上存在着更多的限制。发展中国家无法从技术援助与技术转移中获得自己的技术更新和技术创造，发达国家不可能将核心技术转让给发展中国家，也不可能在技术贸易中提供免费的午餐。因此发展中国家的本土化措施即是推迟国内的制度改革，减缓国内知识产权制度与TRIPS协议相一致的步伐。

2. 利用TRIPS中的弹性条款进行本土化

目前学界对弹性条款还没有一个确切的定义，外国文献中与弹性条款相对应的“flexibility”一词，或许将其译为“灵活性条款”更加直观。国内学者也有将前述的特殊与差别待遇视为弹性条款的内容。[1]事实上它们之间还是有严格的区别。特殊与差别待遇只是针对发展中国家（不发达国家），而弹性条款则没有如此的限制。TRIPS中的弹性条款主要如下：

第1条，属于最低标准的规定，这一弹性条款对发达国家更为有利，发达国家正是利用这一条款进行了一系列“TRIPS-plus”的扩张，提高知识产权的保护标准。

第3条，关于强制许可，这一规定在现实中的争论最大，正因为如此，它成为发展中国家本土化的目标和依据。

第7条，关于目标的规定，通过知识产权的保护与权利的行使，促进技术的

[1] 师华. 从TRIPS协议弹性条款谈起[J]. 政治与法律，2003(5)：85.

革新、转让与技术的传播，以有利于社会及经济福利的方式，促进技术知识生产者与使用者间互利互惠，并促进成员间权利与义务的平衡。

第8条，原则方面的内容，涉及公共健康及公共利益以及防止知识产权滥用。这是发展中国家本土化可以利用的最大空间。

第13条、第17条、第26条、第30条分别是关于版权、专利、商标、工业品外观设计的限制或例外的规定。

3. 利用国际条约中未规定的内容进行立法

发展中国家现阶段主要是关注新型知识产权的保护问题，如传统知识和传统资源的保护。传统知识和传统资源等新型财产权制度的出现，使得发展中国家在知识资源的国际竞争中取得优势地位成为可能。[1]例如，印度先后于1999年、2002年、2004年对1970年《专利法》作了3次大幅修订。其中的一个重要内容就是对已有条款作出了体现遗传资源、传统知识保护的修改和补充。[2]在我国，也于1997年制定了《传统工艺美术保护条例》，该条例虽只有21条，保护的形式也比较简单，但毕竟跨出了传统知识保护的步伐。在民间文化方面，我国的一些地方立法进行了保护，如福建省、贵州省等都出台了民间文化保护的地方性法规。

四、知识产权制度本土化与一体化的关系

（一）本土化与一体化之间的转化

知识产权制度一体化与知识产权制度本土化是知识产权制度发展过程不可分割的两个方面。知识产权制度一体化离不开本土化。一方面，本土化不仅存在于发展中国家之中，也存在于发达国家之中。另一方面，知识产权制度的发展是一个从本土化到一体化，又从一体化到本土化的过程。考察发达国家知识产权制度的本土化与发展中国家知识产权制度的本土化，我们甚至可以将知识产权制度一体化与本土化的互动关系作一个描述：第一，从本土化到一体化，体现了国内法对国际法的影响；第二，从一体化到本土化，体现了国际法对国内法的影响。就当今知识产权制度的发展而言，国际法的本土化是一体化的基础，是推进一体化进程的本土化，多为发达国家所用。国内法的本土化是一体化的多元化，是阻碍

---

❶ 吴汉东. 后TRIPS时代知识产权制度的变革与中国的应对方略[J]. 法商研究，2005(5)：5.

❷ 张华敏，唐丹丽，高红杰. 印度传统知识保护现状及其启示[J]. 中国医药导报，2008(32)：51.

一体化进程的本土化，多为发展中国家所用。当然此两种途径可能先后进行，也可能同时进行，也可能交错进行。由此可见，知识产权制度本土化必然是一个多元的、复杂的动态过程。

（二）本土化与一体化之间的矛盾

在知识产权制度一体化过程中，由发达国家主导的知识产权国际保护制度代表和维护了发达国家的根本利益，发展中国家是这种制度安排的被动接受者，因而知识产权制度本土化的焦点和困难主要体现在发展中国家的本土化方面。正因为如此，虽然可以在知识产权制度一体化的历史进程中列举诸多发达国家努力实施本土化的实例，但如今，因霸权主义在知识产权领域的盛行，“发达国家的知识产权制度就是国际知识产权制度”的观点以及在国际立法中的推行表明，知识产权制度本土化与一体化的基本冲突是代表发达国家知识产权保护高标准的一体化与代表发展中国家相对较低保护标准的本土化之间的冲突。而正是这样的本土化，有力地抵抗和阻碍了知识产权制度一体化的进一步推进。

法律发展的共性绝不是对法律发展个性的排拒，法制现代化进程中的国际化趋势丝毫不意味着对法律本土化或民族化的消灭。[1]当然，在制定国际法律规范时的本土化，即从本土化到一体化，与知识产权制度一体化是相互协调的，但这种本土化并非所有国家都能实现，因为这在很大程度上是发达国家的游戏。发展中国家何尝不想在自己的优势领域提高知识产权的保护标准并使之一体化，然而，发展中国家没有这个实力，无法参与一体化的决策，无法左右一体化的方向。因此，发展中国家知识产权制度本土化最大的程度只是在现有一体化框架下的本土化。换言之，发达国家可以利用本土化走向一体化，也可以从一体化走向本土化，而发展中国家只有后一种选择。难怪有学者感叹，本土化并不是一个完全封闭和自足的概念，本土化并不等于拒绝参与契约精神基础上的知识产权的国际化，它反对的是知识产权发展与变革过程中（如国际化过程中）的霸权主义行径。[2]

发达国家与发展中国家之间发达国家之间以及发展中国家（包括不发达国家）之间它们的利益需求各不相同，形成了利益冲突，这种利益冲突是不可能完全消灭的。多方的利益反映出某种相应的制度设计，知识产权制度在其一体化中必然需要兼顾各方利益，各方也将根据本国的实际情况积极争取有利于己方的一

[1] 公丕祥. 法哲学与法制现代化[M]. 南京：南京师范大学出版社，1998：601.

[2] 李扬. 知识产权霸权主义与本土化应对[J]. 法商研究，2005(5)：18.

体化进程。因此，基于民族国家之间利益冲突而存在的识产权制度一体化必然离不开本土化，知识产权制度的一体化与本土化的矛盾是历史的必然。知识产权制度一体化的浪潮滚滚，而本土化的呼声也日益强烈。此外，在知识产权制度一体化中，具有西方法律文明烙印的知识产权制度不可能全部，也不可能永远占据历史的舞台。随着社会的进步与发展，东方国家的崛起，知识产权制度的一体化也将体现东方国家的民族历史传统，也将体现他们的普遍需求。

（三）知识产权制度本土化的长期性

就法律一体化进而就知识产权制度一体化而言，民族国家的长期存在决定了知识产权制度本土化的长期性，也决定了未来知识产权制度一体化仍然只是一个动态趋势。知识产权制度一体化只不过是全球化的一小部分而已，它在各种法律制度中具有更强的一体化趋势，但是在可见的未来它仍然无法穿越民族国家的所有“篱笆”而实现纯粹的一体化。知识产权制度一体化的存在依然取决于民族国家的存在。民族国家不仅影响着知识产权制度一体化的实质内容，也极大地影响着一体化的进程。在全球化的背景下，民族国家的式微依然未能判定知识产权制度一体化即将实现其完全统一的伟大蓝图。正如梁西先生所言，以独立国家为其主轴的国家社会的基本结构显示：在人们可以预见的时期内，很难在各国之上建立一个像国内社会一样的以统治权威为基础的全世界的超国家机构。同样，以当前这个国际社会基本结构为前提的现代国际法体系，也很难发展出一种具有最高管辖权的全世界统一的立法、司法或执行机关来。❶

因此，回归本节的主旨，虽然无法也不可能给出知识产权制度完成一体化的确切时间表，但是，民族国家及其法律本土化的存在却完全可以证明知识产权制度一体化进程的历史性，它还需要一个漫长的历史过程才能完成其使命，不可能在一定的时间限度内完成。也正是这一点足以说明目前知识产权制度一体化的时间限度。

本章小结

知识产权制度一体化是否突破了知识产权的地域性是解释知识产权制度一体化空间限度的核心问题。知识产权的起源、客体的无形性以及利益驱动决定了知

---

❶ 梁西. 论国际社会组织化及其对国际法的影响[J]. 法学评论，1997(4)：7.

识产权地域性的客观存在，也决定了知识产权制度一体化空间限度的存在。知识产权制度分散化揭示了知识产权制度在发展过程中矛盾性的一面。在此，“TRIPS-plus”所形成的分散化不仅可以看到一体化格局被破坏和分化的现实，也可以看到以民族国家为核心的利益彰显，甚至可以看到凭发达国家的主观意志即可操纵知识产权制度发展的一体化或分散化的方向。分散化的存在，恰恰说明一体化的过程是复杂和曲折的，是客观的发展规律与主观发展愿望的矛盾统一体；恰恰说明知识产权制度一体化不是一帆风顺地驶向“一体”的彼岸，而是一个充满变数和异质化的历史过程。与此同时，知识产权制度一体化具有历史性，民族国家的长期存在决定了其法律本土化的长期性，因而一体化不可能一蹴而就，需要一个漫长的历史过程。当然，知识产权制度的一体化与分散化、本土化之间存在辩证统一的关系。在知识产权制度的发展中，一体化是主要方面，它主导着知识产权制度发展的主要方向和趋势，分散化、本土化居于次要方面，它不断对一体化提出新挑战，知识产权制度的发展是一体化、分散化、本土化共同作用的结果。

第六章　我国与知识产权制度一体化

全球化对一些人来说是“亲娘”，而对另一些人来说是“继母”。全球化的“前夫的儿子”和“前夫的女儿”可以诅咒命运，但严格来说他们没有出路。他们要么适应人类共同体变化的过程，要么置身于局外，没有第三种选择。[1]知识产权制度一体化是全球化的一个缩影，尽管知识产权制度一体化的进程一直为发达国家所主导，但是，积极地适应一体化显然比闭关自守或消极应付更为务实和明智。特别是现阶段，我国面临着经济发展的转型，推进自主创新是转变经济发展方式的中心环节，这既需要构建有利于自主创新的制度环境，也需要构建有利于知识产权创造和应用的市场环境。我国只有迎难而上，积极地参与到知识产权制度一体化之中，争取有利地位、完善知识产权制度、加强知识产权应用能力，才能有效推进创新型国家的建设。

第一节　我国参与知识产权制度一体化的实践

一、我国参与知识产权制度一体化的基本状况

我国参与知识产权制度一体化的实践严格而言始于清末，那时，我国的知识产权立法在西方列强的侵略中被迫产生。而真正意义上参与知识产权制度一体化的进程是30年前的改革开放时期。自改革开放以后，通过借鉴移植、加入知识产权国际条约、参与知识产权制度区域一体化、进行双边协调等实践，构建了知识产权立法、行政执法、司法保护等较为完整的知识产权保护体系。国内知识产权的保护逐步与世界接轨，保护标准已经达到国际标准，甚至在某些方面超过了国际标准。

---

[1] [俄]维克托·库瓦尔金. 全球性：人类存在的新维度[C]//戈尔巴乔夫基金会. 全球化的边界：当代发展的难题. 赵国顺，等，译. 北京：中央编译出版社，2008：52.

（一）知识产权制度一体化背景下我国的知识产权立法

客观而言，认识并注重知识产权立法并不是我国主动地意识到知识产权对经济社会发展的重要意义，而是始于知识产权制度一体化的强力推动。我国开始在知识产权领域进行立法从内部因素而言是经济发展和改革开放的需要，但是，知识产权制度一体化却基本上决定了我国知识产权制度立法的内容以及立法方向。整体上，我国的知识产权立法是顺应知识产权制度一体化的必然结果，是“外生性”的立法，而非“内生性”的立法。

首先，WIPO对我国建立知识产权制度产生重要影响。1972年我国获悉WIPO准备邀请中国加入该组织。1973年年初，WIPO发来了具有重大历史意义的邀请函，1973年11月，我国以观察员的身份参加了在日内瓦召开的WIPO领导机构第四次系列会议。从WIPO的文件中可以得知，该次会议领导机构齐集，议题繁多，会议包含着一系列的分会，包括WIPO大会、巴黎联盟会议、伯尔尼联盟会议、马德里联盟会议、里斯本联盟会议等16个领导机构的会议。[1]根据任建新同志的回忆，我国代表团第一次参加WIPO会议并访问了瑞士、法国等欧洲国家的知识产权局，被时任WIPO总干事的鲍格胥喻为“哥伦布发现新大陆”。于是回国后，代表团将关于建立专利制度的建议提交到了国务院。[2]这是我国第一次参加WIPO会议。之后，会议对我国的影响较大，促使我国在知识产权方面的认识上有了质的变化，并开始着手知识产权立法的调研。但是由于受当时国内政治因素的影响，专利制度的建立进程受到阻碍。尽管如此，WIPO仍于1979年邀请中国出席“国际商标注册条约会议”，鲍格胥热切希望中国尽快建立工业产权制度并加入世界知识产权组织和《巴黎公约》。[3]在此可以看出，WIPO对我国建立知识产权制度起着极大的推动作用。

其次，在一体化的强力推动下建立知识产权制度。在我国，知识产权制度的创立与知识产权制度一体化密切相关，甚至许多制度的修改和创立是在一体化的强力推动之下完成的。回顾我国知识产权制度的发展历史，特别是改革开放以来的历史，知识产权制度的发展与我国参与知识产权制度一体化之间交错进行。在加入WIPO之前，我国的知识产权立法几乎一片空白。1980年3月申请加入了世

---

❶ WIPO. General report, November 27,1973. AB/IV/35.

❷ 任建新. 踏上知识产权新大陆——中国专利制度筹备建立 的历史记忆[C]//《知识产权与改革开放30年》编委会. 知识产权与改革开放30年. 北京：知识出版社，2008：4-6.

❸ 任建新. 踏上知识产权新大陆——中国专利制度筹备建立 的历史记忆[C]//《知识产权与改革开放30年》编委会. 知识产权与改革开放30年. 北京：知识出版社，2008：10.

界知识产权组织后，迈出了参与知识产权制度一体化的第一步，与此同时国内才开始了知识产权制度的创建历程。在加入WIPO后相当长的时间内，我国每出台一部知识产权法律，几乎均是为了随后加入国际条约做准备。例如，1982年8月，全国人大常委会通过了《商标法》，该法于1983年3月1日起施行。1985年3月我国正式加入了《巴黎公约》，在同年4月，《专利法》正式实施。在此之后，我国的知识产权立法极力向国际条约所确定的标准靠拢。在商标方面，改革国内商品分类方法，将商品分类向国际商品分类转换，并于1988年11月起正式采用国际统一商品和服务分类。在完成这些准备后，于1989年10月加入《商标国际注册马德里协定》。在文学艺术创造领域，1990年9月全国人大常委会通过了《著作权法》并于1991年6月实施，之后的1992年，我国加入了《伯尔尼公约》和《世界版权公约》。因而，在总体上，直至20世纪90年代初，我国在不断加入一系列重要的知识产权国际公约的过程中，也初步奠定了知识产权保护的制度体系。不难看出，这种先加入WIPO后创建自己的知识产权制度的模式，其实质是将我国知识产权制度的创立内容与一体化的标准相适应。此外，在20世纪90年代初之前，正是我国实施改革开放政策的头十年，在此阶段知识产权制度的建立主要以改革开放政策为主要指导思想。知识产权制度建立的主要目的，实际上并非为了鼓励和保护国内的创新，而是以是否有利于改革开放，吸引外国资金和技术，促进经济发展作为立法的基本要旨，因而适应国际条约的要求就是改革开放的重要表现。

最后，一体化决定了我国知识产权立法的内容和走向。例如我国在加入WTO之前，就根据生效的TRIPS协议对国内的知识产权制度进行了立、改、废工作，之后为了与TRIPS协议相适应仍不断修订知识产权制度。2000年、2001年分别修改了《专利法》《商标法》及《著作权法》。2001年制定了《集成电路布图设计保护条例》、修订重颁了《计算机软件保护条例》，2003年修订了《知识产权海关保护条例》。这些法律、法规的立法、修订目的是使我国知识产权保护水平达到TRIPS协议的要求。2008年，为了使我国的专利保护水平进一步符合国际标准，根据CBD和《修改〈与贸易有关的知识产权协定〉议定书》，对利用专利制度保护遗传资源、强制许可等方面做了规定，从而进行了《专利法》的第三次修改。此外，为适应加入WCT、WPPT的要求，制定了《信息网络传播保护条例》。到目前为止，我国共制定了4部专门的知识产权法律、18部专门的知识产权法规，还在《民法通则》《海关法》《外贸法》《刑法》《农药管理条例》《兽药管理条例》等法律、法规中规定了知识产权的内容。[1]至此，我国知识产权制度已经基本符合TRIPS协议等国际条约的要求，有些立法甚至超出了国际条约的保护标准。

（二）中国参与知识产权制度区域一体化的实践

除了在全球性知识产权制度一体化的框架之下加强和改善我国知识产权的立法、执法和司法外，我国逐步意识到应该在知识产权制度区域一体化中发挥重要作用。亚洲国家的知识产权制度一体化主要体现在东盟国家的《东盟国家知识产权框架协议》。1995年12月15日印度尼西亚、马来西亚、菲律宾、新加坡、泰国和越南在泰国曼谷签订了该协议。协议旨在推动东盟国家的知识产权合作，其显著的特点是提出探索建立东盟专利局和东盟商标局的可能性，并强调各国应致力国内知识产权制度的建设并促进产生与国际知识产权保护标准相协调的“东盟”标准。[2]2000年2月24日，东盟起草了《关于利用生物和遗传资源的框架协议》文本，拟就生物和遗传资源的利益分享机制作出规定。从东盟知识产权制度区域一体化的情况看，时隔十几年后的今天东盟专利局与商标局仍未建成，关于生物与遗传资源的统一保护也停留在草案阶段，因而对知识产权制度区域一体化的协调作用还只是具有宣示性和号召性，实质影响较弱。但是随着中国的加入东盟贸易区，东盟有望在知识产权制度的区域一体化方面获得实质性的进展。

2002年11月4日，我国与东盟十国共同签署了《中国—东盟全面经济合作框架协议》（以下简称《框架协议》），《框架协议》是自由贸易区的法律基础，共16个条款，确定了中国—东盟自贸区的基本架构。《框架协议》第3条第8项，确定了中国—东盟自贸区的谈判应包括知识产权内容，提出基于WTO及WIPO现行规则和其他相关规则，便利和促进对与贸易有关的知识产权进行有效和充分的保护属于谈判的内容。[3]2004年11月29日，签署了《中国—东盟全面经济合作框架协议货物贸易协议》，2005年7月20日，中国—东盟自贸区降税进程全面启动，标志着中国—东盟自贸区的建设进程全面拉开了帷幕。之后，我国与东盟10国签署了《中国—东盟自贸区服务贸易协议》。2009年8月15日，中国—东盟自贸区《投资协议》签署，其中将知识产权作为投资的类型，并强调

---

❶ 张建华. 改革开放以来中国知识产权立法：成就、特点和主要经验[C]//《知识产权与改革开放30年》编委会. 知识产权与改革开放30年. 北京：知识出版社，2008：222.

❷ ASEAN Framework Agreement on Intellectual Property Cooperation, (Bangkok,15 December 1995).

❸ 参见《中华人民共和国政府与东南亚国家联盟成员国政府全面经济合作框架协议》。

征收条款的规定不适用TRIPS协议中所规定的强制许可。[1]2009年10月25日，我国与东盟签署了《中国—东盟知识产权领域合作谅解备忘录》，双方除加强政策层面的沟通外，还将在知识产权领域的开展一些实质性的合作。到目前为止，我国与东盟之间的知识产权制度一体化问题只是涉及并未深入，尚未签署知识产权保护方面的专门协议。但既然中国与东盟之间已经形成了自由贸易区的事实，并形成了知识产权领域合作的谅解备忘录，有关知识产权制度一体化的实质性内容迟早会被提到议事日程，中国与东盟国家在知识产权领域的合作必将得到进一步推动，从而为东盟各国知识产权制度的完善与协调发展、营造良好的区域投资环境创造有利条件。

值得一提的是，尽管我国与东盟之间的知识产权制度一体化还未有实质性的进展，但是我国与东盟国家之间却已经签订了知识产权双边协议。例如，2006年，我国与新加坡在知识产权领域的合作正式纳入两国政府间合作框架，并与印尼、菲律宾、越南等国分别建立了知识产权双边合作协议。

（三）中国与其他国家的知识产权双边关系

我国与其他国家的知识产权双边关系主要分为两类：一是单纯的知识产权双边协议；二是以自由贸易协定（FTA）的形式体现双方知识产权制度的协调。

我国在知识产权双边合作方面，并非统一进行。也就是说，国家知识产权局一般就专利方面与外国进行磋商签订有关专利保护方面的协议或者谅解备忘录，国家工商总局则是就商标方面，而国家版权局则就版权方面分别与外国签订双边协议或者谅解备忘录。在国家知识产权局所推进的知识产权双边关系中，如中国与非洲地区工业产权组织签署了中非知识产权双边合作协议，就进一步深化知识产权合作进行了交流，并突出发展中国家的主题和优势。尤其是在传统知识、遗传资源保护方面拓展了合作和对话空间，对推动传统知识、遗传资源等国际知识产权保护规则等形成有望实现一些探索。又如，国家工商总局与欧盟、韩国、法国、越南等国知识产权部门分别签署了以商标为主要内容的合作谅解备忘录，标志着我国和这些国家在商标及相关领域正式建立了双边战略合作框架，商标领域的交流与合作进入定期化、规范化阶段。[2]在版权方面，例如2006年5月18日，《中华人民共和国国家版权局与大韩民国文化观光部交流合作协议》签署，《协议》的基本内容包括：双方交换保护著作权的相关技术及法规信息；通过会议协

---

[1] 参见《中华人民共和国政府与东南亚国家联盟成员国政府全面经济合作框架协议投资协议》。

[2] 中国商标战略年度发展报告(2009)[R]. 北京：国家工商行政管理总局，2010.

商两国的著作权法及政策，交流防止著作权侵害信息；在世界贸易组织及世界知识产权组织等国际机构举办的会议及工作项目中互相协助，谋求两国共同利益；就人才、培训、交流等，知识产权双边合作的交流可谓十分频繁，也签订了不少协议（或者谅解备忘录）。但是，目前这些知识产权的双边合作协议大多还是政府部门之间的合作协议，而不是以国家与国家之间名义签订的双边知识产权协议。因而这些合作只是浅层性、边缘性的合作，只是对知识产权制度一体化的初步探讨，走向实质性的知识产权制度一体化的目标还需要相当长一段时间。

在FTA方面，除前述中国—东盟外，我国目前签订FTA并加入自由贸易区的还有：中国—巴基斯坦、中国—智利、中国—新西兰、中国—新加坡、中国—秘鲁、中国—哥斯达黎加以及亚太贸易协定。在这些FTA中，除我国与新加坡的FTA以及亚太贸易协定外，其他都突出地体现双方知识产权制度协调。在包含有知识产权制度协调内容的FTA中，具有以下特点：第一，强调遵循国际条约特别是TRIPS协议的相关规定，确认双方在国际框架之下的知识产权制度协调。第二，突出优势领域的保护。优势领域的保护主要是加强遗传资源、传统知识、民间文艺以及地理标志的保护。在中国—哥斯达黎加、中国—秘鲁的FTA中，就原则地规定双方加强对传统知识等领域的保护，并且特别明确双方同意在专利申请中披露遗传资源的起源或者来源的规定；在地理标志中双方确定了按照各自国内法保护地理标志，例如按照中国国内法保护来自哥斯达黎加的10种地理标志。❶第三，统一边境措施。在我国签订的FTA中，几乎均涉及边境措施的特别要求。这些要求包括对假冒商标的货物或者盗版的货物进行界定、启动海关中止放行的具体程序和证据要求等。综合前述三个特点，可以看出，我国与外国之间的知识产权制度通过FTA的形式在某些方面达成一致，采取了相同的知识产权保护手段和措施，这种一致性是知识产权制度一体化的一种初始表现。

二、我国参与知识产权制度一体化存在的缺陷

在知识产权立法上，我国确实用30年的时间走完发达国家上百年走过的路。但是，综观我国的知识产权立法，基本上是以国际条约为标准的国内立法，知识产权制度一体化几乎决定了我国知识产权立法的基本内容和走向，我国知识产权制度的设计、保护规则等基本上是以达到国际条约的保护标准为主，而很少

❶ 10种地理标志包括：哥斯达黎加（香蕉）、哥斯达黎加（咖啡）、瓜纳卡斯特（木材）、奥罗西（咖啡）、德雷斯里奥斯（咖啡）、图里阿尔瓦（咖啡）、布伦卡（咖啡）、西部谷地（咖啡）、中央谷地（咖啡）、瓜纳卡斯特（咖啡）。

基于我国经济社会的发展需要主动制定，更少根据自身的特点进行本土化的改造。或者说，在一体化的背景下，我国的知识产权立法是“速成”的，而不是我国客观实际长期选择的结果。高标准的知识产权保护是当今知识产权制度一体化的最大特点，也是今后一个时期一体化的发展趋势。面对这一趋势，我国在全球层面、区域层面乃至双边关系上均作了努力，但总体上，应对知识产权制度一体化存在着明显的不足。

（一）对知识产权制度一体化的认识不足

在我国，纯粹反对知识产权制度一体化的观点还不太明显，倒是反对法律全球化的观点颇为激烈，持这些观点的学者有沈宗灵等。至于如何应对知识产权制度一体化，我国学界的基本态度是：顺应并积极应对。顺应知识产权制度一体化的观点表现为强调知识产权制度一体化的客观性。这种观点的依据来自经济全球化的客观现实，因而主张在现有框架之下顺应知识产权制度一体化，并在现有框架之下争取有利结果。持这样观点的代表性学者有郑成思、吴汉东等。郑成思先生认为，在经济全球化中，已经“入世”的中国不应也不能以“退出”TRIPS 协议的方式自我淘汰，而应当在 WTO 框架内“趋利避害”，争取 WTO 向更有利于我国的方向变化，并在这种变化发生之前争取在现有框架中更有利于我国的结果。[1]吴汉东教授认为，“在知识产权法一体化、国际化的潮流中，中国作为世界贸易组织成员，理所当然应遵守《知识产权协定》所规定的国际义务。但是中国是一个发展中国家，应当考虑本国的经济、科技与文化的发展水平，现阶段立法不必过于攀高，而应最大限度地实现法律的本土化与国际化之间的协调。”[2]这样一来，结论是，“在知识产权方面运用国际化、现代化的眼光与立足中国的现实不应该是矛盾的。”[3]可以看出，这些学者所主张的“顺应”观点并非盲从的观点，顺应知识产权制度一体化是有条件的，顺应应该依据我国的客观情况而定，本质上说是要在一体化中实现本土化。因此，相对而言还是比较客观合理的。

但是，这些认识也还存在着缺陷，表现为对知识产权制度一体化的客观性认识有余，而对知识产权制度一体化主观性认识不足。知识产权制度一体化固然是

---

[1] 郑成思. 经济全球化国际竞争中的知识产权战略与策略[J]. 中国党政干部论坛，2006，(6)：37.

[2] 吴汉东. 中国知识产权的国际战略选择与国内战略安排[J]. 今日中国论坛，2006，(2-3)：50.

[3] 张文显，邓正来，朱景文，等.“全球化时代的中国法学学术研讨会”发言摘要[J]. 法制与社会发展，2004(2)：149.

一个客观存在的现实，但并不等于在知识产权制度一体化面前各国毫无能力。知识产权制度一体化是各国知识产权制度相互统一和融合的结果，只不过目前统一和融合的内容以迎合发达国家的利益为基础。但说到底，也是知识产权制度之间的关系。因而知识产权制度一体化就不可能排除法律制度所具有的主观特性。各国知识产权制度走向一体化是客观的、必然的趋势。但是，知识产权制度一体化的内容实际上是一种法律规则，具有主观性。其主观性具体表现为知识产权制度一体化由发达国家所主导，一体化的内容与走向掌握在发达国家手中，而非掌握在发展中国家手中。因而，在此层面上，知识产权制度一体化犹如邓正来教授所言的是“作为一种主观且可变进程的全球化”。❶既然知识产权制度一体化是一种“主观且可变”的一体化，那么，增强对这一变化的影响力，明显比“顺应”更为有效。

正是由于认识上的不足，使我们长期以来只能从事两个方面的工作：一是根据现有的国际体系创建自己的知识产权制度；二是根据发达国家的要求或者国际条约的规定修改知识产权制度以适应一体化的需要。也即我国长期以来只是在知识产权制度一体化的背景之下对国内的知识产权制度进行法律的技术处理，基本上没有从影响和创造知识产权制度一体化的内容与方向方面作努力。

（二）对知识产权保护的客观需要模糊不清

中国究竟需要怎样的知识产权保护水平？这个问题恐怕至今还未能有清晰并且统一的答案。对知识产权保护的需要底数不清，在全球知识产权规则制定中不可能明确自己所需，也就不可能以小的代价换取知识产权保护的妥协，更难以在知识产权制度一体化中争取有利的地位。

1. 官方观点

《国家知识产权战略纲要》序言中，我们大略可以推测官方对现今知识产权保护水平的判断。《国家知识产权战略纲要》序言第（3）项用肯定成绩与认识不足的方法总结了我国知识产权制度实施的基本情况。❷

经过多年发展，我国知识产权法律法规体系逐步健全，执法水平不断提高；知识产权拥有量快速增长，效益日益显现；市场主体运用知识产权能力逐步提高；知识产权领域的国际交往日益增多，国际影响力逐渐增强。知识产权制度的建立和实施，规范了市场秩序，激励了发明创造和文化创作，促进了对外开放和

❶ 邓正来. 谁之全球化？何种哲学？——开放性全球化观与中国法律学建构论纲[M]. 北京：商务印书馆，2009：145.

❷ 参见国务院2008年6月5日发布的《国家知识产权战略纲要》。

知识资源的引进，对经济社会发展发挥了重要作用。但是，从总体上看，我国知识产权制度仍不完善，自主知识产权水平和拥有量尚不能满足经济社会发展需要，社会公众知识产权意识仍较薄弱，市场主体运用知识产权能力不强，侵犯知识产权现象还比较突出，知识产权滥用行为时有发生，知识产权服务支撑体系和人才队伍建设滞后，知识产权制度对经济社会发展的促进作用尚未得到充分发挥。

据此，我国目前的知识产权制度产生了一系列积极效果是：体系逐步健全、知识产权拥有量快速增长、运用知识产权能力逐步提高、激励了发明创造和文化创作、促进了对外开放和知识引进。因此，从知识产权制度所产生的一系列效果看，似乎我国知识产权的保护水平恰与我国的经济社会发展水平相当。但是，“知识产权制度对经济社会发展的促进作用尚未得到充分发挥”的结论却似乎说明我国知识产权制度还存在着许多问题。那么问题的原因是在制度设置方面，还是制度运用方面，不得而知。根据一般的原理，知识产权保护水平如果与我国经济社会发展相适应，那么，“知识产权制度的作用”本应该得到较为充分的发挥，侵犯知识产权、知识产权滥用的现象也或许不会成为突出问题。因此，从国家知识产权战略纲要中可知，实际上我们无法确定我国目前的知识产权保护标准的高低问题，甚至可以认为战略纲要在评估取得成绩与采取措施方面是存在矛盾的：一方面充分肯定了成绩，另一方面又充分地否定了成绩。尽管官方不断地发表知识产权保护状况的白皮书（从国家到地级市均有发表白皮书的习惯），但是，我们很难从中得出当今知识产权保护制度是否恰到好处或者是否不适应中国现实的结论。我们甚至可以从这些官方文件中概括永远正确的判断：中国的知识产权保护状况不错，但还需要努力。

事实上，在历时3年的国家知识产权战略制定工作过程中，共有30多个部门、数百位专家参与。国家知识产权战略的制定分为1个《纲要》和20个专题。20个专题分别从知识产权战略的宏观问题、知识产权主要类别、知识产权法制建设、知识产权重要管理环节、知识产权重点行业五个方面围绕知识产权的创造、管理、保护、运用展开研究，因而可谓较为全面。根据参加国家知识产权战略制定的专家介绍，按照国家知识产权战略制定领导小组的要求，每个课题的研究报告约为25 000字。[1]因此，《国家知识产权战略纲要》作为总论部分那区区7600余字的篇幅难以面面俱到是可以理解的。遗憾的是，在《国家知识产权战

[1] 陈甦. 中国知识产权保护体系改革研究（序言）[C]//中国社会科学院知识产权中心. 中国知识产权保护体系改革研究. 北京：知识产权出版社，2008：111.

略纲要》中我们难以获悉中国知识产权保护状况的症结所在。

2. 学者观点

那么，学者们如何看待我国知识产权的保护水平，其中不乏争议。一种是批评的观点，例如有学者认为，司法以及学术研究领域存在着一种普遍倾向，就是想方设法地提高中国知识产权保护的标准，以适应西方发达国家为主导的国际社会对中国知识产权保护的要求。这种心理的作用，造成了目前中国立法与司法，理论与实践相脱节的趋势，致使法律条款运作起来收效甚微。[1]显然，这种观点认为中国的知识产权保护水平太高，脱离了中国的实际。另一种是支持的观点，例如，郑成思先生认为，在国内，许多人主张弱化我国因WTO的压力而实行的“已经超高”的知识产权保护，这些表面上看顾及了中国利益，实质上是误国误民。从局部看，“超高”保护对我们是不公平的。从全局看，则对我们未必是坏事。在经济全球化时代，我们如果在今天坚持按照我们认为合理的水平保护知识产权，其惟一的结果可能是我们在竞争中“自我淘汰”出局。[2]因此，前述两种观点实际上均承认中国实施了超高的知识产权保护水平，只不过一种观点认为“超高”不好，另一种观点认为“超高”未必坏事。这两种观点实际上一直以来都存在着争议，但是从现实的角度，我们更关心的是哪种观点更适合中国的实际，而不是哪种观点更符合法理。

3. 观点分析

无论是官方观点还是学者观点，对我国需要怎样的知识产权保护水平底数不清的事实是存在的。甚至有人认为，知识产权保护的弱强问题是一个伪命题。[3]我们认为，讨论知识产权保护的强弱问题绝不是一个伪问题，如果无法评估现今我国知识产权保护的强弱问题，那么凭什么制定知识产权制度？凭什么制定国家知识产权战略？知识产权保护的弱强问题是一个相对的、不断发生变化的问题，是一个难以认识和解决的问题，但这个问题是存在的，而且是需要我们去回答的。当然为什么这个问题讨论了20年还没有正解，原因可能有以下几个方面：一是知识产权保护已经不是纯粹的知识产权保护，它与经济贸易、与国际关系的

---

[1] 曲三强. 被动立法的百年轮迴——谈中国知识产权保护的发展历程[J]. 中外法学，1999(2)：121-122.

[2] 郑成思. 知识产权：弱保护还是强保护？[J]. 人民论坛，2006(06/A)：10.

[3] 国家知识产权局的官员张志成在谈关于知识产权保护的强弱问题时认为，“这是一个伪问题，从学术来讲，知识产权保护20年有没有正解，我相信各位也找不出正解”。参见张志成. 对知识产权战略的法学思考——在华中科技大学法学院的演讲[EB/OL].(2010-07-25) http://article. chinalawinfo. com/ArticleHtml/Article_45321. asp.

演变密切相关，在纯粹的法律框架下讨论知识产权保护水平，难以得出正确的结论；二是知识产权保护水平的确定在知识产权制度一体化中不是一个国家特别是像我国一样的发展中国家可以任意决定的行为，它受到多方的制约，谁都想制定一个本国理想的制度体系，但是否能够成形还存在其他许多制约因素，目前对这些因素的综合分析还不够，既缺乏理论分析也缺乏实证研究；三是被动适应一体化需要的惯性还没有扭转过来。我国在知识产权制度的制定方面长期以来在外来的压力下完成，忙于与世界接轨，缺乏对国内的具体情况作深入的分析。

（三）对全球知识产权保护规则的创立缺乏影响力

长期以来，国内对知识产权制度一体化的影响还只是局限在国际交流交往、出席知识产权国际会议、加入知识产权国际条约，而对全球性的知识产权保护规则的创立缺乏应有的影响力。在这方面，我们甚至远远不如巴西、印度等发展中国家。例如在乌拉圭回合的谈判中，中国过分地关注能否加入GATT，实际上忽略了对TRIPS协议谈判过程的关注。这或许是由于我国的知识产权问题大多已经在中美知识产权谈判中已经得到解决的缘故，适应了美国的需求，也就等于认同了TRIPS协议的基本核心内容。但即使在TRIPS协议实施后，中国在知识产权全球规则制定方面的声音仍然较弱。在历届的大会中，很少有来自中国的提案，在WIPO、WTO的文件中也很少提到来自中国的观点，至多来自中国的一些经验。如2002年1月，向WIPO数据库保护的经济影响工作小组提交了《中国数字库保护对经济影响的研究》，[1]又如中国代表团于2010年2月19日向WIPO知识产权与遗传资源、传统知识和民间文学艺术政府间委员会提交了一份《中国在知识产权和遗传资源领域的相关政策、措施和经验》的文件资料，这份文件资料拟在知识产权与遗传资源、传统知识和民间文学艺术政府间委员会第十六届会议上散发。[2]因而，我国在知识产权制度一体化方面影响力的局限是显而易见的。除此之外，从《国家知识产权战略纲要》中，我们还可以发现，加强对知识产权制度一体化的影响力尚未得到充分的重视。例如在《国家知识产权战略纲要》最后一项内容中只提到："积极参与国际知识产权秩序的构建，有效参与国际组织有关议程"，[3]总体上还缺乏对知识产权制度一体化的认识，在具体对策上不如国内制

---

[1] WIPO. A Study of the Economic Impact of the Protection of Databases in China, Jan. 1, 2002.

[2] 世界知识产权组织. 中国在知识产权和遗传资源领域的相关政策、措施和经验，2010-02-19. WIPO/GRTKF/IC/16/INF/.

[3] 参见国务院2008年6月5日发布的《国家知识产权战略纲要》。

度建设那样提出较为完备的措施。然而，实施国家知识产权战略不仅要依据国内的客观实际，也要时刻关注国际上知识产权制度的发展，不仅要关注自己的战略，也要关注其他国家的战略。这是国家知识产权战略在应对知识产权制度一体化中的不足之处。

缺乏对知识产权制度一体化的影响力（或者对其影响的策略）必然产生不利的后果：一是被动接受国际知识产权保护的制度安排。缺乏对全球知识产权保护规则制定的影响力，只能接受别国尤其是发达国家的制度设置，被人牵着鼻子走。二是优势领域受到发达国家的限制。南北之间各自的知识产权相对优势不同，发达国家在弱势领域与发展中国家的优势领域形成了鲜明的对比，保护的标准也决然不同。由于缺乏国际规则的创制能力，发达国家在遗传资源等方面的“剽窃”行为未能得到有效遏制。三是可能被其他发展中国家边缘化。在其他发展中国家积极影响知识产权制度一体化的同时，如果我国不发挥出应有的作用，将逐步被发达国家与其他发展中国家边缘化，我国在知识产权制度一体化中的权利有可能得不到重视和支持，势必造成实施国家知识产权战略所需外部环境的恶化。

第二节　我国应对知识产权制度一体化的法律理念

知识产权制度一体化是各国知识产权制度的趋同化和统一化，在后TRIPS时代，知识产权制度一体化突出地表现为知识产权保护的基本原则与标准在全球范围内的普遍适用。因此，不管知识产权制度一体化采取何种方式进行，要达到可持续发展，形成和谐的知识产权制度一体化，就必须在知识产权制度一体化中坚持正确的法律理念。中国在应对知识产权制度一体化中必须坚持两个理念：一是正义理念，二是人权理念。正义理念是保证知识产权制度一体化推进的正当性基础，而人权理念的贯彻则是作为发展中国家的中国参与知识产权制度一体化的利益前提。

一、正义的理念

知识产权制度一体化要可持续发展，就必须坚持一体化的实体正义——公平合理的知识产权保护基本原则与标准，而要达到一体化的实体正义，则必须坚持一体化的程序正义——保障各国平等地参与制定知识产权保护的基本原则与标准。坚持实体正义与程序正义相结合既是中国应对知识产权制度一体化的宏观思路，也是中国应对知识产权制度一体化的基本依据。由于知识产权制度一体化所体现的正义首要的是国家间法的正义，因而以下从国际法的视角对知识产权制度一体化的正义做进一步的讨论。

（一）一体化的价值理念：国家间法的正义

正义从来就不是一个确定的概念。柏拉图认为，每个人必须在国家里执行一种适合他的天性的职务，正义就是有自己的东西、干自己的事情。这种正义观实质上是要求城邦国家中的各个阶级都按照自己的“天性”各守本分，使社会有机体的各部分之间保持一种和谐的关系。[1]亚里士多德提出了分配正义，他认为社会在分配财富与负担时，按照不同阶级、阶层的标准，分别作出平等的分配就是正义。[2]罗尔斯认为，正义即公平，正义是社会体制的第一美德，就像真实是思想体系的第一美德一样。[3]罗尔斯还提出了关于正义的两条原则：第一条是所谓平等的自由原则，即每个人应该在社会中享有平等的自由权利；第二条原则包括差别原则与机会平等原则。前者要求在进行分配的时候，如果不得不产生某种不平等的话，这种不平等应该有利于境遇最差的人们的最大利益，就是说，利益分配应该向处于不利地位的人们倾斜；后者要求将机会平等的原则应用于社会经济的不平等，使具有同等能力、技术与动机的人们享有平等的获得职位的机会。[4]尽管哲学家们对正义的内涵各有不同的看法，但是，正如学者所言，今天一个普遍的观点是：任何一个可接受的正义理论都必须从这一前提出发——所有的人都有平等的自由权和受尊重的权利。[5]

诚然，这些关于正义的论述主要是针对国内法而言。罗尔斯在其著名的《正义论》一书中本来也不考虑国际法和国际关系的正义问题，但还是在该书的第58节中涉及国际法的正义问题。在该节中，罗尔斯以兵役制为例，认为“除了国家安全的需要之外，任何其他的需要都缺乏说服力，都不能证明征兵为正当”、“只有当自由的安全使征兵成为必需时，征兵制才可以被使用。从立法的立场来看（就这个问题而言，它是一个合适的阶段），只有在这个基础上，我们才能为征兵机构辩护”。他进而认为，“战争所追求的目标也许是经济利益和国家权

---

❶ 徐爱国. 西方法律思想史[M]. 北京：北京大学出版社，2002：23.

❷ 郭道晖. 当代中国立法[M]. 北京：中国民主法制出版社，1998：99.

❸ [美]约翰·罗尔斯. 正义论[M]. 何怀宏，何包钢，廖申白，译. 北京：中国社会科学出版社，1988：2–3.

❹ [美]约翰·罗尔斯. 正义论[M]. 何怀宏，何包钢，廖申白，译. 北京：中国社会科学出版社，1988：2–3.

❺ [德]福尔克尔·施密特. 分配正义的程序之维[J]. 陈林林，译. 公法研究，2004（00）：404.

力。国家不能为了这些目的来干涉公民的基本自由。而且，为了这些目的而攻击其他社会的自由当然也是不正义的，并且是违背国际法的。因此，在此并不存在发动战争的一种正义理由，一个公民拒绝履行他的法律义务显然是正当的。国际法和他的社会的正义原则在这方面都支持他。”[1]显然，罗尔斯在此表达了国际法正义的两个方面内容：其一，国际法不能要求或导致国家干涉公民的基本自由；其二，国际法也不允许国家为了经济利益和国家权力而攻击其他社会的自由。国际法正义的这两个方面内容相辅相成，缺一不可。前者反映的是国内社会的正义，所确立的是国家与本国公民之间法律制度应有的正义内涵，是国际法正义在国内社会的终极反映。后者反映的是国家间法的正义，所确立的是国家之间法律制度应有的正义内涵，是国际法正义在国际社会中的反映。

由于知识产权制度一体化逐渐演变为以国际知识产权条约为主要核心的一体化，因而知识产权制度一体化所应体现的正义主要是国家间法的正义，也就是，国际法中的正义理念应成为知识产权制度一体化进程中的应有之义。根据罗尔斯的正义观点，知识产权制度一体化的正义至少应包含以下两方面的内容：

第一，知识产权制度一体化不得干涉公民的基本自由和基本权利。它要求知识产权制度一体化应坚持每个人在社会中享有平等的自由权利的基本原则。在一体化中，建立趋同、统一的知识产权制度，提高知识产权保护标准，涉及对知识产权权利人的保护与公共利益的维护之间的矛盾，而在此矛盾之中实现完全平等是不可能的。因为知识产权实质上是保护知识产权权利人的垄断权利，强化了垄断必然阻碍一般公众获得知识的自由权利，换言之，保护知识产权权利人的利益必然损害了社会公众的基本自由。如何处理这一矛盾，使制度一体化符合正义的要求，罗尔斯所提出的原则是，如果不得不产生某种不平等的话，这种不平等应该有利于境遇最差的人们的最大利益。显然，从正义的角度，知识产权制度一体化应该有利于社会一般公众自由权利的实现，否则为不正义。这就要求世界各国在参与知识产权制度一体化的过程中，必须考虑国内社会的正义，有利于社会公众自由权利的保障，而非一味追求知识产权制度的统一性，为一体化而一体化。

第二，知识产权制度一体化不得损害其他国家的基本自由。如前所述，知识产权制度一体化在当代突出地表现为国际知识产权条约的签订和实施。根据罗尔斯在国际法正义方面的观点，国际知识产权条约的签订和实施不能损害其他国家

---

[1] [美] 约翰·罗尔斯. 正义论[M]. 何怀宏，何包钢，廖申白，译. 北京：中国社会科学出版社，1988：368.

的自由。特别地，不能因为国家的经济利益或权利而推进知识产权制度一体化。因此，在以条约方式为知识产权制度一体化主要方式的当今，符合正义的制度一体化应该是充分地顾及条约的缔结和实施仍然能够保障所有国家的自由不受到任何的减损。以维护国家经济利益或增强国家权利为目的而推行的知识产权制度一体化，只要使其他国家的自由受到攻击，则为非正义。或者可以说，知识产权制度一体化中的任何损人利己的做法均为不正义的。

从上可知，在国际法上，罗尔斯的正义理论涉及纵横两个方面的正义原则，纵的方面是国内社会的正义标准，横的方面是国际社会的正义标准。因此，它为知识产权制度一体化提供了正当性的判定依据，解决了知识产权制度一体化的是非问题。尽管如此，对具体的法律发展现象，是非标准的判定并不等于具体制度的构建和实施。就知识产权制度一体化而言，如何保证其不偏离正义的方向，如何保证正义的理念得到确实的体现，还需要更深一层的研究。

（二）国家间的利益平衡：实体正义的集中体现

在知识产权制度一体化成为一种客观现实，并且将沿着这一方向前进的预判之下，建立一套公平合理的知识产权制度全球规则和全球标准是知识产权制度一体化实体正义的基本内容。建构公平合理且具有全球普适性的知识产权制度的关键在于解决好各国知识产权制度之间的平衡。

发达国家偏向对私人利益的保护，因而在知识产权制度立法方面以强化权利人的权利为制度特色，而发展中国家偏向公共利益的维护，因而在知识产权制度的立法上以削弱权利人的权利为制度特点。于是，在知识产权制度设计上，发达国家主张对知识产权进行高标准的保护而维护其竞争优势，而发展中国家则主张对知识产权进行相对较低标准的保护而保护其幼稚工业的发展。知识产权制度的一体化在很大程度上是这两种不同特色的知识产权制度之间的融合，对这两种制度之间的关系，学者称为“国际层面上平衡的关系，其中特别重要的是南北国家知识产权的利益的平衡关系。”[1]如何体现公平合理，也在于这两种制度之间平衡点的确定和维持，这就是利益平衡原则在国家间的反映。

如何确立国际层面的利益平衡机制，有学者认为，存在几组利益关系为法律所选择和确认：一是基于知识产品的合理流动而产生的知识产权人与知识共享者之间的关系；二是知识产权作为人权，和其他基本人权之间的关系；三是作为智

[1] 冯晓青. 知识产权法利益平衡原理[M]. 长沙：湖南人民出版社，2004：39.

力成果在法律上的财产确认，知识产权与后续创新者的创新权之间的关系。[1]在前述的三种关系中，实际上也是国内知识产权立法所应确定的平衡点。然而，为确保知识产权制度一体化在实体上达到公平合理，首要的问题还在于国家间利益关系的平衡，而不在于确立具体的权利内容，尽管它们之间密切相关。换言之，知识产权制度一体化的实体正义首先应平衡好发达国家与发展中国家之间的利益关系，然后才是确定知识产权制度所应规定的具体权利、义务内容。因此，在平衡点的确定方面，首先是寻找发达国家与发展中国家之间利益的平衡点。

在平衡点的寻求方面，有学者认为，在国际知识产权制度中，本国利益与国际社会共同发展的整体利益的和谐统一是利益平衡的最佳点。而要达到这一最佳点就要抱着节制和发展的态度对待一国利益和国际社会的共同利益。[2]如此看来，节制和发展的态度是平衡点能否实现的主观原因。但是，“节制和发展的态度”毕竟是一种主观愿望，事实上难以把握和衡量。当然，也有学者从具体制度上研究平衡点的设置。如学者认为，为了实现这种平衡，关键之点仍然是在满足知识产权国际保护最低保护水准的基础上确定适当的知识产权保护水平。超越与发展中国家相适应的知识产权的过高的保护水平会使知识产权的交易成本上升，造成发展中国家民族利益的损失，并不利于本国企业和外国企业之间的竞争。[3]这一平衡点的设置可以说已经比较具有操作性，但是“知识产权国际保护最低保护水准”中“最低标准”如何确定仍然是个难题。例如，目前知识产权国际条约中已经设置了一系列知识产权保护的最低标准，但这些最低标准对于许多发展中国家而言仍然是高标准的保护。

毫无疑问的是，在知识产权制度一体化中，国家间的利益平衡特别是发达国家与发展中国家之间利益平衡是一体化是否遵循正义的关键所在。国际社会对知识产权的保护也有了最基本的共识，即知识产权的保护应该与该国的经济、科技文化发展水平相适应。从TRIPS协议规定发展中国家的特殊和差别待遇可以证明国际社会的这种认识。由于各国的具体情况千差万别，知识产权制度一体化要满足所有国家的利益需求是不可能的，或者可以说，不平等的事实是难以避免的。

---

[1] 罗晓霞，葛海. 知识产权国际利益平衡机制之法理分析[J]. 湖南农业大学学报(社会科学版)，2005(5)：120.

[2] 罗晓霞，葛海. 知识产权国际利益平衡机制之法理分析[J]. 湖南农业大学学报(社会科学版)，2005(5)：123.

[3] 冯晓青. 南北知识产权保护:利益失衡及其利益平衡之重构[J]. 吉首大学学报(社会科学版)，2005(3)：123.

根据罗尔斯的观点，这种不平等应该有利于境遇最差的人们的最大利益。按照这一思路，知识产权制度一体化平衡点的确定，应该有利于发展中国家（最不发达国家）的最大利益，而非满足发达国家的最大利益。因此，在发达国家与发展中国家两种差异性较大的知识产权制度之间，知识产权的国际立法应该符合发展中国家的经济社会发展水平，并以此作为一体化的平衡点。

（三）主权平等原则：程序正义的集中体现

程序正义观念是以发生、发源于英国法并为美国法所继承的“正当程序”思想为背景而形成和展开的。[1]程序正义包含两个内容，即立法上的程序正义和司法上的程序正义。一般所言的程序正义指的是司法上的程序正义，特别是诉讼领域中的程序正义。但是对知识产权制度一体化而言，所指的不仅是立法上的程序正义，还是司法上的程序正义。有的学者认为，“主权平等”既是国际法的正义要求，又是正义的国际法的核心。它不仅体现了国际法的立法正义，而且表现为国际法的司法正义。[2]

1. 立法上的程序正义

在知识产权制度一体化的进程中，建立具有全球普适性的知识产权保护基本原则和保护标准是其首要的内容，因而其程序正义首先是国际法上的正义，并且是立法上的程序正义。立法上的程序正义的实现在于主权平等原则是否得到遵循，没有坚持主权平等原则，立法的程序正义也就无从谈起。

主权平等原则是国际法的基本原则，因而也是知识产权国际立法所应遵循的基本正义。根据1970年联合国代表大会通过的《关于各国联合国宪章建立友好关系及合作之国际法原则之宣言》，国家主权平等原则指的是各国一律享有主权平等。各国不问经济、社会、政治或其他性质有何不同，均有平等权利与责任，并为国际社会之平等会员国。主权平等原则在立法上所产生的法律效果有三个方面：一是平等的参与权。主权平等要求各国具有平等地参与国际事务的权利，均有参与制定国际法的权利，因而平等的参与权是国际立法的前提，是各国参与知识产权国际立法的基本保障。二是意志自由。各国自由表达本国意志是主权平等的重要内容，它要求在知识产权国际立法当中，应该广泛听取每一个国家的意见，让各国自由地表达在全球知识产权保护方面的意见和建议，知识产权的国际条约应是主权国家在平等基础上进行协商，协商一致是知识产权国际条约缔结的

---

❶ 樊崇义. 诉讼原理[M]. 北京：法律出版社，2003：224.

❷ 古祖雪. 论国际法的理念[J]. 法学评论，2005(1)：46.

程序基础，条约的形成是协商所达成的共同意志的结晶。三是平等的表决权。平等的表决权体现在国际组织和国际会议的议事规则方面则为实行“一国一票”规则，即每一个参加国应该享有同等的代表权和投票权。平等的表决权是各国参与制定国际知识产权立法的关键，没有平等的表决权，平等参与权以及意志自由可能成为纯粹的“程序”，而不能实现“正义”，因而可能成为一种毫无意义的形式和摆设。因此，主权平等原则所产生的三种法律效果之间相互依存，缺一不可，它们构成了主权平等原则的具体内涵，是国际社会民主化的具体体现，为知识产权制度一体化提供了程序正义的基本保障。知识产权制度一体化的程序正义属于立法程序的正义，其基本要义在于如何保障各国平等地参与制定知识产权保护的基本原则与标准。平等是其程序正义的核心内容，而主权平等原则就是这一核心内容最为坚实的基石，因而在此，主权平等原则更多地彰显了立法上程序正义的要求。

立法上的程序正义既包含立法程序的公正性，也包含立法行为的公正性。前者为正当程序的要求，后者为立法正当性要求。两者是有区别的，前者是形式上的程序，后者是实质性的程序。因而与此相适应，知识产权制度一体化在程序正义方面也包含两项内容，即一体化的正当程序以及一体化的正当性。所以，在讨论知识产权制度一体化的程序正义之时，还涉及知识产权国际立法的公正性问题，在立法中，这属于“实质性正当程序理论”的讨论范围。因而，程序正义在知识产权制度一体化中，除了要求立法程序的正当性之外，它还直指立法的公正性问题，也即立法本身的正当性或称实质性正当程序。学者认为，实质性正当程序要求法律必须符合公平和正义，政府的行为应当受到必要的限制，在剥夺个人的生命、财产、自由时，如果政府制定的法律、实施的行政行为不符合公平、正义的标准，法院将宣告这个法律或行为无效。[1]依据罗尔斯国际法正义的观点，国际立法也不得损害其他国家的基本自由。可以看出，前述对于实质性正当程序的解释与罗尔斯关于国际社会的正义观点颇为相似，而这种解释也符合知识产权制度一体化的基本要求。因此，假设知识产权制度一体化从未进行，或者即将进行，那至少需要解决的问题是：在何种程度或者何种范围内进行一体化才符合正义，这些问题完全属于“实质性的程序问题”。基于此，对现今知识产权制度一体化的现状，实质性正当程序也要求对不符合正义的情况予以矫正。

2. 司法上的程序正义

主权平等原则也体现司法上的程序正义。英国学者丹尼斯·罗伊德认为，正

[1] 管宇. 程序正义现代进路[J]. 政法论坛，2008(5)：140.

义的观念之所以会和“平等地对待”发生关联，大部分得力于正义与法律程序相互依存的缘故。法律被认为应该不分轩轻地援用到一切情况，一切事物，不论富贵、无分贵贱。法律能够这样毫无差别地适用，才可以称作正义的实践。[1]这可谓是对司法程序正义的精辟解读。在国际法中，司法上的程序正义表现为各国受国际法的平等保护，各国在国际社会中平等地享有国际法的权利、承担国际法的义务。因而，从国家主权原则出发，司法上的程序正义要求包括国际法院和国际刑事法院在内的国际组织，必须对其成员平等地适用国际法，做到国际法面前各国平等，其工作人员和官员应代表国际组织行事，具有公正无私的品格，如果适用的国际法空缺或有失公允，应依正义原则进行裁决。[2]简言之，主权原则要求每一个国家在法律面前一律平等，既享受国际法的同等保护，又接受国际法的同等约束。

因此，主权平等原则在知识产权制度一体化中，产生了两个法律效果：一是各国平等地享受知识产权国际条约规定的权利、承担知识产权国际条约所规定的义务。它要求不管是发达国家还是发展中国家，都享有知识产权国际条约中的权利，一国不能因为具有某种实际优势而削弱或减损另一国本应享有的权利。要求各国应遵守条约的规定，按照条约的要求切实履行条约规定的义务，兑现承诺，同时也不能要求任一缔约方履行超出条约规定的义务。二是平等地对待违反知识产权国际条约的行为。在违反国际法行为出现时，不论国家大小、经济实力的强弱都应平等地对待，公正地处理。出现争端时，特别不能因为一国的政治经济优势而欺诈或威迫另一国就范。

二、人权的理念

人权理念在知识产权领域中的运用不如正义理念那样获得广泛认同。时下学界讨论的知识产权与人权的关联或者知识产权中的人权属性，就其结果而言有利也有弊。而从作为第三代人权的发展权的角度，人权的这一特定语境在解决发展中国家的发展与知识产权制度一体化所产生的矛盾冲突中具有指导作用。

（一）知识产权作为人权的法律结果

知识产权是一种私权。承认知识产权为私权，意味着知识产权与其他有形财

❶ [英]丹尼斯·罗伊德. 法律的理念[M]. 张茂柏，译. 北京：新星出版社，2005：94.

❷ 古祖雪. 论国际法的理念[J]. 法学评论，2005(1)：47.

产所有权一样都处于同样的私权地位，从而在理念和制度上可以为知识产权提供可靠的法律保障。[1] TRIPS协议强调知识产权作为私权显然为其作为私权权利的扩张提供了法律依据。与此同时，知识产权的人权属性也逐步得到承认和证实。联合国1948年通过的《世界人权宣言》第27条、1966年通过《联合国经济、社会和文化权利公约》第15条将知识产权视为一种人权。人权角度的知识产权包含着两个方面的内容：首先是创造者对自己的智力创造成果所享有的权利，其次是社会公众分享智力创造活动所带来利益的权利。[2]知识产权作为人权的解读，实际上包含着权利人的私益与公共利益之间的平衡理念。知识产权作为人权的意义，在于既保护权利人的利益，也兼顾了社会的公众利益。

具有利益平衡内涵的人权理念显然为知识产权的两个热点领域提供了充分的理论支持。一是传统知识的保护。知识产权既然是人权的组成部分，那么，“在一国范围内，任何人都可以凭借创造性劳动而取得权利，一切知识产权主体平等地受到保护……传统文化与现代科技文化是人类社会过去与现在的智慧结晶，国际社会如不给予一体保护，知识产权的普遍人权意义将会黯然失色”。[3]在此，人权理念为传统知识的保护提供了基本的理论依据，这是发展中国家特别是具有传统知识优势的国家所期盼的解释。二是妥善处理知识产权与健康权的关系。基于利益平衡的人权角度，在保护知识产权的同时，也应保障社会公众分享智力创造活动所带来利益的权利，这就意味着不得因保护知识产权而危害人们的其他权利，必须解决因知识产权保护而产生的公共健康问题。据此，知识产权制度在公共健康领域的发展也同样获得了一定的理论支持。

但是，利益平衡内涵的人权理念具有局限性。具有利益平衡内涵的人权理念虽然有利于发展中国家的知识产权如传统知识、遗传基因等的保护，但同时人权属性的内涵也为发达国家加强知识产权保护提供了足够的扩张基础，对专利等进行限制或者采取强制许可就可能成为违反人权的借口。并且，相对于传统知识的保护，发展中国家或许更看重现代技术的应用而迎合发达国家的“人权解释标准”。此外，西方国家人权的多重标准决定了在知识产权制度一体化中维护人权的复杂性以及是否侵犯人权评判标准的灵活性。现实中，比起发展中国家对发达

---

[1] 孔祥俊. WTO知识产权协定及其国内适用[M]. 北京：法律出版社，2002：72.

[2] 吴汉东. 知识产权的私权与人权属性——以《知识产权协议》与《世界人权公约》为对象[J]. 法学研究，2003(3)：70.

[3] 吴汉东. 知识产权的私权与人权属性——以《知识产权协议》与《世界人权公约》为对象[J]. 法学研究，2003(3)：72-73.

国家的批评，发达国家以人权为题指责发展中国家的更多。显然，将人权理念界定在利益平衡的角度并以此作为知识产权制度一体化的法律理念是远远不够的。

事实上，与传统知识产权的保护相比，人权理念在公共健康领域获得了较为彻底的胜利，并非仅仅因为作为人权的知识产权实现了私益与公共利益的有效平衡，关键还在于作为人权的知识产权与作为人权的生命权、健康权之间位阶的不同。当做为一种人权的知识产权与生命权、健康权等权利发生冲突时，知识产权的保护显然应让位于比其更为基本的生命权、健康权的行使。在不同权利位阶的主导之下，TRIPS协议得到了修改，知识产权制度一体化消除了部分消极的影响。因此，从贸易框架之下解脱出来的知识产权制度一体化在健康权的基本框架下，一定程度上回归了其本该具备的正义内涵。这不仅证明了知识产权制度一体化与健康权问题挂钩取得了暂时性的胜利，也证明了人本主义思想在近年来的国际造法中得到了弘扬。因此，健康权作为基本人权的切入，成功地将知识产权制度一体化从国际贸易体制中转移出来，并将知识产权制度一体化与公共健康权问题挂钩起来，是至今为止解决知识产权制度一体化中不公平问题、纠正知识产权制度一体化中的非正义最为成功的实践。

当然，发展中国家将知识产权的公共健康问题代替知识产权的贸易问题，这一策略是成功的，也最终迫使发达国家在知识产权公共健康问题上作出了让步。但是从长远而言，这不是最佳策略，因为这避免不了强者施舍弱者的惯性，况且，只一个公共健康问题的让步，并不能摆脱知识产权制度一体化的利益天秤向发达国家倾斜的现实。因此，除健康权之外，发展中国家还应维护自身的权利，即在国家权利的层面争取对有利于发展中国家发展的一体化内容。只有将公共利益的维护与发展中国家在全球知识产权保护规则中享有的权利结合起来，发展中国家才能理直气壮地发挥应有的作用。而这，恰恰需要一种新的理念作为发展中国家的支撑。

（二）发展权理念的优势

作为第三代人权的发展权在20世纪70年代被提出。在1986年联合国通过的《发展权宣言》及1993年《世界人权大会维也纳宣言》基本上确定了发展权作为一项普遍的、不可分割的权利，是基本人权的一个组成部分。在这两项文件中，发展权被认定为是一种个人的权利，人是发展的中心主题。与此同时，前述法律文件又强调，虽然发展能促进人权的享受，但缺乏发展并不得被援引作为剥夺国际公认的人权的理由，各国应互相合作，确保发展和消除发展障碍，国际社会应促进有效的国际合作，实现发展权利，消除发展障碍。根据《联合国千年宣言》，联合国千年发展目标的具体内容有以下几个方面：消灭极端贫穷和饥饿；普及小学教育；促进男女平等并赋予妇女权利；降低儿童死亡率；改善产妇保健；与艾滋病毒、艾滋病、疟疾和其他疾病作斗争；确保环境的可持续能力；全球合作促进发展。千年发展目标的实现至少有三项具体内容与知识产权制度的实施直接相关：一是知识产权制度与消灭极端贫穷和饥饿；二是知识产权制度与艾滋病毒、艾滋病、疟疾和其他疾病作斗争；三是知识产权制度与全球合作促进发展。在此，发展权作为一项集体权利，涵盖了生命权、健康权、受教育权等内容。

据此，发展权可以从两个层面进行表述：一是对于个人而言，发展权是一种基本的人权，而对于国家而言，发展权是一个国家的一项基本权利，在这两个层面中具有不同的对象和内涵。实际上1986年联合国所通过的《发展权宣言》已经涉及这两个方面的解释。《发展权宣言》第1条指出，发展权利是一项不可剥夺的人权，由于这种权利，每个人和所有各国人民均有权参与、促进并享受经济、社会、文化和政治发展，在这种发展中，所有人权和基本自由都能获得充分实现。这是从个人的层面对发展权作出了界定。而《发展权宣言》第2条第3项则规定，国家有权利和义务制定适当的国家发展政策，其目的是在全体人民和所有个人积极、自由和有意义地参与发展及其带来的利益的公平分配的基础上，不断改善全体人民和所有个人的福利；它在第3条第1项中规定，各国对创造有利于实现发展权的国家和国际条件负有主要责任。这是从国家层面规定了发展权的内容，并且说明了国家的发展权是一种权利也是一种义务。在当前和可预见的未来，国家依然是提供个人权利保障和救济的主要力量和途径，而全球化使得国家间的这种力量悬殊越来越大，这导致个人权利和自由所得到的保护程度因个人在不同的国家而不平等。[1]因此，个人层面的发展权与国家层面的发展权是密不可分的，没有个人的发展权，就谈不上国家的发展权，而没有国家的发展权，个人的发展权也就难以保障。

在知识产权制度一体化中，强化知识产权的保护使得知识产权与其他人权产生了冲突，特别表现为与发展中国家发展权的冲突。而当知识产权与作为第三代人权主要核心的发展权相冲突时，知识产权的保护如果不让位于发展权的话，至少也应充分顾及这一权利的行使。也或因如此，学者认为，发展权的提出意味

[1] 钱继磊. 论全球化对人权的影响[D]. 长春：吉林大学，2007：118.

着，在现代社会，无论任何制度、政策的制定都要以人的发展和完善为目的，实现人的全面发展。知识产权与人权的关系也正是以发展权为核心的一系列权利的实现问题。❶

对于如我国一样的发展中国家，发展的任务艰巨而又迫切，知识产权与发展权之间的关系日益紧张。在发达国家强力推动的知识产权制度一体化中，中国与其他发展中国家同样处于被动境地。一些国家也埋怨、反对知识产权制度一体化，但这些反对并非主张各国都应该回归原始的状态，也并非反对一切的知识产权制度一体化，因为全球化的现实不允许如此。在现代，一国要发展，离不开对外开放，离不开与世界各国政治、经济的交流。知识产权制度一体化应该顾及目前发展中国家以及最不发达国家的基本国情，这一点上发达国家也心知肚明，只是利益的驱使导致他们极力维护“不公平”的一体化。改变这一格局，依靠发达国家的“良心发现”显然不是现实，发展中国家以怎样的理念推动国际社会重新审视知识产权制度一体化的走向才是至关重要的步骤。而在此其中，在人权语境下讨论知识产权问题，发展中国家若没有清醒的头脑，若不坚持自己的理念，就难以保证人权语境下的知识产权不会像贸易主题下的知识产权一样，逐渐演变成阻碍贫穷国家发展的桎梏。

因此，在知识产权制度一体化中，当知识产权与发展权的存在紧张关系时，发展中国家是以个人发展受阻的理由，还是以国家发展受阻的理由争取有利于自己的一体化既是一个理念问题，也是一个策略问题。发展权作为一项个人权利的理解与作为一项国家的集体权利的理解并不发生冲突。在理论上，知识产权与作为个人权利的发展权产生冲突，似乎可通过国内知识产权制度的设置予以平衡，而知识产权与作为集体权利的发展权产生冲突时，似乎可通过国际公法的确立予以平衡。但在实践中，由于知识产权制度一体化的结果更多地体现在国家之间的利益平衡方面，因此，将发展权作为国家的一项基本权利显然更有利于发展中国家在知识产权制度一体化中与发达国家的对话。除此之外，若将发展权作为一项集体权利，那么在知识产权制度一体化中考虑发展中国家的基本国情就不是发达国家的一种施舍，而是发展中国家本身拥有的一项基本权利，发展中国家显然会因此增强了话语的分量。将发展权作为一个国家的集体权利其法理基础不仅来自国际法的基本要求，也是基于正义理念所应有的必然结论。并且，在实践中，发展权作为国家的一项基本权利也符合客观现实，“特别是在南方，国家在那里是

---

❶ 王培舒. 知识产权与人权的联系、冲突与协调发展[D]. 长春：吉林大学，2007. 10.

主要的发展代表，是居民基本服务的提供者。”[1]所以，对于发展中国家和最不发达国家，人权语境中的发展权尤其应该作为国家的一项基本权利，而不单单作为个人的一项权利，这样才能让这些国家在知识产权制度一体化中争取到话语权。

尽管发展权被当做第三代人权，但在策略上，我们主张将发展权从一般的“人权”主题中分离出来，并把发展权作为国家的集体权利。将发展权作为一种集体权利至少可以阐明，知识产权的扩张不能剥夺和阻碍发展中国家发展的权利，在事关发展中国家发展的国际立法，应该充分考虑到发展中国家依照本国实际制定相应的制度和政策的空间和可能性。简言之，发展中国家以及最不发达国家在知识产权制度一体化中应该享有发展权，发展权是发展中国家与最不发达国家在知识产权制度一体化中避免遭受知识产权扩张所带来负面影响的权利基础。如此看来，在解决知识产权与人权的关系上，基于以发展权为核心的人权理念在某种情况之下甚至比知识产权的人权属性更为实际，也更具有说服力。因此，如果说人权理念中作为个人权利的发展权在知识产权国际规则的制定中体现了国际人权法对个人的关注的话，作为集体权利的发展权则体现了国际人权法对国家主体的权利义务进行明晰的要求。发展权作为国家的一个基本权利，或许比其作为一种个人权利更能保障发展中国家、最不发达国家在国际关系中的发展。因而在国际规则的制定中，发展权作为发展中国家、最不发达国家的基本权利，是促使知识产权制度一体化向有利于发展中国家方向倾斜的重要砝码。

第三节　我国应对知识产权制度一体化的基本策略

应对知识产权制度一体化的基本策略从一般原则出发应该坚持“内外兼修”。“内修”方面，2008年我国发布了《国家知识产权战略纲要》，提出完善知识产权制度、促进知识产权创造和运用、防止知识产权滥用、培育知识产权文化等战略重点，并且在如何实施方面提出了许多具体的措施，这些可谓是学术界和实践部门近年来的一次成功结合，总体而言针对性较强、措施较为完备。然而，面对知识产权制度一体化的滚滚浪潮，凭借国内立法、执法等方面的“内修”还不足以应对，还需在“外修”方面有所作为，因而在此侧重从国际体制的形成和变化的角度提出建议。

---

[1] [俄]维克托·库瓦尔金. 全球性：人类存在的新维度[C]//戈尔巴乔夫基金会. 全球化的边界：当代发展的难题. 赵国顺，等，译. 北京：中央编译出版社，2008：31.

一、积极应对，塑造知识产权制度一体化中的主体角色

知识产权制度一体化的进程也是各国利益协调的进程，各国之间的利益博弈不可能成就一个能满足各方最大利益的知识产权保护体制。为了维护各自的利益，在知识产权制度一体化中违反公平合理原则的做法时有发生，然而输家则总是发展中国家。特别是人们从劳动价值论、激励论、人格论等理论之中获得知识产权保护的正当性之后，知识产权的扩张似乎成为一种不需讨论的话题。在发达国家中，R&D的大量投入还为知识产权的高标准保护提供了现实的正当性，公平合理原则在发达国家中被理解为R&D投入的当然回报，他们也往往以此作为借口，推动知识产权制度一体化不断向标准更高、范围更阔、措施更严格的方向迈进。因此，当“合法地偷窃”成为历史，包括中国在内的发展中国家不能沉迷于过去的失策，或深陷在抱怨和愤慨的情绪中。阻止新的不公平的产生才是发展中国家所应该采取的积极应对策略。

理想中的知识产权制度一体化是一个能兼顾各方利益的一体化，现实的一体化与此存在较大的差距。但是，最大限度地减少知识产权制度一体化所造成的不良影响，并不在于抵制和反对知识产权制度一体化的进程，而在于考量一体化是否体现各方利益的平衡。在前文中，根据罗尔斯的正义观观点，提出了利益平衡的原则应该以有利于发展中国家的发展为基本点。当然，这对于发达国家来说，他们是难以接受的。在发达国家中，普遍存在着的观点是，高保护水平的知识产权制度能促进国内经济社会的发展。他们甚至认为发展中国家目前融入高标准的知识产权制度一体化所经历的困难是短暂的，未来一片光明。揭开发达国家鼓吹的高保护标准的知识产权制度一体化的面纱，其背后的目的是在维护其自身的国家利益，维护其竞争优势。因此，知识产权制度一体化中的不公平问题以及存在的民主缺陷，其解决不能寄希望于发达国家的施舍和同情，也不能寄希望于制度发展的自动纠正，必须积极争取。

对于我国，尤为重要的是转变思路，尽快把握自己的国际角色。在国际法中，主权平等原则还只是“原则”而已，它不等于在现实的国际法关系中切实改变了发展中国家被支配的、不平等的地位。国际法中的主体地位并非当然地在现实中出现，它需要通过现实的努力而塑造其应有角色，发挥应有的功能。改革开放30年的发展，已经使中国逐步在国际社会中成为具有影响力的大国，中国在被动接受知识产权制度一体化的过程中也逐步积累了一些经验，因此，需要主动寻找属于自己的位置。当然，寻找恰当位置的前提是中国以和平崛起的姿态投身

于国际法律秩序的构建之中，而不是以破坏知识产权制度一体化为目标。为此，我国应贯彻两个思路，扮演两个角色。两个思路是：第一，我国不会也不可能退出知识产权制度一体化所建构的制度体系，我国需要在一体化的框架之下充分利用既存的规则维护自身的利益；第二，我国需要逐步摆脱被裹挟的命运，也需要逐步摆脱尾随发达国家的处境，努力使知识产权制度一体化符合我国的根本利益。据此，在知识产权制度一体化中我国需要扮演两个角色：一是知识产权制度一体化的践行者。我国参与并融入知识产权制度一体化之中，一方面，既是全球化的日益扩张对我国提出的客观要求，也是我国发展经济、参与国际竞争的主动选择，我国没有理由不顺应这一潮流。另一方面，基于“和平崛起”的国家战略，加入并履行知识产权国际条约也是中国政府向国际社会作出承诺的一种重要形式。因而应按照“条约必须遵守”的国际法基本原则，确保知识产权国内立法遵循国际条约的保护标准。二是知识产权制度一体化的影响者。顺应知识产权制度一体化的潮流并非机械地、毫无主张地随波逐流，我国需要考量自身的国情，发挥自身独立性和自主性。特别是，应该走出百年知识产权被动立法的历史，走出一味适应全球化的误区，因而迫切需要一个“主体性中国”[1]的建构。这一主体性的建构，目的在于影响、引导知识产权制度一体化向有利于我国根本利益的方向发展，从而保障中国作为一个主权国家能够在知识产权制度一体化中发挥着积极且有效的作用。

二、找准定位，加强对知识产权优势领域的保护

面对知识产权制度一体化，中国首要的任务是要摸清自己的“家底”。改革开放以来，中国的经济发展获得了巨大的成就，科技创新能力显著增强，在基础研究方面取得重要进展。中国科学家提出了拓扑性初期知觉理论并发现支持该理论的磁共振成像的生物学依据；在纳米材料和纳米结构领域，发明了被国际同行认为是目前碳纳米管四种主要制备方法之一的技术；在前沿技术诸如航天航空技术、计算机领域等取得大量新的突破等。[2]但是必须明确的是，我国仍然是一个发展中国家，发展并非依靠高科技力量，经济发展也面临着新的转型，创新能力不高。以专利的申请为例，2009年国内的申请量为877 611件，发明专利的申请

[1] 邓正来. 谁之全球化？何种哲学？——开放性全球化观与中国法律学建构论纲[M]. 北京：商务印书馆，2009：246.

[2] 中华人民共和国科技部. 中国科学技术发展报告（2009）[R]. 北京：中华人民共和国科技部，2010.

量为229 096，只占总数的26%；国外申请量为99 075件，发明专利申请量为85 477，占总数的86. 3%。2009年国内专利的授权量为501 786，发明专利的授权量为65 391，只占总数的13%，国外专利的授权量为80 206，发明专利的授权量为63 098，占总数的78. 7%。❶可见，我国国内发明专利的授权量与国外专利的授权量虽然差不多，然而我国的这些发明专利申请所集中的领域大多不属于富有市场潜力的高新技术领域。除此之外，我国在商标、版权等方面的竞争力也不容乐观。我国在今后的一个时期内还将处于“中国制造”的阶段而非“中国创造”的阶段，拥有自主知识产权的核心技术相对较少，企业缺乏国际竞争力。总而言之，还缺乏核心创造力，当下对智力资源和智慧成果的培育、配置、调控能力还不强，对知识产权的拥有、保护、运用能力还较弱。所以知识产权制度作为开发和利用知识资源的基本制度，必须立足于事实，力求与经济社会的发展相适应。因此，在知识产权制度一体化中，我国只有着眼于发展中国家的定位，才能依据发展中国家的权利争取有利于自己的制度空间和优惠措施。如果忽略了发展中国家的事实，有可能被发达国家所利用而承担超越本国实际的义务和责任。

除此之外，找准定位还需清楚一国究竟在哪些方面具有优势。一般而言，发展中国家在现代化技术上不具有优势，而传统知识、遗传资源、生物多样性等方面是自己的长项。目前知识产权制度一体化主要是在技术优势上加强专利保护，而在传统知识等方面不保护或者采取较弱的保护。或者说，目前的知识产权制度一体化只存在于发达国家的优势领域，而在发达国家的弱势领域则强调各国保护的差别对待，发达国家在弱势领域并不追求保护制度的一体化。对此，印度学者甘古力建议，各国（发展中国家）将必须创造一个能够有效利用其传统知识、与其他国家进行知识贸易的环境，并制定国家支持的获得和分享知识的互惠的规则。❷

当然，我国在传统知识、遗传资源、民间文艺等资源上具有优势，但当前总体上对此保护不够。国际上，近年来发展中国家强烈要求在传统知识、遗传资源等方面推动知识产权制度一体化的进程，但这一进程由于发展中国家力量单薄且发达国家的反对而难以实现。因此在知识产权制度一体化的背景下，我国在传统知识方面的保护应着重两个方面的加强：第一，加强传统知识等领域的知识产权立法。要加快通过国内立法对保护传统知识、遗传资源、民间文艺

---

❶ 根据国家知识产权局公布的数据进行统计。

❷ [印]甘古力. 知识产权：释放知识经济的能量[M]. 宋建华，姜丹明，张永华，译. 北京：知识产权出版社，2004：14.

进行保护的步伐，使我国的知识产权优势领域能够转化为市场竞争力，从而增强国际竞争优势。在国内立法中还应借鉴移植发展中国家的成功经验，目前发展中国家中如印度、巴西、埃及、秘鲁等国家已经在这方面进行了立法，我国可以借鉴这些国家的立法经验，结合自己的优势，建立并完善传统知识等领域的知识产权保护。第二，推动传统知识领域保护制度一体化的进行。面对发达国家在现代科学技术上的明显优势，发展中国家要充分认识保护传统知识等领域的重要性，积极呼吁通过知识产权制度保护遗传资源、传统知识、民间文艺等优势领域的主张。

实际上，为回应广大发展中国家的诉求，保护发展中国家的合法权益，WIPO 成立了 WIPO-IGC。WIPO-IGC 目前正在从事这方面的努力，并已在遗传资源、传统知识和民间文学艺术的保护领域形成一体化雏形，发展中国家应该紧紧抓住这一契机，充分表达自己的意见和看法，提高自身优势领域的知识产权保护标准，在优势领域方面与发达国家的现代技术保护相抗衡，从而使知识产权制度一体化在总体上形成兼顾各方利益，顾及各方优势，互利共赢的一体化格局。

值得关注的是，究竟在何种框架之下对传统知识等进行保护，发展中国家之间也存在着不同的意见。非洲国家集团和委内瑞拉强调在 TRIPS 协议的框架之下建立有约束力的保护传统知识的国际规则，而巴西、印度等发展中国家则主张根据 CBD 的目标和原则修改 TRIPS 协议从而使 WTO 成员能够同时履行 TRIPS 和 CBD 义务。[1]尽管意见不一，但是发展中国家将传统知识等领域的保护纳入知识产权制度一体化之中的目标是一致的。因此，在传统知识的一体化保护中，我国应充分发挥建设性作用，团结并协调广大发展中国家积极推动国际知识产权制度的改革，不仅协调发展中国家之间的意见分歧，也促使知识产权制度一体化的范围涵盖传统知识等发展中国家所拥有的优势领域。

三、提升能力，规制知识产权制度一体化中的民主

知识产权制度一体化毕竟是国与国之间知识产权制度的一体化，在当代，知识产权制度一体化的潮流已经突出地表现为全球性普遍适用的知识产权保护规则的制定，因而制度一体化在很大程度上是一系列国际法的创制过程。我们知道，主权原则是知识产权制度一体化中民主化规制的基本前提，主权原则是知识产权

[1] 古祖雪. 基于TRIPS框架下保护传统知识的正当性[J]. 现代法学，2006(4)：136.

制度一体化实现程序正义的主导思想，而民主化规制则是知识产权制度一体化的具体措施。民主是平衡各国利益的有效手段，程序正义的实现在很大程度上决定民主化规制的成功，只有通过民主程序制定的知识产权保护全球性规则，才具有普遍的约束力并获得各国的自愿遵从。知识产权制度一体化中民主化规制的实现，依赖于扩大参与主体、增强参与意识以及提高参与能力三个方面的改善，这三个方面既是现今知识产权制度一体化中存在的不足，也是包括中国在内的发展中国家应予努力的方向。

第一，扩大参与主体。扩大参与主体是实现民主化规制的前提因素。从表面上看，越来越多的国家加入了知识产权全球规则的制定，目前的知识产权制度一体化的进程似乎已经完成了主体参与的普遍性，体现了一定的民主性，具有实现程序正义的基本可能。但从实际的效果看，这些还是表面上的普遍性，大多数发展中国家在其中要不是看客，就是发达国家的跟随者，并没有实际参与知识产权协议的谈判。如以参加乌拉圭回合谈判为例，最初参加乌拉圭回合谈判的国家和地区有103个，到1993年年底有117个，到1994年4月谈判结束时共有128个，而截至2014年6月，已经有160个国家、地区加入了WTO。如此之多的国家或地区参加了乌拉圭回合谈判，其主体的普遍性不可否认。但按照主权原则的要求，这样的普遍性与民主化规制的要求之间差距较大，因为实际上到目前为止至少将近25%的国家或地区未参加TRIPS协议的谈判，而适用了TRIPS协议。因而，扩大发展中国家在知识产权全球性规则的参与度，不仅仅体现在数量上的增加，更在于“实质性数量上”的增加。因此，扩大知识产权制度一体化中的参与主体，参与国家的数量固然重要，但更关键的还在于保障参与主体的实质性功能和作用。扩大知识产权全球规则的参与主体，需要迫切解决的问题不在于有多少个发展中国家加入到了全球知识产权规则制定的过程中来，而是这些参与的发展中国家在其中所起的作用到底如何。为此，在全球知识产权规则的制定中，一方面应该在数量上保障参与主体的普遍性；另一方面，也是更重要的方面是，改革谈判、磋商机制，充分发挥发展中国家的作用，尊重和倾听他们在全球规则制定中的意见，通过平等表决权的实施，使参与主体能够享有国际法赋予的权利，真正在全球规则的制定中体现民主。

此外，扩大参与主体还有另一途径，就是国际社会所关注的NGO的参与问题。有学者认为，在决策机制方面，仍然维持NGO的“敦促权”至关重要。在国际经济事务的谈判中，NGO可以被邀请而不是直接参与，即它们可以成为国际经济组织与会议的观察员，但不能成为与国家的地位与权责平等的谈判主体。[1]在知识产权领域，一些NGO如非洲统一组织（The Organization of African Unity）、第三世界网（the Third World Network）、可持续发展机构（the Institute for Sustainable Development），长期积极关注并参与了一系列与知识产权国际保护相关的全球问题的讨论，具备了较为深厚的专业知识，除此之外，它们对发展中国家在知识产权制度一体化之下的现实情况也作了调查研究，对发展中国家也颇为同情，在某些方面是发展中国家在知识产权制度一体化中的代言人，表明了发展中国家在知识产权制度一体化中的重要立场。因此，在全球性知识产权保护规则的制定中，听取NGO的意见和建议是必要的。

第二，增强参与意识。发展中国家在知识产权制度一体化中对发达国家的抗争少有实现真正的胜利。例如，1967年，在斯德哥尔摩举行了第四次修订《伯尔尼公约》的大会。在这次修订会上通过了一份作为《伯尔尼公约》的一个组成部分的“关于发展中国家的议定书”。但这个有利于发展中国家的议定书一直没有被发达国家所承认。又由于斯德哥尔摩文本规定了议定书仅能约束承认它的那些成员国，所以实际上这个议定书起不了什么作用。到1971年修订《伯尔尼公约》时，该文本在第29条之2及第34条第2款中，对斯德哥尔摩议定书作出了失效的规定。之后的如1985年大多数国家反对以版权保护计算机软件以及乌拉圭谈判时发展中国家的建议几乎都以失败告终。因此，这在一定程度上减弱了发展中国家参与知识产权制度一体化的热情。但是，包括中国在内的发展中国家也应看到已经争取到的一些成绩，例如在TRIPS协议中的过渡期、强制许可制度等。因此，在知识产权制度一体化中，发展中国家要尽可能地消除“民主赤字”所带来的负面影响，就需要增强参与意识，积极在知识产权制度一体化中表达意见、发挥作用。没有参与，没有斗争，就只能任由发达国家按照他们的意愿设计知识产权制度一体化的走向。

特别应该指出的是，增强国家参与知识产权制度一体化的意识，不能仅仅停留在政府的层面，发挥私人的作用也相当重要。苏珊·K·塞尔认为，由12个首席执行官组成的知识产权委员会在加强对知识产权的全球保护方面成功取得了国际支持。从某种角度看，TRIPS是一个关于12个人（知识产权委员会成员）“能够做”的叙述，他们制定了约束世界上大部分国家的知识产权规则。[2]私人观点上升为国家意志，又转化为国际法准则，其过程复杂，原因多种，但也体现了私

---

[1] 刘志云. 国际经济法律自由化原理研究[M]. 厦门：厦门大学出版社，2005：365.

[2] [美]苏珊·K. 塞尔. 私权、公法——知识产权的全球化[M]. 董刚，周超，译. 北京：中国人民大学出版，2008：1-2.

人在知识产权制度一体化中所显现的作用。因此，增强参与知识产权制度一体化的意识，应该充分发挥国内企业、个人等参与热情。国内知识产权意识的提高，不仅要提高知识产权保护意识，在实践中提高管理、保护、维护知识产权的意识，还要提高参与知识产权国际保护规则制定的意识，使自己的意志能通过国家或者其他国际途径影响知识产权制度一体化，为自己创造良好的知识产权保护的国际环境。

第三，提高参与能力。考察TRIPS协议所形成的文件资料，有三种情况大致可以看出发展中国家的参与能力。一是自1989年启动TRIPS协议谈判后，谈判小组收到大量TRIPS协议文本，而在1990年初则被删减为五个文本，这五个文本分别为欧盟、日本、瑞士、美国以及发展中国家集团所提交。❶因此从TRIPS的谈判过程可以看出，这完全可以说明发展中国家的参与实际上只是一个形式而已，是规则制定过程中的"民主点缀"。二是在WTO所解密的1991年至1995年的文件中，与TRIPS协议有关的会议文件共15件，但是其中发展中国家的观点被作为会议讨论主题的很少。❷由于资料的限制，此统计未必完全准确，但是也基本可以说明一个问题，发展中国家要么没有发言，要么是其发言未被重视。三是WIPO有关会议的召开。自1996年来，WIPO有关会议的召开除了在总部瑞士而外，最多的地方恐怕是在美国，有66次。这66次会议的主题涉及了大量实质性国际规则的创制内容，如PCT、IPC有关会议。WIPO自1996年以来在中国召开了42次会议，数量也还不少，但是大多是研讨会（Symposium）且涉及亚太地区之类的会议，难见实质性的创制内容。❸前述三种情况虽不能完全断定发展中国家参与知识产权制度一体化的能力，但是排除发达国家的强权政治因素之外，发展中国家的参与能力也是可以窥斑见豹的。因此，提高参与能力是目前包括中国在内的发展中国家应对知识产权制度一体化亟须解决的现实问题。对此，我国首先要熟悉知识产权制度一体化的规律，深入研究一体化对国内的影响，重视对知识产权热点问题进行政策研究和分析，提高认识能力和分析能力；其次要提高谈判能力。要积极参与知识产权国际规则的制定，依据国际法与发达国家进行高层次的对话，利用自己的优势和长处进行国际谈判，反映呼声。最后要利用现存国际体系的条件提高应对知识产权制度一体化的能力。要积极引进技术援助和资

---

❶ WIPO. The International Protection of Industrial Property: From the Paris Convention to the Trips Agreement, February 2003. WIPO/IP/CAI/1/03/2.

❷ GATT documents,（2010-04-22）http://www.wto.org/gatt_docs/1991_95.HTM.

❸ WIPO Resources,（2010-05-03）http://www.wipo.int/meetings/en/archive.jsp.

金援助，借鉴知识产权管理经验，并大力加强人才的培养和制度的革新，在知识产权制度一体化中提升谈判的实力，促使知识产权保护制度一体化有利于其国内经济社会的发展。

四、实施措施，争取知识产权制度一体化向有利方向发展

我国已制定并开始实施国家知识产权战略，但在落实和实施对外战略方面涉及不多，为此提出以下两项建议。

（一）利用体制空间之策

现有知识产权制度一体化在国际层面上依赖于两个中心：WIPO与WTO。这两个国际组织几乎控制着知识产权制度一体化的基本格局，在知识产权制度一体化中发挥着重要作用。WTO下TRIPS协议的实施，预示高保护标准的知识产权制度一体化的形成。WIPO启动《实体专利法条约》的协调工作则预示着一体化的程度有进一步增强的趋势。对于如何适应这一形势发展，可以从两方面入手。

第一，充分利用体制空间。尽管对TRIPS协议存在诸多不满，但是需要承认的事实是：对TRIPS协议的补充和修改已属十分不易，重新启动诸如TRIPS协议的谈判更不可能。因此，要在体制之下获得有利的因素，充分利用体制的空间显得十分重要。当然，在充分应用TRIPS协议以及其他知识产权国际条约的制度空间方面，以往发展中国家既无深刻认识，也无适用经验。联合国人权理事会“人人有权享有最佳身心健康问题（健康权）”特别报告员于2009年3月31日向人权理事会第十一届会议提交了一份报告，报告指出，各国对TRIPS灵活性的实施程度不尽相同。一些国家对充分利用灵活性缺乏足够认识而且实施技术能力有限，另一些国家则尚未充分精简其专利法以便利实施。该报告同时列举了许多实事：像印度这样的一些发展中国家只是在2005年TRIPS期限到期时才提供产品专利保护，从而充分利用了这一过渡阶段。但巴西等另一些国家在其各自期限之前便制定了药品专利保护。一些最不发达国家也在其期限之前实施TRIPS。例如，有12个说法语的最不发达国家到2002年已将其立法标准与TRIPS大幅度看齐，这比其2013年的期限提前了11年。此外，《多哈宣言》发表时，25个非洲成员国中除了3个以外（安哥拉、加纳和马拉维），其他全部制定了批准药品专

利的法律。[1]

利用国际条约中的特殊与差别待遇，以及过渡期、强制许可等制度空间，检讨并修改本国的知识产权制度对于发展中国家而言既必要又迫切。利用体制空间的应对策略为许多学者所建议，也为发达国家、国际组织所建议。例如，世界卫生组织于2006年《全球战略和行动计划要点》中特别指出，“在发达国家和发展中国家制定法规以运用TRIPS及其他国际协定所规定的灵活性。”[2]前述联合国人权理事会的特别报告也建议，发展中国家和最不发达国家应注重运用TRIPS灵活性：①充分利用过渡期；②界定可申请专利的标准；③颁发强制许可证并对政府使用作出规定；④采取（专利权）国际用尽原则，以便利平行进口；⑤设立专利权有限例外；⑥顾及反对和撤销程序。[3]

因此，提升和加强利用现存体制空间的能力对于我国来说尤为重要。一方面，它可以在目前知识产权制度一体化的框架之下实现一体化与国内本土化的结合，从而制定适合我国发展实际的知识产权制度；另一方面，它可以维护现存知识产权制度一体化的稳定性，维护中国作为一个负责任大国的国际形象。

第二，扩张有利的体制空间。WIPO所启动的《实体专利法条约》（SPLT）协调工作在许多发展中国家看来，更是一种潜在的威胁。从目前的协调进展看，SPLT企图制定全球统一的专利授权和专利有效性标准，表面上使各国在审查和授予专利时更加简化和合理化、使各国专利法在更大程度得到协调统一，但其实际目的在于消除TRIPS协议所留下的弹性空间。自WIPO专利法常务委员会于2001年11月公布了SPLT的草案以后，WIPO成员国就这一统一实体专利法问题进行了多次的讨论，至今仍然存在许多悬而未决的问题。这引起发达国家的不满，他们认为统一实体专利法问题的讨论已历经20多年而没有结果，无法在实体专利法这一共同目标方面取得重要进展的原因在于WIPO的每次会议都对SPLT的草案大全部内容进行讨论，涉及大政治敏感问题较多，应该集中在几个重要问题上进行讨论，即现有技术的定义、宽限期、新颖性、非显而易见性、有创造性。[4]对此，发展中国家在对SPLT草案的修改方面应该坚持两个基本点：一是在

---

[1] 阿南德·格罗弗. 人人有权享有最佳身心健康问题的报告. 联合国大会文件.（2009-03-31）A/HRC/11/12.

[2] 世界卫生组织. 全球战略和行动计划要点. 世界卫生组织文件/ 2006-12-08/ A/PHI/IGWG/1/5.

[3] 阿南德·格罗弗. 人人有权享有最佳身心健康问题的报告. 联合国大会文件.（2009-03-31）A/HRC/11/12.

[4] WIPO. Proposal by the United States of America and Japan for Establishing a New Work Plan for the Standing Committee on the Law of Patents (SCP), August 27, 2004. WO/GA/31/10.

实体权利方面，必须适应发展中国家的具体发展需求，更加关注公共利益；二是在制度的灵活性方面，应该给发展中国家预留弹性空间和政策余地。发展中国家在SPLT草案修改以外大的其他场合，包括商标、版权等知识产权国际立法当中，也应坚持类似的策略，以扩张有利于本国的体制空间。

当然，利用体制空间的策略尽管无法推翻不公平的制度构架，但是，至少在利益的平衡博弈中能找到某些倾向于发展中国家利益的平衡点。是否充分利用知识产权国际条约中制度的灵活性和弹性空间是发展中国家在制度一体化中是否保持理性的考验，也是发展中国家在知识产权制度一体化浪潮中是否具备成熟应对经验的重要标志。我国作为在国际上日益发挥重大影响的国家，利用体制空间上应该积极探索，以此推动知识产权一体化向有利于发展中国家的方向发展。

（二）另辟国际场合之策

既存体制一旦形成，其改变和争取的空间十分有限，因而要在既存体制之外寻得有利于自己的国际制度框架，需要重新创设国际场合。另辟国际场合是发达国家较为擅长的手段，将知识产权问题从WIPO转移到WTO框架之下，就是一个典型的转移国际场合的成功策略。只不过这样的场合转移更利于发达国家，而不利于发展中国家。对我国以及广大发展中国家而言，另辟国际场合之策有如下方面：

第一，可以建立发展中国家知识产权保护的国际论坛，形成团结一致的保护体系。在知识产权保护的国际立法中，发展中国家之间意见的分歧是高标准知识产权保护国际条约得以通过实施的重要原因之一。事实也证明了在各种国际场合中，虽然发展中国家可能形成利益联盟，但却总是轻易地被发达国家攻破，从而让许多看来并不公平的国际条约得以顺利缔结，这不得不让发展中国家深思。因此，解决目前知识产权制度一体化中不公平的问题，最好的策略是发展中国家能够团结一致，形成自己的国际论坛，形成自己统一的利益要求，从而与发达国家相抗衡，使知识产权制度一体化朝着有利于发展中国家的方向发展。

第二，加快发展中国家之间知识产权制度的区域一体化进程，例如东盟一体化等。知识产权制度的区域一体化最成功的典范在欧盟，这也是发达国家的一个利益共同体。较之于欧盟的一体化，非洲知识产权制度一体化由于该地区的创新能力较低，其一体化的政治意义似乎大于其实际存在的意义；对于东盟知识产权制度一体化，还未形成相当强度的一体化框架，其一体化程度较低。

特别是，在FTA的冲击之下，发展中国家早已与发达国家建立了超越TRIPS协议保护标准的双边或区域条约，这就为未来发达国家推行更高标准的知识产权制度一体化提供了基础，为新的不公平的制度一体化制造源泉。因此，加快发展中国家之间知识产权制度的区域一体化进程，可以有效平衡发达国家与发展中国家的利益差距，缩小发达国家扩张高标准知识产权保护规范的空间，从而遏制不公平的产生。目前我国与东盟之间已经建立自由贸易区，知识产权保护之间的合作也有了初步的进展，但还需要在知识产权制度区域一体化方面作出更大的努力。

第三，转移现有的国际场合。转移现有的国际场合或许可以达到最大限度地平衡和纠正现存体制中的不公平问题，但是，这一策略的成功依赖于各国之间新一轮的谈判和妥协，其历程也许十分艰辛，对于发展中国家而言，完全撇开发达国家另创国际场合，从现今看力量还不够足，影响还不够大。因此，发展中国家可以从现今两个强大的体制场合即WIPO、WTO之外寻求国际立法的新场所。知识产权保护国际立法的新场所不在于重新创立，可以利用现有的国际体制加以创新。目前，将知识产权保护的国际立法从WIPO、WTO中进行转移的工作，发展中国家的努力还不够。这些场合，如联合国发展会议、人权理事会等，是发展中国家进行知识产权国际保护讨论最佳的场所，应该予以充分利用。从长远看，转移国际场合也未必不可能，正如当时谁也不会想象到将知识产权与贸易挂钩一样。目前，知识产权制度一体化已经把重心从WIPO 转移到WTO ，从私人权利主题扩展到了贸易主题，我们也希望通过中国以及广大发展中国家的努力，知识产权制度一体化也能扩展到人权主题特别是发展权主题。那样，知识产权制度才能真正实现激励创新、造福人类的目标。

本章小结

知识产权制度一体化的进程存在着种种问题，实体正义与程序正义均未能在其中得到彰显。知识产权制度一体化的主题也几经变换，从私人权利主题到贸易主题的变换，是发达国家成功推进有利于自己的知识产权制度一体化的重要经验。同时，主题的变换给发展中国家在知识产权保护问题上施加了前所未有的压力，为了经济的发展，他们被动接受了一体化的国际安排。知识产权制度一体化是一个客观现象，也是知识产权制度发展的一个规律，但是它是一个可以影响的客观现象，也是一个可以利用的规律。中国不仅在适应知识产权制度一体化中存在明显不足，在发展中国家阵营中的声音和作用也未显现，这需要我们进行反思和总结。当然，改变这一现状需要具备几个条件：一是国家的经济实力和国际地位；二是具备改变现状的素质和能力；三是具备科学的策略和准确的切入点。这三个条件与我国实施知识产权国家战略密切相关。在众多可选的策略当中，特别强调加强对发展权理念的运用，将发展权从人权主题中分离出来，作为发展中国家推动知识产权制度一体化的独立主题，从而与人权主题一起削弱知识产权制度一体化过分依赖贸易主题的现状，使知识产权制度一体化沿有利于中国等广大发展中国家的方向推进。

结　语

既有理论上认为，知识产权制度一体化不可能实现，它至多也只是存在于欧盟等的区域一体化之中。这里并不对既有理论的观点进行批驳，并且也认为现在或许将来对是否存在法律一体化乃至知识产权制度一体化的问题的争论仍然会继续。但这里所强调的是，对于知识产权制度一体化问题的研究不应囿于传统范式，也不能将对知识产权制度一体化的认识僵化于建立一个世界统一制度的认识，而需用一种动态的视角看待知识产权制度一体化。当然，范式的转换是传统范式向现代范式的转变，并非抛弃法律基本理论而重新建构法律制度的发展规律，因为这是不可能的，也是违反事物发展客观性原理的。范式的转换只不过是以一种新的视觉观察和研究法律制度的变化发展，或者将法律制度变化发展的现象移入新的语境进行分析和比较。

当我们将视角从建构单一的、高度统一的世界法律转移至动态的制度一体化发展过程时，可以发现，知识产权制度一体化是一个客观存在的法律现象。这一现象比民商法其他领域的制度发展更具特色，其一体化比民商法其他领域的制度一体化更加集中和强烈。因此范式的转换，一方面，促使我们深刻认识“一体化”与制造“世界法”“全球统一法”的本质差别，从而不会简单地否认一体化的存在，也不会出现对制度一体化过分的担心和恐惧。另一方面，也促使我们在承认知识产权制度一体化的前提之下，打破知识产权制度一体化只存在于如欧盟等区域之中的观念，而将眼光转移到国际层面上，思索知识产权制度是如何从区域一体化向国际一体化迈进。在此语境之下，如果说十几年前我们为全球统一知识产权制度究竟是大趋势还是乌托邦的争论实际是对知识产权制度一体化怀揣怀疑的话，那么TRIPS协议实施后各国纷纷修改本国知识产权制度以期与TRIPS标准相一致的现实表明，知识产权制度一体化的趋势已成为不可阻挡的客观事实。WIPO关于实质性专利制度的统一协调以及美、日、欧盟的强力推动，全球统一专利制度的产生在今天看来，也许不会太遥远。

我们知道，原则上，兼顾国际利益平衡和国内利益平衡是各国参与知识产权制度一体化时刻应予注意的重点，但要真正处理好这一平衡体系，却不是一件易事。知识产权制度一体化不是一个孤立的领域，它与其他国际机制相互交错，相互制约，仅从法律的角度无法确定一个理想的平衡点。发展中国家尽管在知识产权制度一体化中逐步发挥着作用，但发展中国家在与发达国家争夺有利平衡点时明显处于弱势，发达国家主导知识产权制度一体化的格局并没有改变。知识产权制度一体化与国际贸易、国际人权等主题的挂钩，无疑也为发展中国家增添了适应和发挥知识产权制度功能的难度。此外，知识产权制度一体化中存在着法治缺陷，缺乏公正性、民主性和透明度，使得一体化的实现不以各国经济技术发展水平相近为基础，也不以各国自愿的意思表示为前提，而是以利于发达国家保持竞争优势为指向。因而，推动知识产权制度一体化中的法治建设，从程序正义与实体正义出发营造一个和谐的知识产权保护国际秩序任重而道远。

在这里只对知识产权制度一体化的基本问题进行梳理和分析，期望这些分析对认识和应对知识产权制度一体化有所帮助。目前，知识产权制度正处于一个活跃而多变的时期，制度一体化背后还存在着复杂的影响因素，知识产权制度一体化与其他国际机制之间存在错综复杂的关系等一些问题仍迫切需要研究和厘清。就我国的现实而言，我国在加入WTO之后，面对的知识产权问题未减反增。中美知识产权的摩擦频繁，欧盟利用知识产权保护问题不断施压，日本及新兴发展中国家知识产权的竞争等，对这些均应深入地研究并提出具体的应对措施。但是，由于本人能力水平有限以及篇幅的限制，许多问题本文没有涉及或者没有深入探讨，需要在今后进一步研究。

主要参考文献

一、主要专著

（一）中文著作

[1] 曹新明. 知识产权法学[M]. 北京:人民法院出版社,2003.

[2] 陈传夫. 国家信息化与知识产权——后TRIPS时期国际版权制度研究[M]. 武汉:湖北人民出版社,2002.

[3] 程光泉. 全球化理论谱系[M]. 长沙:湖南人民出版社,2002.

[4] 邓正来. 谁之全球化？何种哲学？——开放性全球化与中国法律哲学建构论纲[M]. 北京:商务印书馆,2009.

[5] 樊崇义. 诉讼原理[M]. 北京:法律出版社,2003.

[6] 冯晓青. 知识产权法利益平衡原理[M]. 长沙:湖南人民出版社,2004.

[7] 高清海. 马克思主义哲学基础(上)[M]. 北京:人民出版社,1985.

[8] 公丕祥. 全球化与中国法制现代化[M]. 北京:法律出版社,2008.

[9] 公丕祥. 法哲学与法制现代化 [M]. 南京:南京师范大学出版社,1998.

[10] 古祖雪. 国际知识产权法[M]. 北京:法律出版社,2002.

[11] 郭道晖. 当代中国立法[M]. 北京:中国民主法制出版社,1998.

[12] 胡开忠. 知识产权法比较研究[M]. 北京:中国人民公安大学出版社,2004.

[13] 黄亚英. 现代国际法学[M]. 北京:中国政法大学出版社,2003.

[14] 孔祥俊,武建英,刘泽宇. WTO规则与中国知识产权法:原理·规则·案例[M]. 北京:清华大学出版社,2006.

[15] 孔祥俊. WTO 知识产权协定及其国内适用[M]. 北京:法律出版社,2002.

[16] 李达. 唯物辩证法大纲[M]. 北京:人民出版社,1978.

[17] 李浩培. 条约法概论[M]. 北京:法律出版社,1988.

[18] 李明德,闫文军,黄晖. 欧盟知识产权法[M]. 北京:法律出版社,2010.

[19] 李明德. 美国知识产权法[M]. 北京:法律出版社,2003.

[20] 李双元. 市场经济与当代国际私法趋同化问题研究[M]. 武汉:武汉大学出版社,1994.

[21] 梁西. 国际法[M]. 武汉:武汉大学出版社,2004.

[22] 林秀芹. TRIPS体制下的专利强制许可制度研究[M]. 北京:法律出版社,2006.
[23] 刘剑文. TRIPS视野下的中国知识产权制度研究[M]. 北京:人民出版社,2003.
[24] 刘晓兵. 法哲学思考[M]. 北京:知识产权出版社,2005.
[25] 刘志云. 国际经济法律自由化原理研究[M]. 厦门:厦门大学出版社,2005.
[26] 沈宗灵. 法理学[M]. 北京:北京大学出版社,1999.
[27] 苏力. 法治及其本土资源[M]. 北京:中国政法大学出版社,1996.
[28] 孙珩超. 现代国际法原理[M]. 银川:宁夏人民出版社,2005.
[29] 孙笑侠. 法的现象与观念[M]. 济南:山东人民出版社,2001.
[30] 孙治本. 全球化与民族国家——挑战与回应[M]. 台北:巨流图书有限公司,2005.
[31] 陶鑫良,单晓光. 知识产权法纵论[M]. 北京:知识产权出版社,2004.
[32] 万鄂湘. 国际知识产权法[M]. 武汉:湖北人民出版社,2001.
[33] 万鄂湘,石磊,杨成铭,邓洪武等. 国际条约法[M],武汉:武汉大学出版社,1998.
[34] 王铁崖. 国际法[M]. 北京:法律出版社,1981.
[35] 吴汉东. 知识产权法[M]. 北京:法律出版社,2004.
[36] 向欣,朱雪忠. 我国知识产权保护的国际环境分析[M]. 北京:中国计划出版社,2007.
[37] 肖永平. 欧盟统一国际私法研究[M]. 武汉:武汉大学出版社,2002.
[38] 徐爱国. 西方法律思想史[M]. 北京:北京大学出版社,2002.
[39] 严存生. 法的"一体"和"多元"[M]. 北京:商务印书馆,2008.
[40] 杨心宇. 法理学导论[M]. 上海:上海人民出版社,2002.
[41] 俞可平等. 全球化与国家主权[M]. 北京:社会科学文献出版社,2004.
[42] 曾令良. 欧洲共同体与现代国际法——欧洲共同体对外关系法的理论与实践[M]. 武汉:武汉大学出版社,1992.
[43] 张策华. 全球化进程中法律文化的同构与异质[M]. 徐州:中国矿业大学出版社,2005.
[44] 张光博. 坚持马克思主义法律观[M]. 长春:吉林人民出版社,2005.
[45] 张汉林,黄玮. 智慧财产的卫士:知识产权国际保护的比较研究[M]. 北京:中国经济出版社,1997.
[46] 张文显. 法哲学范畴研究[M]. 北京:中国政法大学出版社,2001.
[47] 张相文. 国际贸易学[M]. 武汉:武汉大学出版社,2004.
[48] 张幼文. 世界经济一体化的历程[M]. 上海:学林出版社,1999.
[49] 赵秀文. 著作权[M]. 北京:法律出版社,1987.
[50] 郑成思. 知识产权论[M]. 北京:法律出版社,2003.
[51] 郑成思. 知识产权价值评估中的法律问题[M]. 北京:法律出版社,1999.
[52] 周八骏. 迈向新世纪的国际经济一体化——理论·实践·前景[M]. 上海:上海人民出版社,1999.
[53] 周美立. 相似系统论[M]. 北京:科学技术文献出版社,1994.

[54] 朱景文. 比较法社会学的框架和方法——法制化、本土化和全球化[M]. 北京:中国人民大学出版社,2001.

(二)译文著作

[1] [德]汉斯·高得,克里斯·阿贝尔特. 欧洲专利公约指南[M]. 王志伟,译. 上海:上海世界图书出版公司,2003.

[2] [澳]彼得·达沃豪斯,约翰·布雷斯韦特. 信息封建主义[M]. 刘雪涛,译. 北京:知识产权出版社,2005.

[3] [德]黑格尔. 小逻辑[M]. 贺麟,译. 北京:生活·读书·新知三联书店,1958.

[4] [美]福尔克. 法律哲学ABC[M]. 施宪民,译. 上海:世界书局,1929.

[5] [美]艾德加多·巴斯卡哥利亚,威廉·赖特利夫. 发展中国家的法与经济学[M]. 赵世勇,罗德明,译. 北京:法律出版社,2006.

[6] [法]保罗·富尔基埃. 存在主义[M]. 潘培庆,郝珉,译. 上海:上海译文出版社,1988.

[7] [美]博登海默. 法理学法律哲学与法律方法[M]. 邓正来,译. 北京:中国政法大学出版社,2004.

[8] [奥]博登浩森. 保护工业产权巴黎公约解说[M]. 汤宗舜,段瑞林,译. 北京:专利文献出版社,1984.

[9] [澳]布拉德·谢尔曼,[英]莱昂内尔·本特利. 现代知识产权法的演进:英国的历程(1760—1911)[M]. 金海军,译. 北京:北京大学出版社,2006.

[10][英]戴维·赫尔德,安东尼·麦克格鲁. 全球化与反全球化[M]. 陈志刚,译. 北京:社会科学文献出版社,2004.

[11] [英]丹尼斯·罗伊德. 法律的理念[M]. 张茂柏,译. 北京:新星出版社,2005.

[12] [美]弗雷德里克·皮尔逊,西蒙·巴亚斯里安. 国际政治经济学:全球体系中的冲突与合作[M]. 杨毅,钟飞腾,苗苗,译. 北京:北京大学出版社,2006.

[13][印]甘古力. 知识产权:释放知识经济的能量[M]. 宋建华,姜丹明,张永华,译. 北京:知识产权出版社,2004.

[14] [美]汉斯·凯尔森. 国际法原理[M]. 王铁崖,译. 北京:华夏出版社,1989.

[15] [英]杰克·古迪. 偷窃历史[M]. 张正萍,译. 杭州:浙江大学出版社,2009.

[16] [俄]列宁. 哲学笔记[M]. 中共中央马克思、恩格斯、列宁、斯大林著作编译局译. 北京:人民出版社,1993.

[17] [澳]罗·霍尔顿. 全球化与民族国家[M]. 倪峰,译. 北京:世界知识出版社,2005.

[18] [法]孟德斯鸠. 论法的精神(上册)[M]. 张雁深,译. 北京:商务印书馆,1959.

[19] [美]苏珊·K. 塞尔. 私权、公法——知识产权的全球化[M]. 董刚,周超,译. 北京:中国人民大学出版社,2008.

[20] [美]约翰·罗尔斯. 正义论[M]. 何怀宏,何包钢,廖申白,译. 北京:中国社会科学出版社,

1988.
[21] [美]詹姆斯·多尔蒂，小罗伯特·普法尔茨格拉夫. 争论中的国际关系理论[M]. 阎学通，陈寒溪，等，译. 北京：世界知识出版社，2003.
[22] [美]詹姆斯·多尔蒂，小罗伯特·普法尔茨格拉夫. 争论中的国际关系理论[M]. 邵文光，译. 北京：世界知识出版社，1987.
[23] [英]詹宁斯·瓦茨. 奥本海国际法[M]. 王铁崖，等，译. 北京：中国大百科全书出版社，1995.
[24] [英]张夏准. 富国陷阱：发达国家为何踢开梯子[M]. 肖炼，倪延硕，等，译. 北京：社会科学文献出版社，2009.

（三）英文著作

[1] Carlos M. Correa . Intellectual Property Rights, the WTO, and Developing Countries: The TRIPS Agreement and Policy Options [M]. New York : Zed Books, c2000.
[2] Christoph Antons. Intellectual Property Law in Indonesia[M]. Boston : Kluwer Law International, 2000.
[3] Craig T. Scalise . Intellectual Property Protection Reform: Theory, Evidence and Policy [M]. Singapore : Singapore University Press, 1999.
[4] David Mitrany. A Working Peace System[M]. London: The Royal Institute of International Affairs, 1943.
[5] Jeffrey L. Dunoff, Steven R. Ratner, David Wippman. International Law : Norms, Actors, Process: a Problem-Oriented Approach[M]. New York: Aspen Publishers, c2006.
[6] Josef, Drexl, Annette Kur. Intellectual Property and Private International Law: Heading for the Future [M]. Oxford: Hart Pub, 2005.
[7] Lionel Bently, Brad Sherman. Intellectual Property Law [M]. Oxford: Oxford University Press, c2001.
[8] Perter Drahos. A Philosophy of Intellectual Property[M]. Hants: Ashgate Publishing Limited. , 1996.
[9] Roger E. Schechter, John R. Thomas. Intellectual Property : The Law of Copyrights, Patents, and Trademarks[M]. St. Paul, MN: Thomson/West, c2003.
[10] Sean D. Murphy. Principles of International Law[M]. St. Paul, MN: Thomson/West, c2006.
[11] Stephen D. Krasner . International Regimes[M]. 北京：北京大学出版社，2005.
[12] Thomas Biersteker. International Law and International Relations : Bridging Theory and Practice [M]. New York : Routledge, 2007.
[13] William Van Caenegem. Intellectual Property Law and Innovation[M]. Cambridge: Cambridge University Press, 2007.
[14] Zakir Hafez. The Dimensions of Regional Trade Integration in Southeast Asia [M]. New York: Transnational Publishers, c2004.

二、主要论文

（一）中文论文

[1] 车丕照. 法律全球化——是现实？还是幻想？ [C] // 陈安. 国际经济法论丛(第四卷). 北京：法律出版社，2001.

[2] 陈传夫. 后TRIPS初期国际知识产权研究的述评[C] // 武汉大学中国高校哲学社会科学发展与评价研究中心. 武汉：武汉大学出版社，2007.

[3] 陈甦. 中国知识产权保护体系改革研究(序言)[C] // 中国社会科学院知识产权中心. 中国知识产权保护体系改革研究. 北京：知识产权出版社，2008.

[4] 陈晓律. 全球化进程中的民族主义[J]. 世界历史，2001(4).

[5] 邓宏光. 我们凭什么取得商标权——商标权取得模式的中间道路[J]. 环球法律评论，2009，(5).

[6] 邓灵斌. 试论后TRIPS时期版权经济权利的扩张[J]. 图书馆杂志，2006(4).

[7] 费艳颖，闫晓辉. 专利权国际保护与欧洲统一专利权的区域性实践[J]. 大连海事大学学报(社会科学版)，2007.

[8] 冯洁涵. 全球公共健康危机、知识产权国际保护与WTO 多哈宣言[J]. 法学评论，2003(2).

[9] 冯洁菡. 国际组织与知识产权的国际保护[J]. 法学评论，2007(3).

[10] 冯寿波. 论地理标志的国际保护——以TRIPS协议为视角(博士论文)[D]. 上海：华东政法学院，2007.

[11] 冯术杰，于延晓. 知识产权地域性的成因及其发展[J]. 长白学刊，2004(6).

[12] 冯晓青. 法律全球化与知识产权保护之思考[C] // 冯晓青. 全球化与知识产权保护. 北京：中国政法大学出版社，2008.

[13] 冯晓青. 南北知识产权保护：利益失衡及其利益平衡重构[J]. 吉首大学学报(社会科学版)，2005(3).

[14] 冯媛媛. 世界主要国家和地区的实用新型制度[J]. 中国发明与专利，2007(11).

[15] 公丕祥. 国际化与本土化：法制现代化的时代挑战[J]. 法学研究，1997(1).

[16] 古祖雪，林应钦. 论知识产权制度一体化的方式 [J]. 台湾法令月刊，2008(11).

[17] 古祖雪. 后TRIPS时代的国际知识产权制度变革与国际关系的演变——以WTO多哈回合谈判为中心[J]. 中国社会科学，2007(2).

[18] 古祖雪. 基于TRIPS框架下保护传统知识的正当性[J]. 现代法学，2006(4).

[19] 古祖雪. 论国际法的理念[J]. 法学评论，2005(1).

[20] 管宇. 程序正义现代进路[J]. 政法论坛，2008(5).

[21] 郭水兰. 全球化与民族-国家化矛盾运动探讨[J]. 广西社会科学，2002(2).

[22] 韩天森. 谈法律全球化——兼谈经济全球化[C] // 陈安. 国际经济法论丛(第四卷). 北京：法

律出版社,2001.
[23] 贺小勇. 论公共健康安全与国际知识产权保护的协调——WTO《多哈宣言》"第6条款问题"评析[J]. 政法论坛,2004(6).
[24] 郇庆治,胡瑾. 联邦主义与功能主义之争:欧洲早期政治一体化理论[J]. 欧洲,1999(6).
[25] 黄捷,车丽华. 论法的要素与法律规范有效性[J]. 湖南师范大学社会科学学报,2001(3).
[26] 黄金兰. 法律移植研究[D]. 济南:山东大学,2006.
[27] 黄台英. 知识产权对现代民法带来的省思——兼论民法的时代意义[D]. 北京:中国政法大学,2005.
[28] 黄文艺. 法律国际化与法律全球化辨析[J]. 法学,2002(12).
[29] 霍金虎. 集成电路布图设计的国际保护与我国的立法探析[D]. 大连:大连海事大学,2006.
[30] 江平. 全球化、现代化与本土化[C]// 江平. 比较法在中国(2003年卷). 北京:法律出版社,2003.
[31] 景桂兰. 全球化与"反全球化":对全球"大社会"人性的诉求(序言)[C]// 戈尔巴乔夫基金会. 全球化的边界:当代发展的难题. 赵国顺等译. 北京:中央编译出版社,2008.
[32] 孔庆江,俞毅,胡峰. 知识产权霸权主义与发展中国家知识产权保护的本土化策略[J]. 甘肃政法学院学报,2009(1).
[33] 雷蒙. 绿屋会议亮出集体黄牌[J]. WTO经济导刊,2006(8).
[34] 李明德. TRIPS 协议与《生物多样性公约》、传统知识和民间文学的关系[J]. 贵州师范大学学报(社会科学版),2005(1).
[35] 李明德. 美国《版权法》对于计算机软件的保护[J]. 科技与法律,2005(1).
[36] 李明德. 美国《半导体芯片保护法》研究[J]. 科技与法律,2004(3).
[37] 李双元, 李欢. 公共健康危机与药品可及性问题[C]// 查道炯. 中国学者看世界(非传统安全卷6). 北京:新世界出版社,2007.
[38] 李双元,李赞. 全球化进程中的法律发展理论评析——"法律全球化" 和"法律趋同化"理论的比较[J]. 法商研究,2005(5).
[39] 李双元,李新天. 当代国际社会法律趋同化的哲学考察[J]. 武汉大学学报(哲学社会科学版),1998(3).
[40] 李双元,于喜富. 法律趋同化:成因、内涵及在"公法"领域的表现[J]. 法制与社会发展,1997(1).
[41] 李巍. "法律全球化"是不以人的意志为转移的历史趋势[C]// 陈安. 国际经济法论丛(第四卷). 北京:法律出版社,2001.
[42] 李扬. 知识产权霸权主义与本土化应对[J]. 法商研究,2005(5).
[43] 李雨峰. 知识产权法典化论证质评[J]. 现代法学,2005(6).
[44] 梁西. 论国际社会组织化及其对国际法的影响[J]. 法学评论,1997(4).
[45] 林秀芹. TRIPS协议第31条研究[D]. 厦门:厦门大学,2003.

[46] 刘华. 知识产权制度本土化之路[J]. 中国发明与专利,2008(2).

[47] 刘家瑞. 论知识产权地域性在国际保护中的新发展[J]. 政法论丛,1998(5).

[48] 刘铁光. 知识产权在国际环境中的异化[J]. 求索,2008(7).

[49] 刘星. 重新理解法律移植——从"历史"到"当下"[J]. 中国社会科学,2004(5).

[50] 刘志云. 论全球化进程中"民主赤字"的消除[J]. 社会科学,2006(1).

[51] 柳娜. 知识产权权利扩张的反思及制度重构(硕士学位论文)[D]. 武汉:中南财经政法大学,2006.

[52] 卢宏. 欧共体工业产权法律的一体化[J]. 知识产权,2001(6).

[53] 吕岩峰. 知识产权之冲突法评论[J]. 法制与社会发展,1996(6).

[54] 罗文正,古祖雪. 试析国际知识产权法的基本原则[J]. 湖南社会科学,2002(4).

[55] 罗晓霞,葛海. 知识产权国际利益平衡机制之法理分析[J]. 湖南农业大学学报(社会科学版),2005(5).

[56] 罗艺方. 跨国知识产权侵权管辖原则的新发展——对传统地域管辖原则的突破[J]. 政法学刊,2003(3).

[57] 毛金生. 论"统一知识产权法典"的编撰[J]. 知识产权,2010(3).

[58] 莫纪宏. 论国际法与国内法关系的新动向[J]. 世界经济与政治,2001(4).

[59] 穆忠和. WTO特殊与差别待遇的法律效力辨析[J]. 国际贸易,2009(5).

[60] 彭欢燕. 商标国际私法研究——国际商标法之重构[D]. 武汉:武汉大学,2005.

[61] 钱继磊. 论全球化对人权的影响研究[D]. 长春:吉林大学,2007.

[62] 强世功. 知识产权法律移植的陷阱[N]. 21世纪经济报道,2004-05-24.

[63] 曲三强. 被动立法的百年轮迴——谈中国知识产权保护的发展历程[J]. 中外法学,1999(2).

[64] 任建新. 踏上知识产权新大陆——中国专利制度筹备建立的历史记忆[C] //《知识产权与改革开放30年》编委会. 知识产权与改革开放30年. 北京:知识出版社,2008.

[65] 申华林. 东盟知识产权法律的一体化:问题与前景[J]. 桂海论丛,2005(1).

[66] 沈宗灵. 评"法律全球化"的理论[C] // 陈安. 国际经济法论丛(第四卷). 北京:法律出版社,2001.

[67] 师华. 从TRIPS协议弹性条款谈起[J]. 政治与法律,2003(2).

[68] 宋红松. 知识产权法的体系化与法典化[J]. 中华商标,2003(1).

[69] 宋志国. 我国知识产权法律移植中的递减效应原因探折[J]. 政治与法律,2008(5).

[70] 孙璐. 知识产权的异化及良性回归[J]. 法学杂志,2009(5).

[71] 谭启平. 专利制度中的优先权及内地与香港相关问题的协调研究[J]. 西南政法大学学报,2002(6).

[72] 唐春. 从统一到一体:专利制度国际化进程及其发展趋势研究[J]. 知识产权,2008(5).

[73] 陶俊英. 商标国际注册马德里协定和马德里议定书的主要特色[J]. 中华商标,2000(8).

[74] 陶凯元. 国际法与国内法关系的再认识——凯尔森国际法学思想述评[J]. 暨南学报(哲学 社会科学),1999(1).

[75] 陶文昭. 全球民主赤字的成因及治理[J]. 理论与改革,2005(4).

[76] 万鄂湘,邓永杰. 欧洲联盟商标法一体化的进程及现状[J]. 武汉大学学报(社会科学版),2001(1).

[77] 万霞. 论知识产权法律制度的本土化与国际化——以中欧知识产权问题为视角[J]. 外交评论,2007(6).

[78] 王春燕. 论知识产权地域性与知识产权国际保护[J]. 中国人民大学学报,1996(3).

[79] 王海峰. 论国际软法与国家"软实力"[J]. 政治与法律,2007(4).

[80] 王培舒. 知识产权与人权的联系、冲突与协调发展[D]. 长春:吉林大学,2007.

[81] 王舒. 大趋势还是乌托邦——全球统一知识产权制度的现实性研究[J]. 世界经济研究,1996(4).

[82] 韦之,彭声. 论知识产权制度纳入未来民法典的理由[J]. 电子知识产权,2004(6).

[83] 文家春,朱雪忠,陈国清. 欧洲专利与共同体专利及其协调浅析[J]. 研究与发展管理,2005(3).

[84] 吴汉东. 中国知识产权的国际战略选择与国内战略安排[J]. 今日中国论坛,2006(2-3).

[85] 吴汉东. 后TRIPS时代知识产权制度的变革与中国的应对方略[J]. 法商研究,2005(5).

[86] 吴汉东. 国际化、现代化与法典化:中国知识产权制度的发展道路[J]. 法商研究,2004(3).

[87] 吴汉东. 知识产权国际保护制度的变革与发展[J]. 法学研究,2005(3).

[88] 吴汉东. 知识产权的私权与人权属性——以《知识产权协议》与《世界人权公约》为对象[J]. 法学研究,2003(3).

[89] 夏建国. 制定统一知识产权法典的几点思考[N]. 法制日报,2001-07-29(3).

[90] 肖光辉. 法律移植及其本土化现象的关联考察——兼论我国法的本土化问题[C] // 何勤华. 法的移植与法的本土化. 北京:法律出版社,2001.

[91] 谢冬慧. 法律全球化与法制现代化论略[J]. 西南政法大学学报,2008(1).

[92] 徐祥. 论知识产权的地域性[J]. 武汉大学学报(哲学社会科学版),2005(5).

[93] 杨国华. 知识产权进入WTO的背景及在WTO中的地位[EB/OL].(2007-11-27)http://www. sipo. gov. cn/sipo/zcll/xsyj/xslw/t20011101-70098. htm.

[94] 杨红菊,何蓉. 从TRIPS的谈判历程看知识产权国际规则的制定[J]. 知识产权,2008(2).

[95] 杨红军. 版权强制许可制度论[J]. 知识产权,2008(4).

[96] 杨延超. 精神权利的困境——两大法系版权立法比较分析[J]. 现代法学,2007(4).

[97] 仪喜峰. 共同体、宪法与知识产权[J]. 中南财经政法大学研究生学报,2008(1).

[98] 袁秀挺,郭芬. 知识产权的法律限制体系[J]. 电子知识产权,2003(10).

[99] 袁有祥,董巍. 商标国际注册的新领域:"马德里议定书"[J]. 工商行政管理,1995(20).

[100] 曾令良,陈卫东. 从欧共体看21世纪区域一体化对多边贸易体制的影响[J]. 武汉大学学报

(人文社会科学版),2000(5).
[101] 曾涛. 论示范法的理论基础及其在中国的运用[J]. 法商研究,2002(3).
[102] 詹姆斯·拉夫. 药品专利强制许可在各国法律实践中的新发展[N]. 中国知识产权报,2007-06-20.
[103] 张华敏,唐丹丽,高红杰. 印度传统知识保护现状及其启示[J]. 中国医药导报,2008(32).
[104] 张建华. 改革开放以来中国知识产权立法:成就、特点和主要经验[C]//《知识产权与改革开放30年》编委会. 知识产权与改革开放30年. 北京:知识出版社,2008.
[105] 张千帆. 欧洲共同体的法律构架[J]. 法制现代化研究,1998(0).
[106] 张文显,邓正来,朱景文,等. "全球化时代的中国法学学术研讨会"发言摘要[J]. 法制与社会发展,2004(2).
[107] 张勇. 历史视野中的"全球化"与"民族—国家"[J]. 世界民族,2007(2).
[108] 张玉敏,王智斌. 论我国民法典设置知识产权编的理由及基本构想——以概括式立法为目标模式[J]. 甘肃社会科学,2005(5).
[109] 张志成. 对知识产权战略的法学思考——在华中科技大学法学院的演讲[EB/OL].(2010-7-25)http://article. chinalawinfo. com/ArticleHtml/Article_45321. asp.
[110] 章礼强. 论制定统一的《知识产权法》[J]. 知识产权,1998(5).
[111] 赵晋平. 缘何FTA盛行于今[J]. 瞭望,2007(50).
[112] 郑成思. 知识产权:弱保护还是强保护? [J]. 人民论坛,2006(11).
[113] 郑成思. 经济全球化国际竞争中的知识产权战略与策略[J]. 中国党政干部论坛,2006(6).
[114] 郑成思. 民法草案与知识产权篇的专家建议稿[J]. 政法论坛,2003(1).
[115] 郑成思. 知识产权的国际保护与涉外保护[J]. 中国社会科学院研究生院学报,1997(2).
[116] 郑成思. 商标国际保护中的若干问题(下篇)[J]. 中华商标,1995(2).
[117] 郑成思. 两个主要版权公约与版权国际保护[J]. 国际贸易,1992(5).
[118] 郑万青. 全球化、技术文明与知识产权法律全球化的进路[C]// 冯晓青. 全球化与知识产权保护. 北京:中国政法大学出版社,2007.
[119] 郑万青. 知识产权法律全球化的演进[J]. 知识产权,2005(5).
[120] [俄]E·П·希特科夫斯基. 论康德哲学中本质与现象的相互关系[C]// 周贵莲,丁冬红. 国外康德哲学新论. 北京:求实出版社,1990.
[121] [英]安东尼·吉登斯. 全球时代的民族国家[J],郭忠华, 何莉君,译. 中山大学学报(社会科学版),2008(1).
[122] [德]福尔克尔·施密特. 分配正义的程序之维[J]. 陈林林,译. 公法研究,2004(00).
[123] [德]卡·马克思. 第六届莱因省议会的辩论——关于林木盗窃法的辩论[C]// 中共中央马克思恩格斯列宁斯大林著作编译局编译. 马克思恩格斯全集. 北京:人民出版社,1956.
[124] [德]卡·马克思. 论离婚法草案 [C]// 中共中央马克思、恩格斯、列宁、斯大林著作编译局编译. 马克思恩格斯全集. 北京:人民出版社,1956.

[125] [美]卡尔·多伊奇. 一体化理论 [C] // 倪世雄,金应忠. 当代美国国际关系理论流派文选. 上海:学林出版社,1985.

[126] [希]乔治·库曼托. 国际私法与伯尔尼公约[J]. 郑成思译. 法律科学,1992(3).

[127] [俄]维克托·库瓦尔金. 全球性:人类存在的新维度[C] // 戈尔巴乔夫基金会. 全球化的边界:当代发展的难题. 赵国顺,等,译. 北京:中央编译出版社,2008.

(二)英文论文

[1] Adebambo Adewopo. The Global Intellectual Property System and Sub-Saharan Africa: A Prognostic Reflection[J]. Toledo Law Review, Summer, 2002(33).

[2] Atul Gupta. Integrated Circuits and Intellectual Property Rights in India[J]. Journal of Intellectual Property Intellectual Property Rights, November, 2005, Vol. 10.

[3] Christoph U. Schmid. Pattern of Legislative and Adjudicative Integration of Private Law [J]. Columbia Journal of European Law, Summer, 2002(8).

[4] Cristn Fenzel. Still Life with "Spark" and "Sweat": The Copyrightability of Contemporary Art in the United States and the United Kingdom[J]. Arizona Board of Regents Arizona Journal of International and Comparative Law, Spring, 2007(24).

[5] Curtis A. Bradley. Extraterritorial Application of U. S. . Intellectual Property Law: Principal Paper: Territorial Intellectual Property Rights in an Age of Globalism [J]. Virginia Journal of International Law, Winter, 1997(37).

[6] Edwin Cameron. Patents and Public Health: Principle, Politics and Paradox[J]. Scripted, December ,2004, Vol. 1(4).

[7] Edwin L. LAI. International Intellectual Property Rights Protection and the Rate of Product Innovation[J]. Journal of Development Economics, 1998, Vol. 55.

[8] Eric Stein. International Integration and Democracy: No Love at First Sight[J]. American Journal of International Law, July, 2001(95).

[9] Erin K. Slattery. Preserving The United States' Intangible Cultural Heritage: An Evaluation of the 2003 UNESCO Convention for the Safeguarding of the Intangible Cultural Heritage as a Means to Overcome the Problems Posed by intellectual Property Law[J]. DePaul University Journal of Art and Entertainment Law, Spring, 2006(16).

[10] Eugen Ulmer. One Hundred Years of the Berne Convention[J]. International Review of Intellectual Property and Competition Law, 1986, 17(6).

[11] F. Willem Grosheide. Globalization, Convergence and Divergence in International Copyright Law: A Question of Expediency or of Right? [C]//Fiona Macmillan. New Directions in Copyright Law (Volume2). Cheltenham(UK): Edward Elgar Publishing Inc. ,2005. 38.

[12] Frank D. Prager. A History of Intellectual Property form 1545 to 1787[J]. Journal of the Patent Of-

fice Society, November, 1944, Vol. XXVI(11).

[13] Friedrich-Karl Beier. One Hundred Years of International Cooperation-the Role of the Paris Convention in the Past, Present and Future[J]. International Review of Intellectual Property and Competition Law, 1984, 15(1).

[14] Graeme B. Dinwoodie. Some Remarks on the Limits of Harmonization [J]. The John Marshall Law School Review of Intellectual Property Law, 2006(5).

[15] Gretchen Ann Bender. Clash of the Titans: The Territoriality of Patent Law Vs. The European Union[J]. The Journal of Law and Technology, 2000(40).

[16] Kara M. Bonitatibus. The Community Patent System Proposal and Patent Infringement Proceedings: An Eye towards Greater Harmonization in European Intellectual Property Law [J]. Pace Law Review, Winter, 2001(22).

[17] Kenneth Chiu. Harmonizing Intellectual Property Law between the United States and Singapore: The United States - Singapore Free Trade Agreement's Impact on Singapore's Intellectual Property Law[J]. The Transnational Lawyer, 2005(18).

[18] Klaus Stegemann. The Integration of Intellectual Property Rights into the WTO System[J]. World Economy, 2000(9).

[19] Laurence R. Helfer. Regime Shifting: The TRIPS Agreement and New Dynamics of International Intellectual Property Lawmaking[J]. The Yale Journal of International Law, 2004, Vol. 29(1).

[20] Laurinda L. Hicks, James R. Holbein. Convergence of National Intellectual Property Norms in International Trading Agreements[J]. American University Journal of International Law & Policy, 1997(12).

[21] Lee Ann Askew. The ECJ, the ICJ and Intellectual Property: Is Harmonization the Key? [J]. Tulsa Journal of Comparative & International Law, Spring, 2000(7).

[22] Mark Hannig. An Examination of the Possibility to Secure Intellectual Property Rights for Plant Genetic Resources Developed by Indigenous Peoples of the NAFTA States: Domestic Legislation under the International Convention for Protection of New Plant Varieties[J]. Arizona Journal of International and Comparative Law, spring, 1999(13).

[23] Paul Kuruk. Protecting Folklore under Modern Intellectual Property Regimes: A Reappraisal of the Tensions Between Individual and Communal Rights in Africa and the United States[J]. American University Law Review, April, 1999(48).

[24] Peter Drahos. Developing Countries and International Intellectual Property Standard-setting [J]. The Journal of World Intellectual Property, 2002(5).

[25] Vincent-Joel Proulx: Borrowing from Our Common Law Cousins: American And British Influences on the Merger of Canadian Trademark and Internet Domain Name Laws[J]. Arizona Journal of International and Comparative Law, Fall, 2005(22).

三、辞书

[1] 辞海编辑委员会. 辞海[M]. 上海:上海辞书出版社,1979.

[2] 韩明安. 新语词大词典[M]. 哈尔滨:黑龙江人民出版社,1991.

[3] 袁世全,冯涛. 中国百科大辞典[M]. 北京:华夏出版社,1990.

[4] J. A. Simpson, E. S. C. Weiner. The OXFORD English Dictionary(Send Edition,Volume VII)[M]. Hat-Intervacuum: CLARENDON PRESS. OXFORD,1989. 1056.

四、其他文献及资料

(一)中文其他文献及资料

[1] 北京新闻出版局. 新闻出版实用法规手册[M]. 北京:京华出版社,1998.

[2] 法律出版社法规中心. 中华人民共和国知识产权法律法规全书[M]北京:法律出版社,2010.

[3] 国家版权局办公室. 国际版权和邻接权条约:汉英对照[M]. 北京:中国书籍出版社出版社,1999.

[4] 国家知识产权局条法司. 专利法规规章汇编[M]北京:知识产权出版社,2007.

[5] 国务院法制办公室教科文卫法制司. 知识产权法律法规精选[M]. 北京:法律出版社,2002.

[6] 中国商标战略年度发展报告(2009)[R]. 北京:国家工商行政管理总局,2010.

[7] 中华人民共和国科技部. 中国科学技术发展报告(2009)[R]. 北京:中华人民共和国科技部,2010.

[8] 联合国开发计划署. 人类发展报告[R]. 纽约:联合国开发计划署,1999.

[9] 联合国教科文组织. 教育:财富蕴藏其中——联合国教科文组织五十周年报告[R]. 纽约:联合国教科文组织,1996.

[10] 阿南德·格罗弗. 人人有权享有最佳身心健康问题的报告(中文). 联合国大会文件,2009年3月31日,A/HRC/11/12.

[11] 世界知识产权组织. 中国在知识产权和遗传资源领域的相关政策、措施和经验,2010年2月19日. WIPO/GRTKF/IC/16/INF/.

[12] 世界知识产权组织. 阿根廷和巴西关于制定WIPO发展议程的提案. 2004年10月5日. WO/GA/31/11.

(二)英文其他文献及资料

[1] Commission on Intellectual Property Right. Integrating Intellectual Property Rights and Development Policy[R]. London,September2002.(2009-11-24) http://www. iprcommission. org/papers/pdfs/final_report/CIPRfullfinal. pdf

[2] (2009-11-28) http://www. un. org/chinese/esa/education/lifelonglearning.

[3] LINSU KIM. Technology Transfer & Intellectual Property Right: the Korean experience [R]. Geneva: ICTSD, UNCTAD, 2003.

[4] The British government's Commission on Intellectual Property Rights. Intellectual Property Rights and Development Policy[R]. London, September 2002.(2009-11-14) http://www. iprcommission. org/graphic/work_of_the%20_commission. htm.

[5] The Word Bank. Global Economic Prospects 2008: Technology Diffusion in the Developing World [R]. http://siteresources. worldbank. org/INTGEP2008/Resources/GEP08-Brochure. pdf, 2010-5-25.

[6] The Word Health Report 1996, (2009-11-28) http://www. who. int/whr/1996/en/whr96_ch. pdf.

[7] CBD-COP. Cooperation with other Organizations, Initiatives and Conventions, April 2002. COP 6 Decision VI/20.

[8] ILO, UNESCO, WIPO. Report on the Meeting of International Non-Governmental Organizations Convened by the Secretariat in September 1973. 22 November 1973. ILO/UNESCO/WIPO/ICR. 4/6.

[9] WHO. Globalization ,TRIPS and access to Pharmaceuticals-WHO Policy Perspective on Medicine, March 2001. Geneva. WHO/EDM/2001. 2.

[10] WIPO. General report, November 27, 1973. AB/IV/35.

[11] WTO. Disputes Case: Japan-Measures Concerning Sound Recordings (Complainant: United States of America). 9 February1996. WT/DS28/4.

[12] WTO. Disputes Case: India-patent protection for Pharmaceutical and Agricultural Chemical Products (Complainant: European communities). 28 April 1997. WT/DS79/R .

附录　缩略语表

AFTA	ASEAN Free Trade Area （东盟自由贸易区）
ARIPO	African Regional Intellectual Property Organization （非洲地区知识产权组织）
CBD	Convention on Biological Diversity （《生物多样性公约》）
CTD	Committee on Trade and Development （贸易与发展委员会）
DSB	Dispute Settlement Body （争端解决机构）
DSU	Understanding on Rules and Procedures Governing the Settlement of Disputes （《关于争端解决规则与程序的谅解》）
EC	European Community （欧共体）
EPO	European Patent Office （欧洲专利局）
EU	European Union （欧洲联盟）
FAO	Food and Agriculture Organization of the United Nations （联合国粮农组织）
FDI	Foreign Direct Investment （外国直接投资）
FTA	Free Trade Agreement （自由贸易协定）
GATS	General Agreement on Trade in Service

	（《服务贸易总协定》）
GATT	General Agreement on Tariffs and Trade （《关税与贸易总协定》）
ICTSD	International Centre for Trade and Sustainable Development （国际贸易和可持续发展中心）
ILO	International Labour Organization （国际劳工组织）
ISO	International Organization for Standardization （国际标准化组织）
ITPGR	International Treaty on Plant Genetic Resources for Food and Agriculture （《粮食和农业植物遗传资源国际条约》）
IU	International Undertaking on Plant Genetic Resources （《植物遗传资源国际承诺》）
JPO	Japan Patent Office （日本专利局）
LDCs	Least Developed Countries （最不发达国家）
MFN	Most Favored Nation Treatment （最惠国待遇）
MSF	Medecins Sans Frontiers（Doctors without Borders） （无国界医生组织）
NAFTA	North American Free Trade Agreement （《北美自由贸易协定》）
NGO	Non-Government Organization （非政府组织）
OAPI	Organisation Africaine de la Propriété Intelleetuelle （OAIPO African Intellectual Property Organization） （非洲知识产权组织）
OECD	Organization for Economic Cooperation and Development （经济合作与发展组织）
OHIM	Office of Harmonization for the Internal Market

	(欧洲内部市场协调局)
PCT	Patent Cooperation Treaty (《专利合作条约》)
PLT	Patent Law Treaty (《专利法条约》)
R&D	Research and Development (研究与开发)
RTA	Regional Trade Agreement (区域贸易协定)
SACU	Southern African Customs Union (南部非洲关税联盟)
SDT	Special and Differential Treatment (特殊与差别待遇)
SPLT	Substantive Patent Law Treaty (《实体专利法条约》)
TLT	Trademark Law Treaty (《商标法条约》)
TRIMS	Agreement on Trade-Related Investment Measures (《与贸易有关的投资措施协议》)
TRIPS	Agreement on Trade-Related Aspects of Intellectual Property-Rights (《与贸易有关的知识产权协定》)
UNCITRAL	United Nations Commission on International Trade Law (联合国国际贸易法委员会)
UNCTAD	United Nations Conference on Trade and Development (联合国贸易与发展会议)
UNDP	United Nations Development Programme (联合国开发计划署)
UNESCO	United Nations Educational, Scientific and Cultural Organization (联合国教科文组织)

UPOV	International Union for Protection of New Varieties of Plants (国际植物新品种保护联盟)
WCT	World Intellectual Property Organization Copyright Treaty 《世界知识产权组织版权条约》
WHO	World Health Organization (世界卫生组织)
WIPO	World Intellectual Property Organization (世界知识产权组织)
WIPO-IGC	WIPO Intergovernmental Committee on Intellectual Property and Genetic Resources, Traditional Knowledge and Folklore (世界知识产权组织"知识产权与遗传资源及传统知识和民间文学政府间委员会")
WPPT	WIPO Performances and Phonograms Treaty (《世界知识产权组织表演和录音制品条约》)
WTO	World Trade Organization (世界贸易组织)

后　记

本书是在我的博士学位论文基础上修改而成的。自2010年通过博士论文答辩后，导师古祖雪教授一直关心论文的修改出版，但因自己的懒散一拖再拖。今年夏天，正在犹豫彷徨之际，巧遇同窗好友沈宗武先生，在他的鼓励和建议下，终于下决心修改论文。

非常感谢我的博士生导师古祖雪教授。古老师治学严谨，为人宽厚，在校期间跟他学做人、学做事、学做学问，毕业离校后也一直得到他的关心爱护和帮助，我真切体会到良师益友的珍贵，终身难忘，终身受益。在此，也非常感谢厦门大学法学院蒋月教授、林秀芹教授及其他各位老师在我读博期间的指导和帮助。

感谢同学刘铁光博士、鲍红香博士、徐雁博士及各位师兄弟姐妹，一起学习的岁月虽然艰辛却充满了欢乐。

感谢我的家人，特别是妻子刘旻，没有他们的支持，我不可能完成博士学业。

感谢编辑牛闯先生的大力支持和帮助，他严谨细致的作风非常值得我学习。感谢知识产权出版社提供的出版机会。

由于本人学识水平有限，书中肯定还有许多错误或不足之处，敬请读者批评指正。

林应钦

2014年10月于厦门